프렌즈 시리즈 40

프렌즈
상하이

서진연 지음

Shanghai

중앙books

Prologue
저자의 말

여행을 떠나는 순간, 우리는 모두 초보자가 됩니다. 익숙한 일상을 잠시 내려두고 낯선 공간에 발을 들이는 일은 언제나 두려움과 설렘이 교차하는 경험입니다. 새로운 언어와 익숙하지 않은 거리, 낯선 풍경과 냄새 속에서 우리는 조금씩 감각을 열고, 도시의 리듬에 귀를 기울이게 됩니다. 상하이는 그런 여행자의 감각을 단번에 깨우는 도시입니다. 하늘을 찌를 듯한 고층 빌딩 뒤로 골목의 삶이 살아 숨 쉬고, 세련된 카페와 백 년 된 스쿠먼 건물이 나란히 풍경을 완성합니다. 거리의 표정도, 유행도, 그 안에서 살아가는 사람들의 태도조차 빠르게 바뀌지만, 그 안에는 늘 예상치 못한 따뜻함이 숨어 있습니다. 융캉루 어귀의 카페에 앉아 문득 고개를 들면, 창밖으로 길게 늘어진 장대에 매달린 빨래들이 천천히 몸을 흔들고 있었습니다. 그 평범한 일상이 만들어내는 풍경 덕에, 이 도시를 더 깊이 기억하게 되었습니다. 날이 갈수록 단정해지는 풍경 속에 이제는 좀처럼 마주하기 어려운 장면이 되었지만, 문득문득 그 시절의 감촉이 그리워집니다. 빠르게 바뀌는 겉모습 속에서도 여전히 남아 있는, 그런 작고 따뜻한 순간들을 함께 발견하고 싶은 마음으로 이 책을 만들었습니다. 처음 상하이를 찾는 분에게도, 한때 이곳을 스쳐 간 분에게도, 다시 이 도시에 돌아온 여행자에게도 이 책이 든든한 동반자가 되기를 바랍니다. 그리고 여러분 각자의 속도로 이 도시를 걸으며 당신만의 상하이를 발견하시길 바랍니다. 저 역시 다시, 그 익숙하고 낯선 공기를 깊이 들이마실 그 순간이 벌써부터 그립습니다.

2025년 6월, 다시 떠날 날을 기다리며

Ps. 부족한 작가와 함께 밤낮없이 회사로, 집으로 끝없는 출근을 반복하신 문주미 편집자님을 비롯해 모든 작업자분께 깊이 감사드립니다. 늘 곁에서 아낌없는 응원과 따뜻한 마음을 보내 주는 가족과 친구들에게도 한없는 감사와 사랑을 전합니다.

How to Use
일러두기

이 책에 실린 정보는 2025년 6월까지 수집한 정보를 바탕으로 하고 있습니다. 현지 교통·볼거리·레스토랑·쇼핑센터의 요금과 운영 시간, 숙소 정보 등이 수시로 바뀔 수 있음을 말씀드립니다. 때로는 공사 중이라 입장이 불가능하거나 출구가 막히는 경우도 있습니다. 저자가 발빠르게 움직이며 바뀐 정보를 수집해 반영하고 있지만 예고 없이 현지 요금이 인상되는 경우가 비일비재합니다. 이 점을 감안하여 여행 계획을 세우시기 바랍니다. 새로운 정보나 변경된 정보가 있다면 아래 편집부로 연락주시기 바랍니다. 더 나은 정보를 위해 귀 기울이겠습니다.

편집부 이메일 jbooks@joongang.co.kr

- 책에서 소개하는 지명, 명소 이름, 인명 등에 표시된 중국어의 발음은 국립국어연구원의 외래어 표기 규정을 따랐습니다. 단, '여행 회화' 부분은 최대한 현지 발음에 가깝게 표기하였습니다.

- 관광 명소와 음식점, 상점의 명칭은 직관성을 높이기 위해 한국어를 표제어로 사용하였고, 비교적 독음에 직관성이 떨어지는 장소는 중국어를 표제어로 사용하였습니다.

- 관광 명소, 식당, 상점의 휴무일은 정기 휴일을 기준으로 기재하였으나 연말연시나 음력 설·중추절 등 중국의 명절에는 달라질 수 있습니다. 특히 1~2월 춘절(한국 설과 동일) 연휴, 5월 첫 번째 주 노동절 연휴, 10월 첫 번째 주 중국 국경절 연휴에는 변동 가능성이 크니 반드시 방문 전 확인하시기 바랍니다.

- 입장료, 교통 요금은 성인 요금을 기준으로 소개했습니다.

- 책에서 소개하는 모든 관광 명소, 식당, 쇼핑 명소 등에는 검색 키워드를 실었습니다. 중국에서 가장 널리 이용되고 있는 지도 애플리케이션 '고덕지도'에서 사용 가능한 검색 키워드로, 고덕지도 애플리케이션을 실행 후 책에서 소개하는 키워드를 기입하면 지도에서 목적지를 쉽게 찾을 수 있습니다. 자세한 사용 방법은 P.75를 참고해 주세요.

검색 jmds 입력 → 金茂大廈 선택

지도에 사용한 기호

● 관광
● 식당
● 쇼핑
● 숙소
● 바
● 마사지
✈ 공항
✉ 우체국
🚆 버스터미널

Contents
상하이

상하이 여행 추천 일정
짧고 굵게 즐기는 스톱 오버 1박 2일 코스 054
주말 끼고 다녀오는 베이직 2박 3일 코스 055
보다 자세히 들여다보는 3박 4일 코스 056
근교까지 즐기는 알짜배기 4박 5일 코스 058

여행 실전
Start your Trip
기초 정보 062
상하이로 가는 법 064
상하이 입국하기 065
공항에서 시내로 가는 법 066
상하이 시내 교통 069
Special Page 여행 필수 애플리케이션
알아보기 075

저자의 말 002
일러두기 003

상하이 미리보기
Shanghai Preview
상하이 한눈에 보기 006
상하이 여행의 하이라이트 008
Special Page 상하이를 이해하는 키워드, 스쿠먼 012
상하이의 대표 여행지 016
상하이 베스트 야경 포인트 020
상하이 베스트 음식 022
Special Page 상하이에서 제대로 먹기 026
상하이의 아침 식사 030
상하이 베스트 디저트 & 빵지 순례 034
중국에서 차 마시기 038
중국의 테이크아웃 음료 전문점 040
상하이의 베스트 쇼핑 플레이스 044
상하이의 기념품 쇼핑 046
상하이의 슈퍼마켓 050
Special Page 슈퍼마켓 추천 아이템 052

상하이 지역별 여행

▶ **푸둥** 浦东 086
  Zoom In 상하이 디즈니랜드 제대로 즐기는 방법 101

▶ **난징둥루 & 와이탄** 南京东路 & 外滩 114
  Special Page 황푸강변의 SNS 핫 스폿,
  베이와이탄 152

▶ **예원** 豫园 156

▶ **인민광장 & 난징시루** 人民广场 & 南京西路 180
  Special Page 라멘도 중국이 원조!
  상하이 누들 로드 202

▶ **신천지** 新天地 204

▶ **징안 & 옛 프랑스 조계지** 静安 & 旧法租界 226
  Zoom In 우캉루 & 안푸루 둘러보기 236
  Zoom In 위위안루 둘러보기 243
  Zoom In 융캉루 둘러보기 247

▶ **쉬자후이** 徐家汇 256
  Special Page 400종 이상의 야생 동물이 한곳에!
  상하이 동물원 269
  Special Page 수향 마을의 새로운 세계를 열다,
  반룡천지 270

▶ **홍커우** 虹口 274
  Special Page 천년의 역사가 고스란히 남아 있는,
  상하이 근교 수향 마을 286

▶ **상하이 근교**
  쑤저우 苏州 294
  항저우 杭州 306

상하이 숙소
Accommodation

숙소 등급과 가격대 318

위치 318

예약 319

여행준비
Plan your Trip

여권과 비자 321

항공권 예약 321

여행자 보험 가입 & 각종 티켓 구매 322

휴대 전화로 인터넷하기 322

환전과 결제 323

트러블 대처하기 323

[부록] 여행 중국어 회화 325

인덱스 328

상하이 한눈에 보기

인민광장·난징시루

상하이 최대 유동 인구가 몰리는 지역. 약 14만㎡ 넓이의 인민광장을 중심으로 상하이 박물관, 상하이 도시계획 전시관 등의 볼거리, 지하상가와 쇼핑몰, 음식점들이 줄줄이 늘어서 있다. 인민광장에서 정안사까지 이어지는 난징시루는 백화점과 쇼핑몰이 즐비한, 상하이에서도 손꼽히는 명품 거리다.

징안·옛 프랑스 조계지

상하이 개항 후 프랑스인들이 몰려 살았던 곳으로, 여전히 많은 외국인이 거주하는 곳이다. 최근 핫한 거리는 거의 다 이곳에 위치하며 골목골목 음식점과 카페, 바는 물론 세련된 디자이너 브랜드의 부티크와 편집숍 등을 만나볼 수 있는 곳.

신천지

일명 '상하이의 유럽'으로, 유럽풍 노천 카페와 레스토랑이 마음을 설레게 하는 곳이다. 상하이의 독특한 건축물 '스쿠먼'을 개조한 상점에는 모던함과 레트로한 분위기가 공존하고, 주변에는 고급 상권이 형성되어 있다. 근처에 상하이 대한민국 임시정부 유적이 있기 때문에 대부분의 한국인들이 한 번쯤 들르는 곳이며, 사남공관이나 전자방 등 또 다른 스쿠먼 건물 명소도 있다.

쉬자후이

회사원과 대학생들이 많이 몰리는 번화가. 대규모 쇼핑센터와 전자상가 뒤로는 상하이에서 최초로 지어진 성당과 고즈넉한 공원이 자리한다. 현지인들의 번화가를 느껴볼 수 있는 좋은 곳이다.

쉬자후이 천주교당

훙커우

윤봉길 의사가 일본군을 향해 수통형 폭탄을 투하한 루쉰 공원(舊 훙커우 공원)이 있는 곳. 28만㎡의 넓은 공원에서 산책과 뱃놀이를 즐기고, 공원 일상 풍경을 보기에 아주 좋은 곳이다. 윤봉길 기념관, 루쉰 기념관, 루쉰의 묘도 볼 수 있다.

푸둥

와이탄을 기준으로 황푸강 건너편 동쪽 지역. 상하이의 신도심이자 상하이 경제의 중심으로 동방명주, 상하이 타워를 비롯한 고층 빌딩들이 줄줄이 늘어서 있다. 강 서쪽에서 바라보았던 화려한 마천루를 가까이서 들여다보고 올라가서 전망을 즐기며, 강변을 따라 조성된 빈강대도에서는 조용하게 산책을 즐길 수도 있다.

난징둥루·와이탄

황푸강변을 따라 옛 조계 시절의 건물이 늘어서 있는 곳. 낮에는 강바람을 맞으며 건물 사이로 산책하기 좋으며, 밤에는 조명이 켜진 건물들이 환상적인 분위기를 연출하는 상하이 관광 일번지다. 와이탄에서 서쪽으로 뻗은 난징둥루는 상하이의 명동이자 관광의 시작점이라고 할 수 있는, 상하이 최대의 번화가다.

예원

옛날 상하이의 중심이었던 곳으로 여전히 옛 분위기를 간직하고 있다. 400년 전에 지어진 정원이자 상하이 최고의 관광지 예원이 위치하며 예원 주변의 상점가에서는 전통 공예품과 간식거리들을 만나볼 수 있다. 주변에 성황묘와 문묘, 침향각 등의 유적과 더불어 역사의 흔적이 담긴 오래된 집들이 남아 있어 옛 상하이의 모습을 짐작하기에도 좋다.

상하이 여행의 하이라이트

상하이 여행의 매력은 '다양성'에 있다. 중국과 유럽이 공존하고, 올드 시티와 현대가 공존하기 때문에 가는 곳마다 다른 분위기를 느낄 수 있다. 북적이는 도심과 관광지를 즐기다가도, 고즈넉한 길에서 산책과 애프터눈 티를 즐길 수 있는 곳이다. 중국 전역과 세계 각지에서 온 사람들이 모여 살며 시시각각 변하는 상하이는, 여행자에 따라 여행하는 방법도, 여행의 감상도 크게 달라진다.

아래에서, 위에서 두 번 즐기는 야경

상하이의 야경은 중국뿐 아니라 전 세계적으로도 유명한 수준이다. 황푸강을 따라 양안에 제각각 다른 멋을 뽐내는데, 와이탄 쪽에는 유럽풍 건축물이, 푸둥 쪽에는 현대식 마천루가 늘어선 상반된 모습을 즐길 수 있다. 와이탄의 높은 곳에서 한눈에 담는 황푸강변의 모습, 푸둥의 전망대에서 내려다보는 반짝이는 빌딩 역시 제각각 다른 감격을 안겨준다.

눈과 입으로 두 번 즐기는 호화 미식

'다리 4개 달린 것은 책상과 의자만 빼고 다 먹는다'라는 우스갯소리가 있을 정도로 중국 음식 문화의 다양성은 널리 알려져 있다. 지역과 재료, 요리법 등에 따라 수천 가지의 음식이 있기 때문에 입맛에 맞춰 골라 먹을 수 있으며, 다양한 음식을 눈으로 즐기는 재미도 크다. 특히 중국 전역에서 온 사람들이 모여 사는 상하이에서는 쓰촨, 후난, 윈난, 저장, 둥베이, 광둥 등 수많은 지역의 미식을 즐길 수 있는 것도 장점이다. 샤오룽바오의 발상지인 만큼 수많은 전문점에서 저마다의 특색을 맛볼 수 있으며, '번방차이(本帮菜)'라 불리는 상하이 향토요리를 즐길 수도 있다.

21세기 속에 살아 있는 20세기 건축물

와이탄 주변에는 유럽풍 옛 건축물이 모여 있고, 신천지를 비롯한 도시 곳곳에 '스쿠먼(石库门)'이라는 상하이의 독특한 건축 양식이 남아 있다. 20세기의 한 장면 속으로 들어간 듯 묘한 느낌을 주는 이 건물들은 현재도 주민의 거주지나 상점으로 활용되고 있다.

올드 시티에서 느끼는 중국의 미(美)

상하이의 대표적 옛 정원으로 꼽히는 예원은 중국의 미를 십분 느낄 수 있는 곳이다. 이 일대는 명·청 시대의 번화가로 여전히 옛 모습을 간직하고 있어 세월을 반증하는 주민들의 생활상도 엿볼 수 있다.

대한민국 독립 역사의 흔적

상하이 대한민국 임시정부 유적지는 한국인이라면 꼭 방문하는 곳 중 하나. 독립을 위해 힘쓴 조상들의 발자취를 되짚어보고, 그 노력에 감사하는 시간을 갖는 기회이기도 하다. 루쉰 공원 내에 있는 매원에서는 윤봉길 의사의 상하이 의거와 그의 삶을 돌아볼 수 있다.

중국 현대 예술의 본거지

상하이 현대예술관, 록 번드 아트 뮤지엄, 푸둥 미술관, 중화예술궁에서 다양한 전시를 접할 수 있고, M50과 전자방에는 예술가의 작업실이 모여 있다. 갤러리 전시와 판매를 겸하는 경우가 많아, 관람은 물론 마음에 드는 작품을 발견했다면 구매도 가능하다.

중국 속 프랑스 거리 산책

옛 조계 시절 프랑스인이 모여 살던 동네는 여전한 멋과 분위기로 상하이의 트렌드를 이끌고 있다. 가로수가 하늘 높이 뻗은 길에는 중국인과 프랑스인의 삶이 공존하고, 곳곳에서 세련된 음식점과 카페, 바를 만날 수 있다.

SPECIAL PAGE

상하이를 이해하는 키워드
스쿠먼

골목마다 이어지는 상하이식 연립주택에는 주민들의 삶의 풍경이 녹아 있다. 지금은 개발이 많이 진행되며 수많은 건물이 헐리고 자취를 감췄지만, 여전히 상하이를 대표하는 이미지이자 건물인 스쿠먼은 가장 자주 만나는 풍경이자 상하이를 이해하는 키워드다.

스쿠먼(石庫門)이란?

스쿠먼은 상하이의 특색이 담긴 건축물로, 최근까지 곳곳에 골목을 이루며 상하이 사람들의 주거를 책임지던 주거용 건물이다. 태평천국 운동이 벌어지던 1850년대 초에 처음 등장해 1940년대까지 지어졌으며 1920년대에는 전체 주택의 3/4에 달할 정도였다. 초기 양식은 중정을 가운데 두고 사면 또는 삼면을 건물이 둘러싼 사합원(四合院) 또는 삼합원 양식으로 지어지다가, 서양식 연립주택 양식이 결합된 형태로 점점 발전했다. 단지별로 룽(弄), 리(里), 팡(坊), 춘(村) 등의 이름이 붙어 있으며 골목을 뜻하는 '리룽(里弄)' 또는 '룽탕(弄堂)'이라는 말 역시 여기에서 유래됐다. 좁은 길을 따라 스쿠먼 건물이 죽 늘어선 리룽은 베이징의 후퉁(胡同)과 맞먹는 골목으로, 상하이만이 지닌 이색 풍경을 자아낸다.

스쿠먼 건물의 구조와 특징

스쿠먼이라는 이름은 '돌로 띠를 두른 문'이라는 말 스쿠먼(石箍门)에서 유래했으며 점차 상하이식 발음에 따라 변형되어 지금의 이름이 되었다. 건물의 이름에서 나타나는 특징처럼 검은색으로 칠한 너비 약 1.4m, 높이 약 2.8m의 두꺼운 나무 문을 돌로 된 문틀이 감싸고 있고 그 위를 삼각형이나 반원형의 돌이 장식한다. 이 돌은 건축 초기에는 단순한 형태였으나 점차 중국식, 서양식 조각 공예가 결합된 정교한 장식으로 화려하게 발달했다. 무거운 돌문을 열고 들어서면 안뜰이 나오며 1층에 거실과 사랑방, 부엌이, 2층에는 방과 화장실이 있다. 초기에는 2층 건물이 대부분이었으나 한 집에 여러 가구가 모여 살게 되며 점차 3층 건물이 늘어나게 되었다.

상하이 내 스쿠먼 건물의 증가

1843년 상하이가 서구 열강에게 개항한 후, 주변 지방의 노동자들이 일자리를 찾아 대거 상하이로 유입되었다. 여기에 더해 1850년대 태평천국 운동으로 전쟁이 계속되자 장쑤성과 저장성의 수많은 피란민이 상하이 내의 프랑스·미국·영국·일본 조계지로 몰려들게 되었다. 인구가 늘어나며 거주 공간이 부족하게 되자 대대적인 주택 개발 공사가 진행되었고, 처음에는 목조 주택을 지었으나 화재의 위험 때문에 상하이시정부에서 금지, 목조 연립주택 건물 양식을 적용한 벽돌 건물을 짓게 되었다. 기하급수적으로 늘어난 스쿠먼 건물은 1920년대 인기가 극에 달했을 때 비율이 전체 주택의 3/4을 차지할 정도였다.

부엌 위 작은 방에서 탄생한, 상하이 예술 문화

1920~1930년대 중국 공산당과 공화당의 내전, 중일전쟁으로 더욱 많은 피란민들이 조계지에 몰려들었고 이때부터 남는 방을 칸칸이 세입자에게 임대하는 형태가 생겨났다. 한 가족이 하나의 집을 쓰던 기존의 방식과 달리 방 한 칸에 한 가족, 한 집에 여러 세대가 거주하며 화장실과 부엌 등을 공유하는 생활 방식이 점차 익숙한 풍경으로 자리 잡았다. 특히 팅쯔젠(亭子间)이라고 불리는 부엌 위 다락방은 원래 하인이 거주하거나 창고로 쓰던 방인데, 특히 값싼 방을 찾아온 가난한 문인이나 예술가들의 거처가 되며 역사에 길이 남을 빛나는 작품들이 태어나기도 했다. 루쉰, 마오둔(茅盾), 바진(巴金) 등 유수의 문학가들이 이곳에 살았을 뿐만 아니라 스쿠먼과 팅쯔젠에서의 삶이 담긴 작품을 집필하며 '팅쯔젠 문학'을 탄생시켰다. 스쿠먼은 단순한 주거용 건물이 아니라 상하이 사람들의 삶이 녹아 있는 하나의 문화라 할 수 있다.

20세기 초 팅쯔젠의 풍경 재현

상하이의 대표 여행지

상하이는 규모도 크고 볼거리도 많은 도시다. 옛 분위기가 살아 있는 예원과 근대적 건물을 활용한 신천지, 현대적 마천루가 늘어선 푸둥 등 가는 곳마다 다른 시대 분위기도 느낄 수 있다. 도심을 조금만 벗어나면 수향 마을의 고즈넉한 풍경도 기다린다. 다양한 매력이 공존하는 상하이의 가장 주요한 여행지를 소개한다.

난징동루 보행가 南京东路步行街

상하이 최대의 여행자 거리인 난징동루 보행가는 낮이든 밤이든 인파가 몰린다. 지하철 2호선과 10호선이 교차하는 난징동루 지하철역을 중심으로 여러 쇼핑몰이 자리하고, 런민광창 역까지 이어지는 약 2km 거리 곳곳에 음식점과 특색 있는 상점, 기념품 가게들이 늘어서 있다.

루자쭈이 陆家嘴

'동양의 진주'라 불리는 동방명주와 중국에서 가장 높은 건물인 상하이 타워 등 고층 빌딩이 즐비하고, 높은 전망대에 올라 상하이의 전경을 내려다볼 수 있다. 와이탄의 유럽풍 건축물을 강 건너에서 바라볼 수 있는 강변의 빈강대도는 여유롭게 산책을 즐기기 좋다.

와이탄 外滩 & 베이와이탄 北外滩
중국 최초의 개항지였던 상하이, 그중에서도 황푸 강변 와이탄에는 서양 열강의 자본 유입에 따라 유럽풍 건축물이 늘어서게 되었고, 대부분의 건물은 현재까지도 유지·보수를 거쳐 사용되고 있다. 밤이 되면 건물들이 빛을 밝히며 아름다움을 선사하고, 강 건너로 보이는 푸둥의 야경까지 더해져 한껏 멋스럽다. 와이탄 북쪽, 2021년에 개장한 베이와이탄 항해공원을 중심으로 강변을 따라 이어지는 산책로는 와이탄 여행의 새로운 핫 플레이스다.

전자방 田子坊
예술가의 거리로 시작해 지금은 많이 관광지화 되었지만, 상하이의 주거 형태를 볼 수 있는 스쿠먼 건물과 골목골목 이어지는 아기자기한 상점들이 여전히 여행객들의 발길을 불러모은다.

예원 豫园
예원은 명나라 시절의 관료가 부모의 노후를 위해 지은 정원이다. 강남 정원의 정수를 보여주는 예원과 예원을 둘러싸고 형성된 상점가 예원상성은 화려한 처마와 다채로운 먹거리·살 거리를 뽐내며 여행자의 발길을 이끈다.

인민광장 人民广场

인민광장 내에는 인민 공원, 상하이 박물관, 상하이 현대예술관, 상하이 도시계획 전시관 등의 볼거리가 몰려 있다. 그중에서도 상하이 박물관은 약 14만 점의 유물을 전시 중인, 중국에서도 손꼽히는 박물관이다. 인민광장과 난징동루를 잇는 런민광창 역은 상하이 교통의 중심지로, 일일 최다 유동인구가 이용하는 지역인 만큼 주변에 각종 시설이 몰려 있다.

반룡천지 蟠龙天地

100여 년 전 조성된 수향 마을을 개발한 상업 단지. 좁은 골목길, 길 양옆을 가득 메운 시간의 흔적을 간직한 건물들, 강을 건너는 아치형 돌다리 등 수향 마을의 모습은 갖추고 있으면서도 정돈된 아름다움과 세련된 상점, 음식점, 카페를 만나볼 수 있다. 해가 진 후에 만나는 아름다운 야경은 덤.

상하이 디즈니랜드
Shanghai Disneyland

한국에서 가장 가까운 디즈니랜드가 바로 상하이에 있다. 특히 전 세계에서 가장 큰 신데렐라 성과 세계에서 하나뿐인 주토피아 테마 구역이 있어 디즈니 마니아들이 더욱 열광하는 곳.

우캉루 武康路

상하이에서 가장 고급스러운 주거지로 꼽히는 옛 프랑스 조계지. 그중에서도 가장 핫한 거리라 하면 우캉루를 꼽을 수 있다. 거리 초입에 위치한 우캉 맨션을 시작으로 거리 곳곳 세련된 서양식 건물, 하늘 높이 뻗은 가로수가 늘어선 길은 산책하기 좋다. 곳곳에서 만나는 예쁜 가게들을 구경하는 재미도 우캉루 산책의 소소한 즐거움 중 하나다.

신천지 新天地

일명 상하이의 유럽이라 불리는 곳. 상하이 전통 건축물 스쿠먼을 현대적으로 활용한 좋은 예다. 줄줄이 이어지는 카페와 음식점, 술집에서는 개방감 넘치는 야외 테이블을 마련해 두어 마치 유럽에 온 것 같은 한때를 즐길 수 있다.

위위안루 愚园路

상하이에서 가장 핫한 카페 거리. 약 1.2km로 이어지는 거리를 중심으로 뻗어나가는 골목 곳곳까지 각각의 개성을 살린 카페가 늘어서 있다. 인증 사진 성지로 이름난 만큼 단순히 커피와 디저트를 즐기는 것 외에도 미식·쇼핑을 아우르는 다양한 경험이 가능하다.

상하이 베스트 야경 포인트

상하이의 야경은 아시아에서도 손꼽히는 명작이다. 강변을 따라 적당히 간격을 둔 특색 있는 건물은 각각의 아름다움을 배가시키고, 동·서·남·북 바라보는 위치에 따라 매번 다른 감동을 주기 때문에 여행 내내 봐도 질리지 않는다.

와이탄 外滩~외백도교 外白渡桥
탁 트인 푸둥의 야경을 눈에 담기 가장 좋은 곳. 은은하게 불을 밝힌 와이탄의 옛 건축물을 가까이에서 바라보며 마치 유럽에 온 듯한 기분을 느낄 수 있는 점도 인기를 누리는 포인트다. 해가 지고 불이 켜지면 붉게 물든 외백도교의 아름다움이 더욱 도드라진다.

예원 豫园
처마 사이로 불을 밝힌 예원상성의 모습은 마치 애니메이션 속 한 장면을 보는 듯하다. 설 명절 등의 특별한 날에는 구곡교를 둘러싼 연못과 상가 곳곳에 화려한 조형물이 설치되는 등 축제 분위기가 연출되어 더욱 아름답다.

베이와이탄 北外滩
와이탄 북쪽에 동서로 길게 이어지는 산책로. 와이탄의 유럽풍 건축물과 루자쭈이의 마천루가 한눈에 들어오는 야경 스폿으로, 베이와이탄 항해공원의 레인보 브리지에 올라 내려다보면 공원까지 내려다볼 수 있다. 외백도교를 기준으로 서쪽에 위치한 다리 작포로교(乍浦路桥)에서는 푸둥 야경+외백도교까지 한 장에 담을 수 있는 사진 스폿이다.

상하이 타워 Shanghai Tower
세계에서 세 번째로 높은 건물에서 내려다보는 비현실적인 야경을 만날 수 있다. 서는 방향에 따라 동방명주와 금무대하, 상하이 세계금융센터가 내려다보이며, 건물 앞 거리에서는 이 세 건물을 한 컷에 담는 재미난 사진도 찍을 수 있다.

플레어 루프톱 Flair Rooftop
오픈 이래 꾸준히 상하이에서 가장 핫한 루프톱 바. 은은한 붉은빛의 동방명주가 눈앞에 펼쳐지며, 멀리서 보는 것과는 또 달리 비슷한 높이에서 마주하는 감동을 느낄 수 있다.

루자쭈이 공중보행가
陆家嘴空中步行连廊
동그란 육교를 따라 걸으며 야경을 즐기기 좋다. 푸둥의 고층 건물을 가까이서 살펴보고, 동방명주를 배경으로 사진을 찍기에도 아주 좋은 포인트다.

상하이 베스트 음식

상하이 음식은 단맛이 강한 것이 특징이며, 한국인이 거부감을 갖기 쉬운 특유의 중국 향신료의 사용도 적은 편이라 대부분의 요리가 한국인의 입맛에 잘 맞는다. 상하이와 주변의 장쑤성, 저장성의 요리만 따져도 수천 가지일 테지만, 대표적으로 상하이 요리 전문점에서 맛볼 수 있는 음식, 상하이에서 꼭 먹어야 할 음식을 소개한다.

다자셰 大闸蟹

몸에 털이 많아 '털게'라고도 불리는 민물 게. 주로 통으로 쪄서 먹으며, 살만 발라내 요리에 활용하기도 한다. 강과 호수에서 자라기 때문에 비리다고 느낄 수도 있지만, 새콤달콤한 소스에 찍어 먹으면 특유의 고소함이 배가된다. 대부분의 상하이 요리 전문점에서 게살 요리를 만나볼 수 있으며, 다자셰 전문점에서는 다양한 가격대의 코스 요리를 제공한다. 제철은 가을과 겨울.

셰편더우푸 蟹粉豆腐

게살과 연두부, 전분을 넣고 볶아낸 음식으로 게살을 이용한 대표 요리다. 그냥 떠먹어도 맛있고, 밥에 비벼 먹어도 좋다. 강한 향신료 없이 게의 향을 살리기 때문에 한국인 입맛에도 잘 맞는다.

유바오샤 油爆虾

껍질째로 튀기듯 볶아낸 민물 새우. 주로 아주 작은 새우로 요리하며, 껍질과 머리까지 통째로 먹는다. 달콤하면서도 짭짤한 맛과 바삭한 식감이 일품이다.

샤오룽바오 小笼包

상하이에서 가장 흔히 접할 수 있으면서도 꼭 맛봐야 할 음식. '작은 찜기에 쪄내는 만두'라는 뜻의 샤오룽바오는 얇은 만두피 속에 육즙이 가득 차 있는 것이 특징이다. 숟가락 위에 만두를 얹고, 만두피를 살짝 찢어 흘러나오는 육즙을 마신 후 먹어야 입도 데지 않고 맛을 제대로 음미할 수 있다. 기본적으로는 돼지고기로 소를 채우지만 소고기나 닭고기를 사용한 것, 게살이나 새우 등을 첨가한 것, 성전처럼 구워낸 것 등 다양한 변주도 즐길 수 있다.

TRAVEL TIP 샤오룽바오 小笼包 vs 관탕바오 灌汤包

영어로는 모두 수프 덤플링(Soup Dumpling)이라 표현하는 샤오룽바오와 관탕바오. 최근 이 둘 사이의 경계가 모호해지며 이름이 혼용되는 경우가 많다. 과연 어떤 차이가 있을까? 포인트는 바로 '국물'. 관탕바오는 국물에 중점을 둔 만두로, 만두피가 매우 얇고 국물이 가득 차 젓가락으로 들어 올렸을 때 만두가 축 처지는 편이다. 크게 빚은 관탕바오는 주먹만 하며 빨대를 이용해 국물을 마시기도 한다. 이에 비해 샤오룽바오는 만두의 크기가 작고, 피가 두툼하다. 육즙보다는 소의 맛을 살리는 것에 중점을 둔 것으로, 비교적 소박한 맛이라 할 수 있다. 상하이 전통 샤오룽바오는 소에 다른 재료나 양념을 많이 첨가하지 않고 순수하게 다진 돼지고기에 설탕만 살짝 넣는 것 역시 특징이다.

성젠 生煎

상하이식 군만두. 일반적인 군만두와 달리 찐빵처럼 두꺼운 피로 빚는다. 기름에 굽다가 물을 붓고 수증기로 익혀내기 때문에, 바닥은 바삭하면서도 윗부분은 촉촉하다. 소양생전, 대호춘 등의 가게가 유명한데 소양생전은 상하이 내 최대 패스트푸드 체인이라고 해도 과언이 아닐 만큼 상하이 곳곳에서 찾아볼 수 있다.

훙사오러우 红烧肉

껍질째 잘라낸 삼겹살 덩어리를 양념해 뭉근히 조린 요리. 비계는 쫄깃하고 고기는 촉촉한 것이 특징으로, 단맛이 강하고 비계가 상당 부분을 차지하기 때문에 다소 느끼할 수도 있다. 시인 소동파(蘇東坡)가 만들었다고 알려진 둥포러우(东坡肉, 동파육)와 흡사한데, 보통 항저우 요리는 크게 한 조각이 나오는 둥푸러우, 상하이 요리로는 작은 덩어리 여러 조각이 한 접시로 구성되는 훙사오러우(홍소육)로 구분된다.

지구장 鸡骨酱

잘게 자른 닭을 간장으로 졸인 중국식 찜닭. 닭을 뼈째 아주 작게 자르는 것이 특징으로, 설탕과 전분을 넣어 소스가 끈적할 정도로 졸여 단맛이 매우 두드러진다.

훠궈 火锅

전 세계 사람이 모여 사는 상하이에서는 훠궈(중국식 샤부샤부) 역시 다양한 스타일과 가격대에서 즐길 수 있다. 국물의 맛과 재료의 신선함이 핵심으로, 그 자리에서 발골 및 정육을 하는 식당까지 있다. 훠궈와 비슷하지만 간편한 마라탕이나 촨촨샹(串串香)은 출출할 때 가볍게 먹기도 좋다.

쉰위 熏鱼

간장에 절인 생선을 기름에 튀긴 후 다시 양념을 입힌 것으로 상하이에서만 맛볼 수 있는 특색 요리다. 불길 훈(熏) 자가 들어가기 때문에 훈제 생선이라고 생각할 수 있지만, 사실 훈제와는 전혀 상관없다. 사용하는 어종과 만드는 법이 각양각색이지만 일반적으로 달짝지근한 간장 맛이 기본 베이스를 이룬다.

샤오룽샤 小龙虾

'양꼬치 & 칭따오'만큼 상하이 현지에서 사랑받는 것이 바로 샤오룽샤에 맥주다. 샤오룽샤는 성인 손가락만 한 민물 가재로, 주로 찌거나 볶아 먹는다. 가장 보편적인 요리법은 스싼샹(十三香). 이름 그대로 13가지 재료를 이용해 맛을 낸 것인데, 중국 특유의 향은 강하지만 감칠맛이 살아 있고 가재 본연의 맛에 가장 잘 맞는다. 그 밖에 맛을 첨가하지 않고 쪄낸 플레인, 마늘 맛, 매운맛, 달걀노른자 맛, 마라 맛 등이 인기 있다.

SPECIAL PAGE

상하이에서 제대로 먹기

'다리 4개 달린 것은 책상만 빼고 다 먹는다'는 말이 있을 정도로 중국에는 다양한 음식이 있다. 중국은 워낙 면적이 거대하기 때문에 지역별로 주로 사용하는 재료와 맛을 내는 향신료, 좋아하는 맛의 스타일, 음식을 먹는 방법 등이 다르며 한국과는 지리적으로 붙어 있음에도 불구하고 식문화 면에서는 매우 다르다. 여행에서는 무엇을 먹을지도 고민이지만, 어떻게 먹는지를 가볍게라도 알고 먹는다면 더욱 즐거운 식도락 여행이 가능하다.

주문도 결제도 QR 코드로

식당에 좌석 안내를 받고 나면 종업원은 한 마디 말을 던지고 쌩 하니 가버린다. 다름 아닌 '사오마디앤차이(扫码点菜), 스캔해서 주문하라는 말이다. 휴대 전화로 테이블 구석에 붙어 있는 QR 코드를 스캔하면, 메뉴를 보고 직접 선택해 주문할 수 있다. 메뉴에 사진이 함께 나와 중국어를 몰라도 고르기 쉽고, 앱 내에서 번역기도 사용할 수 있어 편리하다. 결제는 주문과 동시에 바로 하는 곳도 있고 주문 후 QR 코드를 통해, 또는 직원을 통해 하는 곳이 있다. 다만 위챗만 지원하는 곳도 있으므로 애플리케이션은 알리페이와 위챗 모두 준비해 두는 것이 좋다. QR 코드 주문은 음식점뿐만 아니라 테이크아웃 음료점 등 대부분의 주문에 이용된다.

요리는 몇 가지 시켜야 할까?

메뉴 하나만 시켜도 반찬 여러 개가 딸려 나오는 한국에서는 1인 1메뉴 주문이 일반적이지만, 무료 반찬도 없는 데다 푸짐하게 시켜 깔아놓고 먹는 것이 미덕으로 통하는 중국에서는 일반적으로 인원수보다 훨씬 많은 요리를 주문한다. 싼차이이탕(三菜一汤)이라고 해서 3가지 요리에 국물 요리 1가지를 곁들이는 것이 기본이며, 음식의 양과 인원에 맞춰 요리나 국물의 가짓수를 달리한다. 차가운 음식과 따뜻한 음식, 고기의 종류와 생선·채소 등의 비율 역시 고려해 조합하는 것이 방법이다.

상하이에서의 접시 사용법

중국 남부 지방과 북부 지방은 접시와 그릇 사용법이 다르다. 남부 지방에 속하는 상하이에서는 보통 사진과 같이 개인 접시가 준비되어 있는데, 위에 올라간 공기만 음식을 담는 데 사용하고 밑의 접시는 찌꺼기를 담아 버리는 용도다. 정해진 규칙이 있는 것은 아니지만, 남부 지방 사람에게 음식을 덜어줄 때 국물이 없는 요리라고 평평한 접시에 덜어줬다가는 불쾌감을 유발할 수 있으니 주의하자.

공짜가 아닌 것들

최근, 물이나 차를 무료로 제공하는 음식점도 늘어났지만 기본적으로 중국에서는 차도 음료도 주문해서 마신다. 다만 차를 주문한 경우 뜨거운 물은 계속 리필해 준다. 테이블에 놓인 티슈나 물티슈도 대부분 1~2위안씩 돈을 받는데, 원하지 않을 경우 종업원에게 의사 표현을 하고 사용하지 않을 수도 있다. 먹고 남은 음식을 포장 할 때 사용하는 일회용 용기 역시 개당 2~3위안을 내야 한다.

외부 음료, 외부 음식 가능

중국 음식점에는 일반적으로 외부 음료를 들고 가는 것이 허용된다. '허용된다' 정도가 아니라 아예 매운 음식을 먹으러 갈 때 일부러 달달한 밀크 티를 포장해서 가져갈 정도. 가게에 따라 다른 가게의 포장 음식까지 같이 먹는 것을 허용하는 곳도 많다. 중국 음식점 문화에서는 전혀 문제없으나, 정 불편하다면 종업원에게 물어볼 것.

음료는 미지근한 것이 기본

중국인은 기본적으로 찬 음료를 즐겨 마시지 않는다. 차는 물론이고, 물을 마실 때도 아무것도 넣지 않은 끓인 물, 바이카이수이(白开水)를 즐겨 마신다. 차가운 과일 음료나 셰이크를 메인으로 하는 음료 전문점이 늘어나며 인식이 많이 바뀐 것은 사실이지만, 여전히 얼음을 빼주는 옵션이 있을 정도다. 식당에서 물이나 콜라를 시키면 보통 미지근한 것을 주기 때문에 차가운 것으로 달라는 이 말은 꼭 기억하고 가야 한다. "삥더(冰的)!"

중국 식당에서 상처받지 않는 법

중국에서는 우리나라와는 달리, 이 빠진 그릇을 흔히 내온다. 이 빠진 그릇은 흉이라기보다, 오히려 그만큼 그릇을 자주 많이 쓰는 '잘나가는' 가게라는 뜻이다. 또한 종업원이 음식이나 잔돈 등을 던지듯 내려놓는 경우가 흔한데, 이 역시 중국에서는 크게 예의 없는 행동이 아니니 개의치 말자. 참고로 중국의 인기 있는 가게에서 합석은 기본이니, 종업원이 '핀쮀(拼座)'라고 물어보면 합석을 가리키는 말이니 흔쾌히 수락해 주자.

잊지 말자, 부야오샹차이(不要香菜)

'고수(香菜)'는 중국뿐만 아니라 태국·베트남·멕시코 요리 등에도 쓰이며 최근 한국에서도 꽤 보편화되었지만, 여전히 많은 한국인은 고수의 낯선 향과 맛에 거부감을 느낀다. 중국 요리에서 고수는 한국 요리의 파처럼 거의 모든 요리에 꾸밈과 향신용으로 쓰이기 때문에, 원하지 않는 경우 미리 종업원에게 말해 두는 것이 좋다. "부야오샹차이(不要香菜; 고수는 빼주세요)." 일부 가게에서는 여러 고명을 섞어 준비해 두기 때문에, 간혹 고수를 빼달라고 하면 파 같은 다른 고명까지 안 뿌리는 경우도 있으니 참고할 것.

TRAVEL TIP 중국 음식에서 자주 쓰이는 향신료

화자오 花椒
산초와 열매의 한 종류. 주로 통째로 말려서 쓰며, 씹으면 입이 마비되는 듯한 느낌이 퍼진다. 화자오와 고추를 함께 쓰면 우리에게도 익숙한 '마라' 맛의 기본이 된다.

쯔란 孜然
쿠민(cumin). 씹으면 들큼하면서도 매운맛, 쓴맛이 난다. 황갈색의 길쭉한 씨앗 모양으로, 우리나라에서는 양꼬치 전문점에서 흔히 볼 수 있다.

바자오 八角
팔각. 계피, 정향 등과 함께 오향(五香)의 주요 구성원이다. 다리가 8개 달린 별 모양으로, 고기의 잡냄새를 없애고 육질을 부드럽게 한다. 가루를 내 차로 마시기도 한다.

중국어 메뉴판 이해하기

사진도 영어 설명도 없이 한자로 가득한 메뉴판은 아무리 봐도 아무것도 알 수 없으니 막막하고 당황스럽기 짝이 없다. 이럴 때 참고하면 주문에 도움이 될 글자를 몇 가지 소개한다. 일단 '자오파이(招牌)'라는 단어는 '간판 메뉴', '비뎬(必点)'은 '꼭 주문해야 한다'는 뜻. 이러한 단어들은 인기 있거나 주방장이 자신 있는 메뉴에 주로 붙이기 때문에 선택의 범위를 크게 줄일 수 있다. 비슷한 표현으로 '금메달'이라는 뜻의 '진파이(金牌)', 오래된 상표라는 뜻의 '라오파이(老牌)'가 쓰이기도 한다. 물론 번역기를 사용하는 것이 편리하지만, 때때로 이상한 결과물이 나오는 경우도 많으니 아래 표의 단어를 알아두면 좋다. 중국의 음식 이름은 대부분 재료와 조리법으로 표현되는 경우가 많다는 것을 참고.

주식		
발음	중국어 표기	의미
판	饭	밥
멘	面	면
저우	粥	죽

재료		
발음	중국어 표기	의미
러우	肉	돼지고기
뉴러우	牛肉	소고기
지	鸡	닭
야	鸭	오리
어	鹅	거위
와	蛙	개구리
위	鱼	생선
샤	虾	새우
셰	蟹	게

맛		
발음	중국어 표기	의미
톈	甜	달다
라	辣	맵다
쏸	酸	시다
셴	咸	짜다

음료 주문 시 유용한 단어		
발음	중국어 표기	의미
창원더 / 원더	常温的 / 温的	상온의, 미지근한
러더	热的	뜨거운
쾅취안수이	矿泉水	생수
차수이	茶水	차
커러	可乐	콜라
쉐비	雪碧	사이다
피주	啤酒	맥주
바이주	白酒	고량주

조리법		
발음	중국어 표기	의미
차오	炒	볶기
칭차오	清炒	소금 간해서 볶기
카오	烤	굽기
젠	煎	부치기, 지지기
자	炸	튀기기
정	蒸	찌기
솬	涮	데치기, 샤부샤부
탕	汤	국물 요리

상하이의 아침 식사

중국 여행에서 가장 편리한 것 중 하나는 아침 식사를 간편하게 사 먹을 수 있다는 것이다. 외식이 생활화된 중국에서는 아침 일찍부터 손님을 받는 식당을 흔히 찾아볼 수 있고, 들고 다니며 먹을 수 있는 먹거리도 심심찮게 만난다. 종류가 많기 때문에 어떤 취향에도 맞는 음식을 찾을 수 있는데, 가장 보편적인 메뉴를 소개한다.

유탸오 油条
중국인들의 아침 메뉴 하면 가장 먼저 떠오르는 것이 이 유탸오. 밀가루 반죽을 길게 늘여 튀겨낸 것이다. 바삭하고 별다른 맛이 없는 것이 특징인데, 주로 중국식 두유(豆浆)에 적셔 먹는다.

더우장 豆浆
중국식 두유. 우리나라의 두유에 비해 묽고 맹맹하지만, 콩에서 나오는 은근한 달콤함이 있다. 톈더우장(甜豆浆)은 설탕을 넣은 것, 셴더우장(咸豆浆)은 소금을 넣은 것이다. 한여름에도 따뜻한 것을 먹는 것이 일반적이지만 최근에는 차갑게 한 빙더우장(冰豆浆)을 파는 곳도 많아졌고, 파우치 형태로 포장된 완제품도 있다.

저우 粥
중국식 죽. 흰쌀이나 좁쌀, 호박 등으로 끓이며 대개 우리나라의 죽보다 묽다. 찹쌀에 팥과 대추, 땅콩 등 8가지 좋은 재료를 넣어 끓인 바바오저우(八宝粥)는 간편식까지 있다.

바오쯔 包子
중국인의 아침 메뉴에서 빠질 수 없는 것이 바로 이 찐빵. 마치 만두처럼 고기와 버섯, 두부, 당면, 채소 등 소를 다양하게 채우는 것이 특징으로, 취향에 맞게 골라 먹을 수 있다. 1개에 2위안 정도로 저렴하고, 들고 다니며 먹기에 간편하다.

젠빙 煎饼
중국식 크레이프. 얇게 부친 밀전병에 달걀을 깨 굽고, 얇고 바삭한 궈비얼(果篦儿)이라는 튀김을 넣어 말아낸 것이다. 기본으로는 달걀 1개와 튀김 1개가 들어가는데, 달걀을 2개로 하거나 상추, 소시지, 유탸오 등을 추가해 입맛에 맞게 변형 가능하다. 소스나 고수, 파 역시 취향대로 넣거나 뺄 수 있다.

셴더우화 咸豆花

더우화(豆花)는 순두부를 가리킨다. 셴더우화는 순두부에 각종 양념으로 짭짤하게 간을 한 것으로, 파, 절인 채소, 유탸오(油条) 등의 고명을 올려 먹는다. 차가운 순두부에 달콤한 시럽을 뿌린 톈더우화(甜豆花)는 디저트로도 인기다.

지단롼빙 鸡蛋软饼
얇게 펴낸 밀가루 반죽에 달걀, 파, 부추 등을 얹어 구워낸 것. 상추나 볶은 감자채, 소시지 등의 고명을 고르면 넣고 둘둘 말아주는데, 하나만 먹어도 속이 든든하다. 상하이의 지단롼빙은 부드러우면서도 쫄깃한 식감이 특징이다.

츠판가오 糍饭糕
찹쌀과 멥쌀을 섞어 식빵 모양으로 튀겨낸 상하이식 아침 메뉴. 씹으면 씹을수록 느껴지는 고소한 풍미가 일품이다. 츠바(糍粑)라고도 부르는데, 츠바는 찹쌀을 튀기거나 쪄낸 떡 전반을 가리키며, 대부분은 달게 해 디저트로 먹는다.

충유빙 葱油饼
중국식 파전. 튀기듯 구워내는 밀가루 반죽에 파 향을 가미한 것이다. 단독으로 먹기에는 조금 심심한 감이 있기 때문에 다른 음식에 많이 곁들여 먹는다.

샤오마이 烧卖
복주머니 모양으로 빚어 찐 만두. 일반적으로 고기를 소로 채우지만, 상하이에서는 고기 대신 찹쌀을 넣어 만든다. 찹쌀이 든 만두라니, 생소하지만 한 번 먹어보면 구미가 당기는 조합이다.

훈툰 馄饨

중국식 만둣국. 한국에서는 광둥식 발음인 '완탕'으로 흔히 알려져 있다. 일반적으로는 아주 얇은 피로 조그맣게 빚어내며, 큼직하게 빚은 것은 다훈툰(大馄饨)이라 부른다. 국물이 개운해 해장에도 좋다.

탕위안 湯圓

속을 채운 새알심이다. 찹쌀가루를 물로 반죽해, 고기나 참깨, 땅콩 등을 넣고 동그랗게 빚어 끓여낸다. 가게에 따라 크기도 내용물도 다양하다.

젠자오 煎饺 · 궈톄 锅贴

군만두. 성젠에 비해 피가 얇고 부드러우며 한국의 군만두와 식감이 비슷하다. 고기를 중심으로 소를 채워 육즙이 촉촉하게 살아 있다.

차예단 茶叶蛋

찻잎을 넣은 간장에 조린 달걀. 팔각, 회향, 계피 등을 함께 넣어 끓이기 때문에 특유의 향이 있으며 달걀 껍질에 금이 간 부분에서 간장 국물이 스며들어 색이 진해지는 것 역시 특징이다.

상하이
베스트 디저트 &
빵지 순례

중국은 예로부터 디저트 문화가 발달했고, 일찍이 서양 문물을 받아들인 상하이에서는 더욱 폭넓은 디저트를 만나볼 수 있다. 중국 전통 간식은 물론, 홍콩과 대만에서 유입된 스위츠도 인기를 끌고 있으며, 신선한 과일을 이용한 간식은 중국에서 꼭 맛봐야 할 별미다.

허니문 디저트

상하이에서 가장 사랑받는다고 해도 과언이 아닌 디저트 가게. 열대 과일을 메인으로 한 160종 이상의 디저트를 선보인다. 망고 과육과 생크림을 넣은 크레이프는 강력 추천 메뉴.

릴리안 베이커리

포르투갈식 정통 에그 타르트를 선보이는 곳. 겹겹이 살아 있는 크러스트와 촉촉한 달걀의 풍미가 일품이며, 진한 풍미의 치즈 타르트와 두리안 타르트 역시 인기다.

국제호텔 베이커리

상하이 대표 기념품으로 우뚝 선 버터 플라이 파이의 원조. 256겹으로 구성된 바삭한 페이스트리와 진한 버터 향, 은은한 달콤함에서 원조의 품격이 느껴진다.

홀리랜드

수건 케이크(마오진쩬)와 벽돌 초콜릿(빙산룽옌)으로 SNS와 유튜브에서 화제가 된 주인공. 귀여운 미니 케이크와 선물용으로 좋은 박스 포장 쿠키 종류도 많이 마련되어 있다.

침대성

청명절(清明节, 조상의 무덤을 돌보는 날)에 먹는 중국 전통 떡 칭투안(青团)을 비롯해 갖가지 떡으로 유명한 곳. 난징둥루 중심을 비롯해 시내 곳곳에 위치해서 오다 가다 하나씩 맛보기 좋다.

행화루

상하이는 물론 중국 전국에서도 손꼽히는 월병 강자. 쫄깃한 피와 쫀득하고 달콤한 소가 어우러지는 맛집의 손맛을 느낄 수 있다.

🔖 바오스 페이스트리

샤오베이(小贝)라 불리는 동그란 도넛이 유명한 가게. 크림이 들어간 빵 겉면에 포슬포슬한 고깃가루를 묻힌 것이다. 게살, 닭고기, 새우살, 코코아, 레몬 요거트, 코코넛 맛 등 종류도 다양하다.

🔖 버터풀 앤 크리멀러스

가장 오래 기다려야 하는 빵집으로 SNS에서 핫한 곳. 큼직한 소고기 덩어리를 감싼 파이, 비프 웰링턴과 먹음직스런 크루아상도 호평이지만 럭셔리한 매장 분위기와 쇼핑백 등으로도 화제가 되고 있다.

🔖 아맘 베이커리

버터풀 앤 크리멀러스와 나란히 경쟁하고 있는 빈티지 런던풍 베이커리. 깊은 파이 그릇에 푸딩처럼 부드러운 질감의 달걀 소가 가득찬 에그 타르트가 특히 인기다.

중국에서 **차 마시기**

중국은 세계에서 손꼽히는 차 생산·소비지다. 무엇보다 기름진 중국 음식에 잘 어울리는 음료를 꼽으라면 역시 차를 빼놓을 수 없다. 오죽하면 '일상다반사(日常茶飯事)'라 할 정도로 차 마시는 습관은 중국인의 생활 속에 깊이 스며들어 있다. 평생 하루에 한 종류씩 먹어도 중국에서 나는 차를 다 못 먹어 본다고 할 정도지만, 상하이에 온 김에 어떤 차를 사서 마시면 좋을지 가볍게 알아보자.

차의 종류

녹차 绿茶
찻잎에 열을 가해 쪄낸 후 말린, 발효하지 않은 차. 찻잎 고유의 향이 살아 있으며, 마른 찻잎과 찻물, 우려낸 뒤의 찻잎이 모두 푸른 것이 특징이다. 중국 차 중 가장 많은 생산량과 소비량을 차지하며, 가장 대표적인 것은 용정(龙井)이다.

화차 花茶
꽃잎을 섞거나 꽃향기를 첨가한 차. 꽃의 종류만큼 가짓수가 다양하며 여러 종을 믹스한 것도 많다. 대표적인 것으로는 재스민(茉莉花)과 국화(菊花) 등이 있다.

우롱차 乌龙茶
백차와 홍차의 중간 정도 발효 과정을 거치는 반발효차로, 청차(青茶)라고도 부른다. 찻잎은 종에 따라 진한 녹색에서 갈색을 띠며, 찻물은 진한 갈색으로 우러난다. 대표적인 것으로는 철관음(铁观音)이 있다.

백차 白茶
발효차 중 가장 가벼운 발효를 거친 차. 마른 찻잎이 흰빛을 띠고, 잎에 백호(白毫)라 부르는 솜털이 붙어 있는 것이 특징이다. 찻물이 투명한 빛에 가깝고 맛 역시 은은한 편이다. 가장 대표적인 것은 백호은침(白毫银针)이다.

홍차 红茶
전 세계적으로 가장 흔하게 마시는 발효차다. 마른 찻잎은 검붉은 빛을 띠며 찻물은 진한 붉은색이다. 중국에서는 생산량에 비해 큰 사랑을 받지 못해 대부분 수출된다.

흑차 黑茶
가공한 차를 말리기 전, 곰팡이를 이용해 발효한 차. 오래될수록 맛이 부드러워지니 좋은 것으로 친다. 잎을 덩어리로 모아 굳힌 것이 주를 이루는데, 대표적인 것으로는 보이(普洱)가 있다.

차 우리는 방법

❶ 다기 덥히기
찻주전자와 찻잔에 뜨거운 물을 부어 다기를 덥히는 한편, 물을 알맞은 온도로 식힌다.

❷ 찻잎 넣기
찻잎은 차의 종류와 다기의 크기, 마시는 사람의 취향을 고려해 그 양을 가늠한다. 녹차나 홍차의 경우 찻잎과 물의 비율이 1:50 정도가 좋다. 흑차는 이보다 조금 더 넣고, 우롱차는 찻잔의 반 정도가 차도록 넣는다.

❸ 찻잎 씻어내기
뜨거운 물을 부어 잎이 피어날 때쯤, 재빠르게 첫물을 버려 차에 붙은 먼지와 각종 불순물을 제거한다.

❹ 우리기
물을 부어 찻물이 우러날 때까지 기다린다. 너무 뜨거운 물을 넣으면 쓴맛이 강조되니 적당한 온도를 사용하는 것이 좋다. 녹차는 80~90도 정도, 홍차는 95도 정도, 우롱차와 흑차는 100도 정도의 온도가 적당하다.

❺ 따르기
차는 마지막에 따를수록 진한 맛이 나므로, 여러 잔을 번갈아가며 따라 모두 같은 맛을 내도록 한다. 이때 찻물은 남기지 않고 모두 따라낸다.

❻ 재탕하기
❹~❺를 반복한다. 차의 종류에 따라 3~10번까지 더 우려낼 수 있다.

중국의
테이크아웃
음료 전문점

중국의 젊은이들에게 음료란 단순히 마실 거리를 넘어서 라이프 스타일 아이템으로 자리 잡고 있다. 거리에서 만나는 체인 브랜드만 해도 열 손가락으로 다 꼽지 못할 정도로 경쟁이 치열한 지라, 즉석에서 우려낸 차로 만든 음료는 기본, 신선하게 손질한 과일을 사용한 음료, 요거트를 업그레이드한 음료 등 종류도 더욱 다양해졌다.

코코 CoCo

1997년 타이완에서 설립 후 2007년 중국에 들어와 밀크 티 열풍을 일으킨 장본인. 밀크 티계의 신흥 강자들이 등장하며 세대 교체가 이루어지는 와중에도 여전히 전국의 점포 수가 10위권 안에 들고 2023년 소비자 선호 브랜드에 선정되는 등, 굳건히 자리를 지키고 있는 브랜드다.

| 추천 메뉴 | 펄 밀크 티 = 전주나이차(珍珠奶茶), 패션 프루트 주스 + 펄 + 코코넛 젤리 = 셴바이샹슈앙샹파오 (鲜百香双响炮).

이뎬뎬 一点点

마찬가지로 타이완 브랜드로 오리지널 타이완식 밀크 티를 선보인다. 일반 펄보다 큼직한 타피오카 펄 보바(波霸)를 넣은 밀크 티가 대표 메뉴이며, 밀크 티의 업그레이드 격인 티 라테와 마키아토도 있다. 다른 가게들에 비해 비교적 단 편이니 당도는 50% 전후로 하는 것이 좋다.

| 추천 메뉴 | 우롱 밀크 티 + 보바 = 우롱보바나이차(乌龙波霸奶茶), 말차 라테 + 보바 = 모차보바나테(抹茶波霸拿铁).

보주내락 宝珠奶酪

중국식 유산균 음료를 맛볼 수 있는 곳. 요거트 전문점에서 출발해 현재는 감주와 요거트 음료를 메인으로 하고 있다. 발효 원료에 따른 종류별 요거트 & 한 끼 식사로도 손색이 없을 만큼 푸짐한 토핑을 올린 요거트 볼도 다채롭게 선보인다.

| 추천 메뉴 | 계화 감주 요거트(슬러시 & 음료 2가지 버전) = 지우냥궤이화라오(酒酿桂花酪).

미쉐 MIXUE 蜜雪冰城

말도 안 되게 저렴한 가격과 높은 가성비를 내세워 빠르게 시장에 자리 잡은 음료 브랜드. 아이스크림 가게에서 출발해 지금에 이르며 아이스크림과 차, 커피까지 판매한다. 가격은 저렴하지만 직접 네덜란드에서 키운 소의 우유를 사용하는 등 신선, 건강, 맛 세 마리 토끼를 잡고 있다. 추가 토핑도 1~2위안 수준으로 매우 저렴한 편.

| 추천 메뉴 | 펄 밀크 티 = 전주나이차(珍珠奶茶), 레몬 워터 = 빙셴닝멍수이(冰鲜柠檬水), 복숭아 주스 + 과육 = 미탸오쓰지춘(蜜桃四季春).

헤이티 HEYTEA 喜茶

선전(深圳)에서 시작해, 상하이는 물론 중국 전역에 센세이션을 일으킨 차 전문점. 기존 밀크 티 음료들이 파우더 제품을 사용한 데 반해, 진짜 우유와 진짜 차, 신선한 과일을 사용하며 티 업계에 새로운 바람을 불러 일으켰다. 지금은 한국을 비롯해 싱가포르, 영국, 호주, 캐나다, 미국 등에도 지점을 운영하고 있으며 다양한 브랜드와 컬래버레이션을 통해 새로운 패키징 디자인과 음료를 선보인다. 실제로 2023년에 패션 브랜드 펜디와 협업한 당시에는 빈 잔과 쇼핑백이 중고 시장에서 거래되기도 했을 정도. 헤이티를 지금의 자리에 올려놓은 주역, 치즈 폼을 올린 티는 명불허전 여전히 사랑받고 있고, 현장에서 썰어낸 과일 음료 역시 인기이다.

| 추천 메뉴 포도 슬러시 + 과육 = 둬러우푸타오(多肉葡萄), 흑당 밀크 티 = 카오헤이탕보보뉴루(烤黑糖波波牛乳)

나이쉐 Naixue 奈雪的茶

'중국판 스타벅스'를 지향하며 넓은 매장에 편안한 휴식을 취할 수 있는 좌석을 제공하는 콘셉트다. 우린 차, 밀크 티, 과일 차, 커피 등 취급하는 음료의 폭도 넓고, 유럽식 빵과 디저트도 다양하게 판매한다.

| 추천 메뉴 코코넛 주스 + 망고 + 포멜로 + 사고 펄 = 양즈간루(杨枝甘露), 딸기 주스 + 치즈 폼 = 즈스차오메이(芝士草莓)

몰리 티 Molly Tea

2020년에 선전에서 탄생한 최연소 브랜드. 우린 차, 밀크 티, 과일 차 등 대부분의 메뉴가 재스민, 치자, 백란화 등 꽃차를 베이스로 하지만 그 범위가 제한적이지 않고 과일 음료, 초콜릿 음료 등 다소 신기한 조합도 많아 재미있다.

| 추천 메뉴 재스민 밀크 티 = 모리 나이바이(茉莉奶白), 치자 밀크 티 = 츠즈나이바이(栀子奶白), 재스민 향 코코넛 주스 + 피스타치오 크림 = 카이신궈모리예(开心果茉莉椰)

차지 Chagee 霸王茶姬

한자 발음대로 '패왕차희'로 더 유명한 차 전문점. 세상에 첫발을 디딘 것은 2017년으로 다른 브랜드에 비해 다소 늦었지만, 약 7년만에 코코와 점포 수가 맞먹을 정도로 성장했다. 인테리어는 물론 음료의 이름 역시 '백아절현'처럼 중국 고사(故事)에서 유래한 사자성어나 관용어를 붙이는 등, 중국 젊은이들 사이의 트렌드인 궈차오(国潮, 중국의 전통 문화 요소와 현대적 디자인을 결합한 콘셉트)를 반영한 대표 주자다.

| 추천 메뉴 | 재스민 밀크 티 = 보야줴셴(伯牙绝弦), 계화 우롱 밀크 티 = 구이푸란샹(桂馥兰香)

러러차 Lelecha 乐乐茶

상하이에서 태어난 티 브랜드. 2010년대 후반에 엄청난 인기를 끌며 상하이 음료 업계를 주도하다가, 지금은 나이쉐 그룹에 인수되었다. 여전히 상하이 내에 100개 가까운 매장을 운영하며 특히 시그니처 드링크라 할 수 있는 딸기 복숭아 스무디는 독보적인 인기를 끌고 있다. 센추리 링크 몰에는 직영 베이커리도 있다.

| 추천 메뉴 | 딸기 복숭아 스무디 = 다커우차오메이타오(大口草莓桃), 딸기 복숭아 스무디 + 치즈 폼 = 차오메이타오쯔라오라오(草莓桃子酪酪)

모어 요거트 More Yogurt 茉酸奶

요거트 음료계의 라이징 스타. 요거트 스무디와 요거트 볼이 메인이며, 간판 스타 아보카도 요거트 스무디 하나만 연간 1,500만 잔 이상 팔린다. 아보카도 특유의 고소함에 새콤 달콤 시원한 스무디는 여기서만 맛볼 수 있는 유니크한 맛.

| 추천 메뉴 | 아보카도 요거트 스무디 = 웬촹뉴유궈쏸나이나이시(原创牛油果酸奶奶昔)

루이싱 커피 luckin coffee 瑞幸咖啡

샤먼에 본사를 둔 커피 전문점으로, 중국 최초로 매장 1만 개를 돌파한 이래 중국에서 가장 많은 매장을 보유한 체인이며, 2023년 매출 면에서도 스타벅스를 뛰어넘을 정도로 독보적인 커피 브랜드다. 맛은 평범한 편이지만 그야말로 발에 차일 정도로 매장이 많기 때문에 시원한 아이스 아메리카노가 간절할 때 구세주.

상하이의 베스트 쇼핑 플레이스

상하이는 '쇼핑의 도시'라 할 만큼 도시 곳곳에서 크고 작은 쇼핑몰과 부티크 숍을 만나볼 수 있다. 무엇을 사느냐에 따라 목적지는 천차만별이지만, 여행자가 즐겨 찾는 쇼핑 플레이스를 소개한다.

예원상성 豫园商城

정원을 둘러싼 건물 전체가 상가로 쓰이는 만큼 취급하는 상품의 폭이 넓다. 먹거리는 오래된 식당부터 전통 간식, 달콤한 디저트까지 종류도 다양하고, 난징둥루나 전자방 등에서 볼 수 있는 기념품 가게도 상당수 몰려 있어 한 번에 쇼핑을 즐길 수 있다.

난징둥루 보행가 南京东路步行街

보행가를 따라 쇼핑센터, 백화점이 여럿 몰려 있고 미니소 랜드나 팝 마트 등의 플래그십 스토어, 제일식품상점 같은 주전부리 백화점도 여기 있다. 기념품 가게도 즐비해 여행자의 지갑을 열게 하는 아이템을 심심찮게 만나볼 수 있다.

IFC 몰 上海国金中心商场 & 정대광장 正大广场

푸둥 지역에는 수많은 쇼핑센터가 있지만 루자쭈이 역 근처에 있는 두 쇼핑몰은 특히 접근성이 좋다. 정대광장은 수많은 음식점이 몰려 있는 미식의 중심이며, IFC 몰은 상하이 내에서도 손꼽히는 고급 쇼핑센터다.

조이 시티 Joy City

옥상에 대형 관람차가 있는 쇼핑몰. 10~20대 젊은 층을 타깃으로 한 만큼 귀여운 피규어, 인형, 아이돌 관련 굿즈 등의 잡화나 젊은 느낌의 패션 브랜드도 만나볼 수 있다.

우캉루 일대 武康路

우캉루와 주변 거리에는 작지만 알찬 부티크와 패션·뷰티 브랜드 숍, 아기자기한 소품 숍, 카페 등이 들어서 있다. 거리를 따라 쭉 걸으면 만나는 안푸루(安福路)는 원조 베이커리·카페 거리다.

전자방 田子坊

예술가의 거리로 시작했지만 지금은 여행자들의 쇼핑 스폿에 가까워진 곳. 기본적인 여행 기념품부터 중국 전통 공예품과 치파오, 목공 제품, 수제 빗, 찻잎, 다기, 화장품 등 특산품 가게가 모여 있다.

상하이의 기념품 쇼핑

상하이에서는 취향과 예산에 따라 폭넓은 쇼핑을 즐길 수 있다. 여행을 추억할 소소한 기념품부터 특산품, 예술 작품 등 장르가 다양하며, 지인들에게 선물할 만한 물건도 많다. 특히 한국에서 흔히 볼 수 없는 중국의 주전부리는 저렴하면서도 호평을 얻는 아이템.

부채 경선자 P.215
형태와 무늬가 독특한 부채 전문점. 가격대는 높은 편이지만 수공예라는 점을 고려하면 합리적이다. 예쁜 케이스에 담아주어 선물용으로도 좋다.

누가 캔디 예원상성 P.169
일명 '쫀득 캔디'로도 알려진 누가 캔디. 원하는 맛을 고르면 그 자리에서 잘라 낱개 포장해 준다. 기본 맛, 블루베리, 망고, 초콜릿, 녹차 등 다양한 맛이 있다.

핸드크림 모던 레이디 P.170
근대 상하이 여성의 모습을 담은 케이스가 눈길을 끄는 화장품. 핸드크림, 고체 향수, 페이스 크림 등 선물로도 좋은 아이템이 많다.

차 & 다과 천복명차 P.149
합리적인 가격에 만날 수 있는 양질의 차. 차에 곁들이는 쿠키 역시 박스 포장되어 선물용으로 좋다.

버터플라이 파이
제일식품상점 P.147, 국제호텔 베이커리 P.195
이제는 상하이 명물이 된 바삭한 버터플라이 파이. 제일식품상점을 포함, 상하이 곳곳의 기념품 가게에서 볼 수 있으며 '원조의 맛'을 원한다면 국제호텔 베이커리로 찾아가자.

고체 향수 & 핸드크림 투 서머 P.236

재스민, 계화, 매그놀리아 등 꽃향기를 담은 고체 향수는 선물용으로도, 휴대하며 사용하기에도 편하다.

마그넷 전자방 P.214

동방명주와 황푸강, 전자방 등의 풍경을 담은 마그넷. 귀여운 판다 모양의 샤오룽바오, 상하이 풍경 등을 표현한 입체 마그넷은 더욱 생생하다.

차 & 다기 블랜 버니 P.215

싱그러운 꽃과 과일을 블렌딩한 찻잎은 물론 찻잔, 찻잎을 우려내는 도구 등 여행자의 마음을 사로잡는 상품이 가득하다.

머그컵 & 텀블러 더 프레스 P.129

상하이 근대 신문의 상징, 신바오 옛 건물을 담은 굿즈. 복고풍의 깔끔하고 귀여운 디자인 덕에 갖고 싶어지는 아이템.

수건케이크 & 초코라바 홀리랜드 P.107

크레이프에 크림을 듬뿍 넣고 말아내 마치 수건 모양과 같다는 수건 케이크와 따뜻하게 데우면 마치 용암처럼 흘러내린다고 해 용암 초콜릿이라는 별명을 지닌 중국 디저트계의 핫 아이템. 깔끔한 상자 포장에 2중 래핑되어 있어 아주 더운 날씨만 아니라면 한국까지 무사히 가져올 수 있다.

찻잔 전자방 P.214, 개더링 P.237

차를 즐겨 마시는 중국에서는 한국에서 구하기 어려운 다양한 크기와 모양의 다기를 살 수 있다. 특히 찻잔 받침부터 물을 식히는 숙우, 물을 버리는 퇴수기 등 용도에 맞는 다양한 상품이 구비되어 있어 차를 즐기는 사람이라면 놓칠 수 없다.

누가 캔디 & 립밤
화이트 래빗 P.170

상하이 명물 사탕 화이트 래빗의 캔디와 브랜드 감성을 담은 굿즈. 누가 향을 담은 립밤은 가격도 저렴해 선물로도 좋은 아이템.

수제 빗 담목장 P.215

중국 장애인들이 한 땀 한 땀 깎아서 만든 정교한 빗. 천연 재료와 고급 목을 사용해 임신부를 포함해 누구나 사용할 수 있고 혈액순환을 촉진해 모발 건강에도 도움을 준다.

캐릭터 상품
미니소 P.147, P.225

디즈니랜드의 오리지널 굿즈 가격이 다소 부담된다면 미니소도 좋은 옵션이다. 그 밖에 해리포터, 산리오, 짱구, 잔망루피 등 수많은 캐릭터 아이템 총집합!

그립톡 & 휴대전화 케이스
타기 P.238

천연석의 색과 무늬를 담은 독특한 그립톡. 색깔과 무늬가 다양해 선택의 폭이 넓다.

상하이의 기념품 쇼핑

윈난성 찻잎 상산허차 P.247

윈난성에서 온 귀한 찻잎. 매일 한 잔씩 즐길 수 있도록 소포장되어 있어 주변 사람들에게 하나씩 나누어 주기에도 안성맞춤이다.

디즈니 굿즈
디즈니 플래그십 스토어 P.112,
상하이 디즈니랜드 P.100

어린이와 키덜트의 마음을 사로잡는 스페셜 굿즈가 가득. 실생활에서 사용할 문구, 학용품은 물론 귀여운 인형, 피규어 등을 만나 보자.

월병 & 누가 사탕
행화루 P.139

중국 전역에서도 손에 꼽히는 행화루의 월병은 많이 달지 않아 가벼운 간식으로 좋고, 땅콩을 넣은 고소한 누가 사탕은 딱딱하지 않아 누구나 부드럽게 먹기 좋다.

인스턴트 커피 새턴버드 커피 P.243

중국의 No.1 커피 브랜드 새턴버드 플래그십 스토어에서만 만나볼 수 있는 알파벳 커피. 알파벳 글자 개수만큼 마련된 26종의 커피는 각각 배전도, 향, 맛이 다르기 때문에 누구의 취향에도 맞출 수 있다.

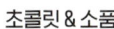

초콜릿 & 소품
m&m's 플래그십 스토어 P.148

색깔별, 맛별로 내 마음대로 골라 담는 초콜릿은 물론 예쁜 케이스에 담긴 초콜릿, 의류와 패션 잡화, 소품까지 가득! 내가 원하는 글자를 새긴 초콜릿은 세상에 단 하나뿐인 선물이 될 것이다.

상하이의 슈퍼마켓

슈퍼마켓이라는 공간은 단순히 쇼핑을 넘어, 중국 사람들의 생활상을 엿보는 기회이기도 하다. 저렴하면서도 언어의 장벽이 낮은 대형 마트가 이용하기 편리한데, 도심의 쇼핑센터 지하에 들어선 슈퍼마켓은 주로 수입품을 취급하는 고급 상점이 대부분이다. 여행자들이 쇼핑하기 좋은 슈퍼마켓을 알아보자.

RT 마트 RT-Mart 大润发 다룬파

현재 중국 내에서 가장 강세를 띠는 오프라인 슈퍼마켓 체인. 타이완발 브랜드로 2010년대까지 중국 마트계를 점령하고 있던 까르푸의 아성을 무너뜨린 장본인이다. 일반적으로 쇼핑센터 지하에 자리하는 다른 브랜드 매장과 달리, 음식점과 소매점을 낀 단독 대형 매장을 운영하고 있다. 번화가보다는 주거 밀집 구역에 주로 위치해 접근성은 떨어지는 편이지만, 택시 타고 찾아갈 가치가 있다.

핫 맥스 Hot Maxx

코로나19 발병 이후 소비 시장이 위축되며 남는 재고, 유통기한 임박 상품 등에 집중해 크게 성장한 저가형 슈퍼마켓. 식품, 주류, 일상용품, 화장품, 장난감 등 상품군이 매우 다양한데, 고물가 시대에 깜짝 놀랄만할 2~3위안대 상품은 물론 1위안 미만의 스낵까지 볼 수 있다. 특히 작은 포장의 상품이 많아 지인들에게 가볍게 줄 선물로 사기에도 좋다.

하마선생 盒马鲜生

중국의 상거래 그룹 알리바바에서 운영하는 슈퍼마켓. 온라인 기반의 주문과 배달을 기본 서비스로 하기 때문에 주변 매장 유무와 거리가 집세에 영향을 끼친다고 할 정도로 현지인들의 생활 속에 깊이 자리 잡고 있다. 신선 식품에 집중된 생활 밀착형 매장이지만, 여행자들의 쇼핑 품목의 구색은 떨어지는 편이다. 자체 브랜드(PB) 상품을 위주로 판매하는 소규모의 매장 하마NB와, 보다 고급 상품을 취급하는 하마 프리미엄도 있다.

알디 ALDI 奥乐齐 아오러치

2017년 중국에 진출한 독일계 슈퍼마켓. 현재는 상하이에서만 55개 매장을 운영 중인데, 대부분 쇼핑몰 내에 위치하고 있다. 자체 PB 상품군이 매우 폭넓고 저렴한 편.

롄화차오스 联华超市

동네에 여럿 있을 법한 크기의 슈퍼마켓으로, 지역 주민들이 소소하게 장을 보는 곳이다. 그만큼 도시 곳곳에 분포하며, 물건의 수는 적지만 꼭 필요한 것은 다 갖추고 있다.

올레 Olè 精品超市

대부분 수입품을 주로 취급하는 고급 슈퍼마켓. 난징동루 신세계 다이마루 지하 매장은 상하이 특산품을 따로 모아놓은 코너가 있긴 하나, 수입 상품을 주로 취급하기 때문에 여행자가 쇼핑할 만한 품목은 적다. 전반적으로 가격대도 높은 편.

SPECIAL PAGE

슈퍼마켓 추천 아이템

중국 슈퍼마켓에서는 민족과 문화의 다양성만큼이나 수많은 상품을 볼 수 있다. 처음이라면 무엇을 살지 감이 잘 잡히지 않는데, 가벼운 간식거리부터 도전하는 것이 좋다. 수도 종류도 많은 향신료와 조미료는 중국 음식을 좋아한다면 다양하게 활용 가능한 아이템. 기본적인 간식부터 지인들에게 선물까지 가능한 품목을 소개한다.

견과류 坚果

견과 본연의 맛에 달콤한 버터 향이 더해져 그야말로 단짠의 정석을 느낄 수 있다. 직접 까먹는 재미는 덤. 마카다미아와 피캔넛을 특히 추천하며, 다양한 브랜드 중에서도 산즈숭슈(三只松鼠)가 가장 인기가 좋다. 해바라기씨 차차(恰恰)는 한국에 수입되지 않는 김 맛, 민트 맛 등 종류가 다양해 현지에서 사올 만하다.

펑리쑤 凤梨酥

본디 타이완의 특산품인데, 중국 슈퍼마켓에서도 흔히 파는 대중적인 간식으로 자리 잡았다. 파인애플 외에 딸기, 망고, 멜론, 오렌지 잼을 채운 제품도 있다.

말린 대추 干枣

대추 생산 강국답게 이를 이용한 간식도 다양하다. 대추를 얇게 저며 바삭하게 말린 훙짜오추이펜(红枣脆片), 말린 대추 사이에 호두를 넣은 짜오자허타오(枣夹核桃)를 추천한다.

레토르트 훠궈
自助火锅套餐

훠궈의 명가 하이디라오에서 만든 레토르트 식품. 모든 식재료는 기본, 제품을 가열할 발열제까지 들어 있어 물만 있으면 언제 어디서든 뜨끈한 훠궈를 즐길 수 있다. 다만 고기가 들어 있는 제품은 한국에 반입 금지이니 주의할 것.

컵라면 方便面

가장 보편적인 맛은 훙사오뉴러우몐(红烧牛肉面)으로, 한국인 입맛에도 비교적 잘 맞는다. 다양한 브랜드 중 캉스푸(康师傅)가 전통 강자. 그 밖에 시고 매콤한 맛의 쏸라펀(酸辣粉), 고수를 좋아한다면 고수 라면에도 도전해볼 것.

슈퍼마켓 추천 아이템

두유 분말 豆浆粉

따뜻한 물에 이 가루를 푸는 것만으로 중국 두유의 맛을 재현할 수 있다. 종류도 기본 맛(原为), 달콤한 맛(甜味), 대추 맛(红枣), 검은콩(黑豆) 등 다양하다. 여러 브랜드 중에서는 융허더우쟝(永和豆浆) 제품이 가장 오랜 기간 사랑받고 있다.

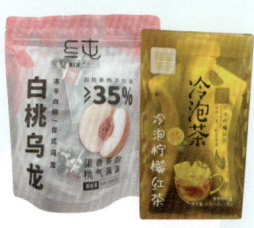

레이즈 Lay's

감자칩 중에서도 한국에서 흔히 볼 수 없는 독특한 맛은 한국에 사오는 재미가 있다. 김 맛, 라임 맛, 샤오룽샤 맛, 스테이크 맛, 양꼬치 맛, 타로 칩 등 종류도 다양한 가운데 가장 반응이 좋은 것은 오이 맛!

차 & 티백 茶叶茶包

차 전문점에서 찻잎을 구매하지 못했다면 슈퍼마켓에서 사는 것도 좋다. 녹차(龙井), 재스민차(茉莉花), 우롱차(铁观音) 등이 중국인들이 가장 일반적으로 마시는 차 종류이며, 요즘에는 피치 우롱(白桃乌龙), 레몬 홍차(柠檬红茶) 등의 과일 향 첨가 차와 티백도 쉽게 찾아볼 수 있다.

오레오 Oreo

중국의 특색을 담은 피치 우롱(白桃乌龙)이나 한국에는 없는 생일 케이크 맛(生日蛋糕), 두 가지 맛이 반반으로 들어간 타입 등 우리나라보다 훨씬 많은 종류를 만나볼 수 있다.

에그롤 鸡蛋卷

크고 바삭한 식감과 진한 우유 맛이 일품인 중국 전통 과자. 버터 맛이 가장 인기가 좋고, 코코넛, 참깨, 치즈, 김 맛 등 다른 버전도 여럿 있다.

각종 술

다양한 브랜드의 고량주, 상하이 명물로 알려진 발효주 황주(黄酒)는 물론 술의 종류와 가격대별로 선택지가 무궁무진하다. 또 이른바 'MZ 고량주'로 알려진 궈리팡(果立方)은 15%의 가벼운 알코올 농도와 복숭아, 포도, 망고 등의 다양한 맛을 더한 것이 특징이다.

프리츠 Pretz & 페조이 Pejoy

일본의 식품 회사 글리코의 간판 스타 프리츠는 중국 현지화에 따라 양꼬치 맛, 마라룽샤 맛 등을 선보이고 있다. 누드 빼빼로와 비슷한 페조이 역시 패션 프루트, 계화우롱차 등 중국의 맛을 담은 상품을 내놨다.

상하이 여행 **추천 일정**

짧고 굵게 즐기는 **스톱 오버 1박 2일 코스**

중국 항공사를 이용해 다른 나라로 이동하는 도중 상하이에 스톱 오버하는 여행자를 위한 짧은 코스. 시간은 없고, 상하이는 알차게 둘러보고 싶은 여행자들을 위해 핵심만 뽑은 일정이다.

Day 1
- 14:00 숙소 체크인
- 14:30 예원 & 예원상성
- 17:00 난징둥루 보행가
- 18:00 저녁 식사
- 19:30 와이탄에서 야경 감상
- 20:00 외백도교
- 20:30 뷰 바 (루프톱 바)

Day 2
- 08:30 숙소 체크아웃
- 09:00 대한민국 임시정부
- 10:00 신천지
- 12:00 점심 식사
- 13:30 전자방
- 15:00 숙소에서 짐 찾아 공항으로

주말 끼고 다녀오는 **베이직 2박 3일 코스**

주말에 하루 연차 휴가를 붙여 가볍게 떠나고 싶은 여행자를 위한 기본 코스. 상하이 중심부의 핵심 명소와 핫 플레이스에 방문하는 일정이다. 만약 3박 4일 일정에 디즈니랜드를 가려고 한다면 이 코스에 하루를 더해 디즈니랜드를 다녀오면 된다.

보다 자세히 들여다보는 **3박 4일 코스**

상하이 시내의 유명 관광지를 보다 집중해서 둘러보는 코스다. 만약 수향 마을의 분위기를 느끼고 싶은 사람이라면 첫날에 상하이 시내 일정 대신 주가각이나 오진에 다녀와도 좋다.

Day 1

- **12:00** 숙소 체크인
- **12:30** 점심 식사
- **14:00** 상하이 박물관
- **16:00** 스타벅스 리저브 로스터리
- **17:00** 장원
- **18:30** 반룽천지
- **19:30** 저녁 식사
- **22:00** 도원향(마사지)

Day 2

- **09:00** 루쉰 공원
- **11:00** 훙커우 룽지몽
- **12:00** 점심 식사
- **14:00** 천안천수
- **15:30** M50
- **17:30** 상하이 타워
- **18:30** 루자쭈이 공중보행가
- **19:00** 정대광장
- **19:30** 저녁 식사
- **21:00** 플레어 루프톱 (루프톱 바)

상하이 여행 추천 일정

Day 3

- 09:00 대한민국 임시정부
- 10:00 신천지
- 11:30 점심 식사
- 14:30 예원상성
- 13:30 예원
- 16:00 난징동루 보행가
- 17:30 베이와이탄 항해공원
- 18:30 저녁 식사
- 19:30 와이탄
- 20:30 케브 (루프톱 바)

Day 4

- 09:00 숙소 체크아웃
- 10:00 우캉루
- 12:00 점심 식사
- 13:30 전자방
- 16:00 숙소에서 짐 찾아 공항으로

근교까지 즐기는 **알짜배기 4박 5일 코스**

상하이 시내는 물론 근교 수향 마을과 정원의 도시 쑤저우까지 둘러보는 코스로, 상하이에서의 일정을 줄이고 근교 도시에서 숙박하며 여유로운 시간을 보내도 좋다. 전반적으로 많이 걷는 코스이니 지친다면 방문 스폿을 줄이거나 쉬었다 가자.

상하이 여행 추천 일정

Day 3

- 09:00 루자쭈이 공중보행가
- 10:00 동방명주 & 상하이 도시역사 박물관
- 12:00 점심 식사
- 13:30 대한민국 임시정부
- 14:30 신천지
- 16:00 예원
- 17:00 예원상성
- 18:30 저녁 식사
- 20:00 하우스 오브 블루스 & 재즈

Day 4

- 08:00 상하이 훙차오 역
- 08:30 쑤저우 역
- 09:00 졸정원
- 10:30 쑤저우 박물관
- 12:00 점심 식사
- 14:00 호구산 풍경구
- 16:30 칠리산당
- 18:30 핑장루
- 20:30 쑤저우 역
- 21:00 상하이 훙차오 역

Day 5

- 10:00 숙소 체크아웃
- 11:00 주가각 수향 마을
- 16:00 숙소에서 짐 찾아 공항으로

여행 실전
Start your Trip

기초 정보
상하이로 가는 법
상하이 입국하기
공항에서 시내로 가는 법
상하이 시내 교통

01 기초 정보

국가명
중화인민공화국(中华人民共和国)
PRC(People's Republic of China)

수도 베이징(北京)

국기
오성홍기(五星红旗)
붉은 바탕은 혁명, 노란 별은 대지에 나타나는 광명을 상징한다. 큰 별은 공산당, 작은 별은 인민을 나타내며, 중국 공산당의 지도 아래 인민의 단결을 표현한 것이다.

국가
의용군행진곡(义勇军进行曲)
원래 1935년에 개봉한 중국 영화 〈풍운아녀(風雲兒女)〉의 주제곡이었다. 중국의 시인 톈한(田汉)이 작사하고 중국의 음악가 녜얼(聂耳)이 작곡했다. 1949년 전국인민대표대회에서 중국 정식 국가로 채택되었다.

지리
상하이는 중국 동쪽 연안부에 위치하며, 창강(长江, 양쯔강)이 태평양으로 흘러드는 델타 지대에 접해 있다.

면적
중국의 면적은 약 960만㎢. 대한민국 면적(약 10만㎢)의 96배 이상이고 러시아, 캐나다, 미국에 이어 세계에서 네 번째로 크다. 상하이의 면적은 6,340㎢.

기후
온대 기후에 속하는 상하이는 대체로 서울의 기후와 비슷하며 기온은 한국보다 높은 수준이다. 여름에는 고온다습하고 비가 많이 내리지만 10~11월에는 맑은 날이 이어진다.

인구
중국의 인구는 약 14억 1,609만 명(2025년 기준), 인도에 이어 세계 2위이며 한국 인구(약 5,168만 명)의 27배 이상이다. 상하이의 인구는 2,480만 명(2024년 기준)이다.

민족
중국은 56개 민족이 사는 다민족 국가다. 한족(汉族)이 인구의 약 92%를 차지하며, 그 외는 소수 민족이다. 상하이 사람 대부분은 한족이다.

언어·문자
공용어는 보통화(普通话)라 부르는 한족의 북방 언어다. 표기는 한자를 간략화한 간체자(简体字)를 사용한다. 오어(吴语)에 속하는 상하이 방언은 보통화와 말이 통하지 않을 정도로 전혀 다르다. 영어는 통용되지 않으며 관광객이 많이 찾는 일부 호텔 정도에서만 통한다.

통화·화폐
단위는 위안(元)과 자오(角) 혹은 마오(毛), 펀(分)으로 구성된다. 1위안은 10자오 또는 100펀이다. 지폐는 1·5·10·20·50·100위안짜리가 있으며, 주화는 1·5펀, 1·5자오, 1위안짜리가 있다. 1위안은 약 190원이다(2025년 6월 기준). 최근 전자 결제 시스템이 보편화되며 화폐를 사용하는 일이 크게 줄었다.

정치 체제

중국 공산당에 의한 인민민주공화제 국가. 1년에 한 번 열리는 전국인민대표대회가 한국의 국회에 해당하는 역할을 한다. 국가주석은 공산당의 총서기이기도 하며, 대외적으로 국가 대표를 맡는다. 2025년 현재 중국 국가주석은 시진핑(习近平)으로, 2012년부터 3연임 중이다.

행정 구분

중국의 행정 구분은 5단계다. 한국의 특별시, 광역시, 도에 해당하는 단위로 베이징·상하이·톈진·충칭 4개 도시와 저장성(浙江省) 등 큰 범위를 포함하는 성급, 티베트 자치구 등 지급, 그 아래에 현급, 향급, 촌급이 있다. 홍콩과 마카오는 특별 행정구다. 상하이는 성급 직할시에 해당하며 16개의 구와 108개의 가도(街道)로 구분된다.

종교

고대 중국에서는 공자의 가르침을 따르는 유교와 노자가 설파한 도교가 2대 신앙이었으나, 문화 대혁명 때 종교의 자유가 탄압 당했다. 현재 국교(國敎)는 없으며, 헌법에서 종교 신앙의 자유를 규정하고 있다. 불교를 비롯해 도교, 이슬람교, 기독교 등 다양한 종교가 공존한다.

시차

한국보다 1시간 느리다. 한국이 오전 10시일 때 중국은 오전 9시다.

전압·플러그

전압은 220V, 주파수는 50Hz를 사용한다. 플러그의 종류는 주로 C, O유형이며, 콘센트는 2타입이 많다. 한국의 가전 제품은 대부분 변환 어댑터 없이 그대로 사용할 수 있다.

도량형

단위를 한자로 표현한다. km=궁리(公里), m=미(米), kg=궁진(公斤), g=커(克)이다. 한 근(斤)은 500g이며, kg보다는 근을 기준으로 사용한다.

비자

2025년 한국인 여행객에 한해 무비자 입국 허용. 30일까지 체류 가능하다.

음료수

중국의 수돗물은 석회질이 많아 마시기에 적합하지 않고, 편의점과 상점에서 판매하는 생수를 사 마셔야 한다.

화장실

공중화장실은 관광지를 중심으로 있으나, 기본적으로 화장지가 없고 장소에 따라 위생 상태가 좋지 않으며 0.5~1위안의 이용 요금을 받는 곳도 있다. 쇼핑몰이나 레스토랑, 호텔의 화장실을 최대한 활용할 것.

근무 시간

공공기관·은행 등의 기본 업무 시간은 09:00~17:00이며, 업종에 따라 공휴일과 업무 시간이 다르다.

중국의 공휴일 (2025년 기준)

원단	元旦	양력 1월 1일
춘절	春节	음력 1월 1일(음력 12월 31일부터 1월 7일까지 연휴)
청명절	清明节	양력 4월 4일
노동절	劳动节	양력 5월 1일(5월 1~5일 연휴)
단오절	端午节	음력 5월 5일
아동절	儿童节	양력 6월 1일
중추절	中秋节	음력 8월 15일
국경절	国庆节	양력 10월 1일(10월 1일~8일 연휴)

02 상하이로 가는 법

상하이의 공항
상하이에는 본격적인 국제공항 역할을 담당하는 푸둥 공항과 도심에서 비교적 가까운 훙차오 국제공항 2개의 국제공항이 있다. 상하이로 가는 정규 항공편은 인천 국제공항과 김포·김해·대구·제주 국제공항에서 출발하며, 비행 시간은 약 2시간 걸린다. 김포 국제공항에서 출발하는 항공편은 상하이 훙차오 국제공항으로 가며, 나머지 공항 출발 항공편은 상하이 푸둥 국제공항으로 간다. 훙차오 국제공항은 상하이 도심인 인민광장에서 약 15km 떨어진 곳으로 비교적 가깝지만, 항공편의 수가 적고 항공권 가격이 상대적으로 비싼 편이다. 푸둥 국제공항은 항공 편수가 훨씬 많지만, 도심에서 약 45km 떨어져 있어 자동차로 이동해도 1시간가량 걸린다.

상하이로 가는 항공편
중국 제2의 도시인 만큼 항공 운항 횟수는 매우 많은 편으로, 김포 국제공항과 훙차오 국제공항을 잇는 항공편은 하루 4회 있으며 인천 국제공항과 푸둥 국제공항을 잇는 항공편은 하루 십수 회, 부산과 제주 등의 지방 공항에서도 매일 수회 운항된다. 출국편과 귀국편에 각기 다른 공항을 이용하는 항공편도 조합 가능하며, 특히 대한항공과 아시아나항공은 오전에 인천푸둥 편을 이용하고 귀국 시 훙차오~김포 편을 이용하는 조합이 오전 출발, 저녁 도착 편으로 꽉 찬 일정을 계획할 수 있어 좋은 스케줄이다. 그 밖에 스카이팀 소속 대한항공, 중국동방항공, 상하이항공이 공동운항(코드셰어)하며 아시아나항공과 함께 스타얼라이언스에 소속된 길상항공(준야오항공)이 공동운항하는 항공편이 있어 시간대별 다양한 조합이 가능하다. 자세한 운항 횟수는 아래와 같다.

주요 항공편

인천 ↔ 푸둥	김포 ↔ 훙차오
대한항공 매일 3회	대한항공 매일 1회
아시아나항공 매일 4회	아시아나항공 매일 1회
중국동방항공 매일 4회	중국동방항공 매일 1회
중국남방항공 매일 2회	상하이항공 매일 1회
이스타항공 매일 1회	**부산(김해) ↔ 푸둥**
상하이항공 매일 2회	대한항공 매일 2회
춘추항공 주 4회	중국동방항공 매일 1회
제주 ↔ 푸둥	상하이항공 매일 1회
춘추항공 매일 4회	춘추항공 매일 1회
진에어 매일 1회	**대구 ↔ 푸둥**
길상항공 매일 2회	중국동방항공 매일 1회

푸둥 국제공항 浦东国际机场
푸둥 국제공항에는 1터미널과 2터미널 2개의 터미널이 있다. 터미널은 항공사별로 나누어 사용하며, 대한항공과 중국동방항공, 진에어, 길상항공, 춘추항공은 푸둥 국제공항 1터미널을, 아시아나항공, 중국남방항공, 이스타항공은 2터미널을 이용한다. 두 터미널은 가운데에 지하철·자기부상열차 역을 끼고 연결되어 있으며, 터미널 간 오가는 무료 셔틀버스도 10~15분 간격으로 운행한다.

홈페이지 www.shanghaiairport.com/pudong

훙차오 국제공항 虹桥国际机场
훙차오 국제공항은 국제선 전용 1터미널과 국내선 전용 2터미널로 나뉘어 있다. 김포 국제공항에서 출발하는 모든 국제선 항공편은 1터미널에 도착하며, 훙차오기차역(虹桥火车站)과 연결된 2터미널은 국내선 전용이다. 두 터미널은 연결되어 있지 않고 각각의 터미널로 이동하려면 지하철 10호선을 이용해 한 정거장 가야 하니 터미널을 헷갈리지 않도록 주의해야 한다.

홈페이지 www.shanghaiairport.com/hongqiao

03 상하이 입국하기

STEP 1
푸둥 국제공항 / 훙차오 국제공항 도착

공항에 도착했다면 안내 표지판을 따라 이동하자. 입국신고서는 기내에서 미리 작성해 두고, 빠른 심사를 원하면 셀프 생체인증 등록 기계에서 미리 지문 등록을 해두어도 좋다.

STEP 2
입국 심사

중국이 최종 목적지이고 비자가 있으면 '외국인(外國人)' 표시가 있는 곳에 줄을 선다. 중국을 경유해 제3국으로 가는 항공편을 이용하는 경우, 비자 없이 단기간 체류할 예정이라면 '24/144-HOUR TRANSIT AREA'로 가서 줄을 선다(2025년 현재 무비자 입국 가능하므로 일반 입국 심사대에서 심사). 지문과 사진을 미리 등록해 두지 않았을 경우 유인 심사대에서 등록하게 된다. 심사관이 질문하는 경우는 거의 없지만 혹시라도 질문을 받는다면 당황하지 말고 침착하게 대답하자.

STEP 3
수하물 수취

자신이 타고 온 비행기 편명, 수하물 수취대 번호를 확인한 후 이동하자. 비슷한 가방이 많으니 꼭 수하물 태그를 확인하고, 기다려도 짐이 나오지 않으면 항공사 직원에게 확인을 요청하자. 입국장 면세점도 이용할 수 있다.

STEP 4
세관 검사

짐을 찾았다면 세관을 지나 밖으로 나가자. 중국의 면세 한도는 인민폐 2,000위안이며, 신고할 품목이 없다면 'NOTHING TO DECLARE'로 지나가면 된다. 가끔 직원이 수하물을 엑스레이 심사대에 통과시킬 것을 요구하는 경우가 있는데, 귀찮더라도 협조적인 자세를 취하자. 이 문을 통과해 밖으로 나가면 다시 들어갈 수 없다.

STEP 5
공항에서 나가기

모든 수속을 마치고 세관을 통과했다면 이제 시내로 이동할 차례. 호텔이나 여행사에 픽업을 요청했을 경우 여기서 팻말을 확인해 만나면 된다. 개별 여행자라면 바로 지하철역이나 버스·택시 정류장으로 이동하자.

04 공항에서 시내로 가는 법

✈ 푸둥 국제공항에서 시내로

푸둥 국제공항에서 시내로 가는 방법

푸둥 국제공항은 상하이 도심에서 동쪽으로 약 45km 떨어져 있다. 공항에서 시내까지는 자기부상열차, 지하철, 공항버스 등의 대중교통과 택시, 공유 택시 등으로 이동 가능하며, 2024년 12월 막 개통한 도시공항철도를 타면 푸둥 공항에서 훙차오 공항까지 환승 없이 40분 만에 갈 수 있다.

자기부상열차 磁悬浮

푸둥 국제공항에서 시내로 가는 가장 빠른 방법. 최대 시속 430km(시간대에 따라 300km)의 자기부상열차로, 룽양루(龙阳路) 역까지 단 7분 만에 도착한다. 룽양루 역은 자기부상열차의 종착역이자 지하철 환승역으로, 여기서 2호선을 타면 시내로 들어갈 수 있다. 푸둥 국제공항에서 룽양루 역까지 지하철로는 45분 걸리는 거리를 환승 시간을 감안해도 15분 정도에 이동할 수 있다는 것이 가장 큰 장점이다. 요금은 지정석(VIP) 100위안, 자유석 50위안으로 조금 비싼 편이지만 당일 항공권을 보여주면 자유석 편도 티켓을 40위안에 살 수 있다. 왕복권은 항공권을 보여줄 필요 없이 20% 할인된 가격에 구매 가능한데, 일주일간 유효하니 단기 여행자들에게는 좋은 옵션이다.

운영 시간 [푸둥 국제공항→룽양루] 첫차 07:02, 막차 21:42, [룽양루→푸둥 국제공항] 첫차 06:45, 막차 21:40 (15~20분 간격 운행) 요금 자유석 편도 50위안(당일 항공권 소지자 40위안), 왕복 80위안 / 지정석 편도 100위안, 왕복 160위안 홈페이지 www.smtdc.com

지하철 地铁

상하이 지하철 2호선은 푸둥 국제공항에서 훙차오 국제공항을 지나 동서를 관통하는 긴 구간을 연결한다. 자기부상열차 환승역인 룽양루를 비롯해 여행자들이 많이 들르는 루자쭈이, 난징둥루, 런민광창, 난징시루, 징안쓰 등을 지나기 때문에 목적지가 2호선 라인에 있다면 갈아타지 않고 한 번에 갈 수 있다는 것이 가장 큰 장점이다. 요금 역시 인민광장까지 7위안으로 자기부상열차를 타고 2호선으로 환승하는 것(44위안)에 비해 매우 저렴하다. 다만 탑승 시간은 인민광장까지 1시간 가까이, 훙차오 기차역까지 1시간 30분 정도로 오래 걸리는 편이다. 알리페이 애플리케이션이 있으면 티켓을 따로 살 필요 없이 교통카드 기능을 이용할 수 있다(P.77 참고). 교통카드 발급 비용이 무료인 데다, 교통카드에 금액을 충전할 필요 없이 연결된 신용카드에서 결제되기 때문에 결제 수단만 등록해 두면 된다. 교통카드 발급이 어렵다면 지하철 티켓을 알리페이나 위챗페이로 구매할 수 있다.

홈페이지 www.shmetro.com

공항버스 机场巴士

푸둥 국제공항과 훙차오 기차역을 오가는 1호선, 상하이 역과 훙커우로 가는 4호선, 상하이남 역으로 가는 7호선 등의 노선이 운행 중이다. 다만 인민광장, 정안사 등 도심으로 가는 노선은 대부분 운행이 중지된 데다 시간도 지하철에 비해 오래 걸리기 때문에 추천하지 않는다. 요금은 1호선 36위안, 4호선 28위안, 7호선 20위안.

택시 出租车

공항에서 인민광장까지 택시로는 약 1시간이 걸리고, 요금은 200위안 내외다. 1터미널 도착층 12번 게이트 앞, 2터미널 25번 게이트 앞에서 정규 택시를 탈 수 있다. 기본 요금 14~16위안에 1km당 2.7위안+4분당 1.5km의 요금이 붙는 시간·거리 병산제다. 23:00~05:00 사이에는 30%의 야간 할증이 붙는다.

최근 중국의 공유 택시 서비스 디디(嘀嘀)를 이용하는 여행객이 많이 늘었는데, 중국어와 상하이 지리를 몰라도 원하는 지점까지 정확히 도착할 수 있어서 편리하다. 특히 탑승 전 요금을 대략 알 수 있고, 바가지요금 걱정 없다는 것이 가장 큰 장점이다. 공유 택시를 이용하려면 '网约车 E-Hailing' 표지판을 따라 주차장 방향으로 이동한 후, 지하 2층의 지정된 미팅 포인트(1~3구역)에서 만나면 된다. 미팅 포인트로 가는 길에 호객하는 개인 기사가 많은데, 바가지의 위험이 있고 안전이 보장되지 않으니 피하는 것이 좋다.

도시공항철도 市域机场线

2024년 12월 막 개통을 마친 공항철도. 푸둥 국제공항과 훙차오 국제공항 2터미널을 한 번에 연결한다. 중간에 딱 5개의 역에만 정차하며 40분 이내로 빠르고 쾌적하게 이동할 수 있다. 요금은 푸둥 공항~훙차오 공항 구간이 26위안. 다만 공항을 제외하고 정차하는 역은 시내에서 멀리 떨어져 있기 때문에 여행자들은 이용할 일이 거의 없다. 푸둥 공항에 도착해 훙차오 공항에서 환승하는 여행객이라면 추천할 만하다.

✈ 훙차오 국제공항에서 시내로

훙차오 국제공항 1터미널에서 시내로 가는 방법

훙차오 국제공항은 우리나라의 김포공항처럼 시내와 거리가 비교적 가깝기 때문에 시간과 품을 적게 들이고 이동할 수 있다. 시내로 들어가는 데에는 지하철, 택시를 이용할 수 있으며 공항 리무진 버스는 따로 없다. 시내로 가는 노선버스 807번과 176번이 운행 중이긴 하지만, 두 노선 모두 관광지와는 동떨어진 방향으로 달리기 때문에 여행객이 이용할 일은 거의 없다. 훙차오 국제공항으로 입·

출국을 하게 된다면 숙소는 푸둥이나 인민광장 쪽보다는 비교적 공항에서 가까운 중산 공원, 쉬자후이 부근에 잡아도 좋다.

지하철 地铁

훙차오 국제공항 1터미널에서는 지하철 10호선을 이용할 수 있다. 공항에서 10호선을 이용해 시내로 가면 난징둥루, 신천지, 예원 등의 주요 명소로 한 번에 갈 수 있고, 2호선을 이용하고 싶다면 10호선을 타고 훙차오 공항 2터미널로 이동해 개찰구 밖으로 나가 2호선으로 환승하거나 난징둥루 역까지 온 다음 환승하면 된다. 10호선을 타고 신텐디 역까지 26분, 위위안 역까지 31분, 난징둥루 역까지는 33분 걸린다. 참고로 10호선 훙차오공항 1터미널 역은 공항과 실외 통로를 따라 연결되어 있다.

택시 出租车

훙차오 국제공항은 도심에서 약 15km 떨어져 매우 가까운 편으로, 택시를 이용하는 것이 보다 편리하고 가격 효율이 높다. 택시 승차장은 도착층 1번 게이트 밖에 있으며, 공유 택시는 푸둥 공항과 마찬가지로 지하 주차장의 미팅 포인트에서 탈 수 있다. 훙차오 공항에서 인민광장까지는 약 30분이 걸리며 쉬자후이까지는 약 20분 걸린다. 요금은 인민광장까지 약 50위안이다.

05 상하이 시내 교통

🚇 지하철 地铁

현재 상하이 전역에 걸쳐 21개 노선이 운행 중이며, 지금도 15개 노선이 여전히 건설 중이다. 여행자들이 가장 많이 이용하는 지하철 노선은 인민광장과 상하이 역을 지나는 1호선, 인민광장과 난징둥루, 루자쭈이, 푸둥 국제공항을 지나는 2호선, 난징둥루와 예원, 훙차오 국제공항 1터미널을 지나는 10호선이다. 노선의 개수는 많지만 고덕지도를 이용해 경로를 검색하면 내가 타야 할 노선과 방향을 정확하게 알려주기 때문에 걱정없다. 이용법은 한국과 큰 차이가 없는데, 역으로 들어갈 때마다 짐 검사를 해야 하는 점과 QR 코드로 지하철을 탈 수 있다는 점이 다르다. 요금은 기본 3위안이며 이후 10km당 1위안씩 추가된다. 참고로 알리페이 교통카드 이용 시 요금은 약 2시간 뒤에 카드에서 빠져나간다.

홈페이지 www.shmetro.com

TRAVEL TIP
알뜰 승차권

1일권 탑승 개시 후 24시간 내 무제한 탑승이 가능한 티켓(자기부상열차 제외). 지하철 기본 요금이 3위안이므로, 짧은 구간을 6번 넘게 이용할 경우 유리하다고 보면 된다. 지하철역 매표소에서 살 수 있다. 요금은 18위안.

3일권 1일권과 마찬가지로 매표소에서만 살 수 있으며, 첫 개찰 후 72시간 동안 자기부상열차를 제외한 모든 지하철 노선을 이용할 수 있다. 만 3일간 연속적으로 지하철을 이용할 계획이라면 추천한다. 다만 지하철 이용 횟수가 많지 않고 하루에 여러 군데 이동할 계획이 아니라면 매번 표를 끊어타는 것이 낫다. 요금은 45위안.

일회용 지하철 티켓 구매하기

중국 역시 유인 매표소보다 자동판매기를 이용해 티켓을 사는 것이 일반적이다. 일회용 티켓의 구매와 교통카드 충전·잔액 확인이 가능하며 알리페이, 위챗페이도 사용 가능하다.

① 이용할 지하철 노선 선택
② 가고자 하는 역과 구매할 티켓 수를 선택
③ 현금 투입(1위안 지폐는 사용 불가) 또는 QR 결제
④ 티켓과 거스름돈 수령

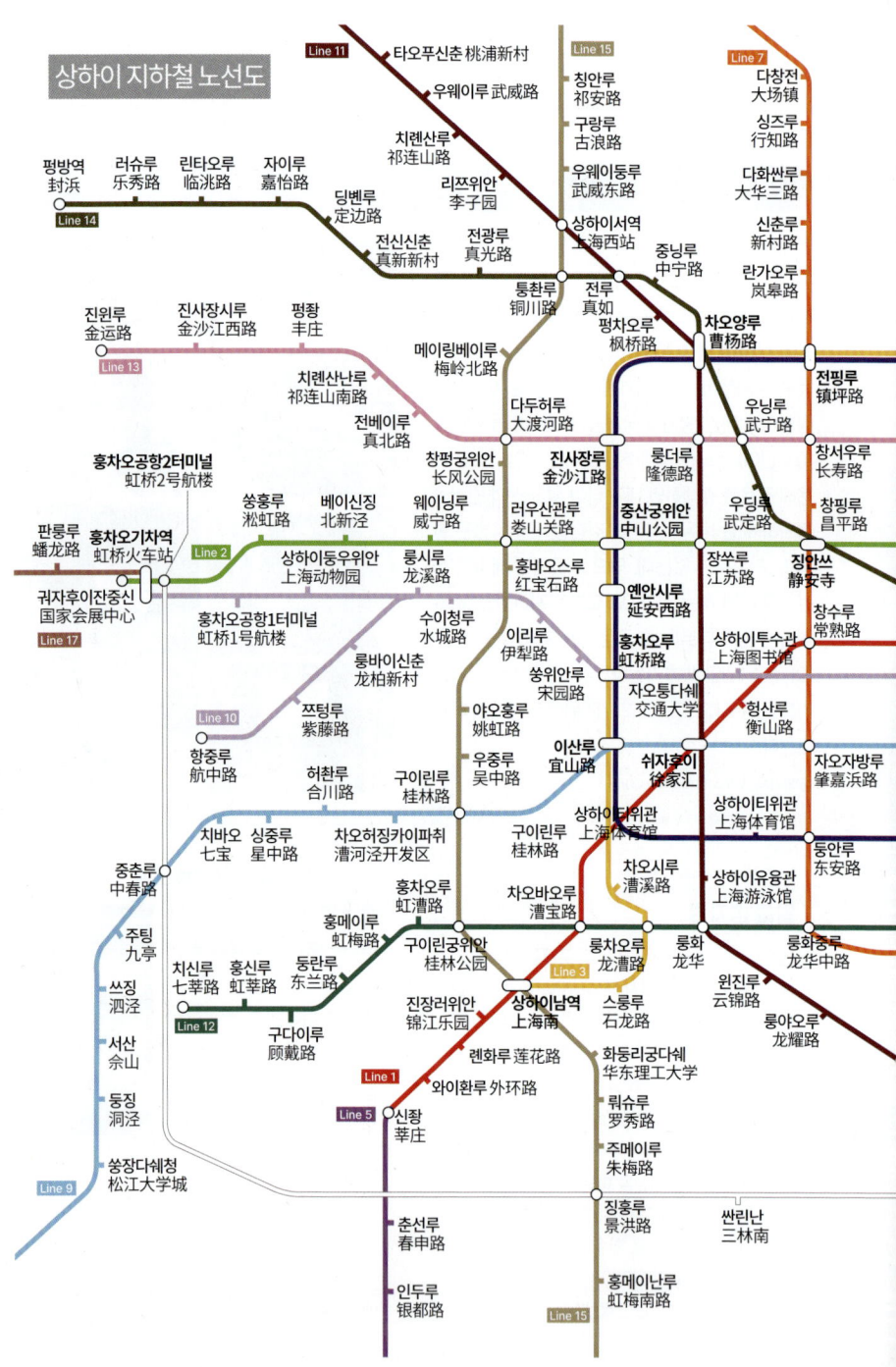

🚌 버스 公共汽车

지하철에 비해 정류장 간격이 좁고 지하철이 닿지 않는 시내 곳곳까지 달리기 때문에 편하다. 다만 교통 상황의 영향을 크게 받고, 상하이 지리와 거리 이름에 익숙하지 않으면 노선을 이해하기 어렵다. 특히 상하이를 동서로 잇는 옌안 고가도로(延安高架路)를 달리는 버스는 중앙차선에 설치된 정류장을 이용하는 등, 버스 정류장과 방향 찾기도 복잡한 점도 있다. 하지만 고덕지도를 활용하면 탑승 위치와 버스 도착 시점까지 정확히 알려주기 때문에 한 번 타보면 다음부터 큰 어려움 없이 탈 수 있다. 앞문으로 타고 뒷문으로 내리는 방식은 한국과 동일하며, 승차하며 앞문에서 QR 코드를 스캔하고 탑승하면 된다. 한국과 달리 하차 벨이 따로 없이 모든 정류장에 정차하기 때문에, 원하는 정류장에 도착하면 내리면 된다. 내릴 때는 카드를 태그하지 않는다. 요금은 2위안.

⛴ 페리 轮渡

룬두(轮渡)라고 부르는 페리는 남북으로 길게 뻗은 황푸강을 따라 양쪽 강변을 잇는 수십 가지 노선이 운행 중이다. 그중 여행자들이 이용할 만한 것은 와이탄의 진링둥루 페리 터미널(金陵东路渡口)과 푸둥의 둥창루 페리 터미널(东昌路渡口)을 잇는 선. 황푸강 서쪽에서 동쪽으로, 동쪽에서 서쪽으로 강을 건너가는 가장 저렴한 방법이자 경치까지 즐길 수 있어 단순한 교통수단이 아닌 관광 요소로 자리 잡은 지 오래다. 특히 장애물 없이 마음껏 사진을 찍을 수 있는 2층 야외석은 자리 싸움이 치열하다. 셔터를 몇 번 누르다 보면 금세 도착하기 때문에 아쉽기도 하지만, 저렴한 가격에 큰 만족감을 주는 그야말로 가성비 좋은 교통수단이다. 시간대에 따라 15~30분 간격으로 운행하며, 약 10분 걸린다. 첫 배는 푸둥에서 07:00, 와이탄에서 07:15이며 마지막 배는 22:00다. 지하철과 마찬가지로 상하이시 교통카드로도 탑승 가능하다. 요금은 2위안.

홈페이지 www.shanghaiferry.com
검색 [진링둥루 페리 터미널] jldldk 입력 → 金陵东路渡口(轮渡站) 선택

🚕 택시

한국과 마찬가지로 시간과 거리 병산식이다. 승용차 택시의 기본 요금은 3km까지 14위안, 이후 1km당 2.7위안씩 가산되며 저속으로 운행할 경우 4분당 1.5위안의 요금이 붙는다. 총 주행 거리

가 15km가 넘을 경우에는 원거리 요금이 적용되어 1km당 약 4위안씩 가산된다. 밤 23:00~05:00에는 야간 할증이 붙어 기본 요금은 18위안, 이후 1km당 3.1위안씩 가산  되며 마찬가지로 주행 거리가 15km를 넘을 경우 1km당 4.7위안씩 붙는다. SUV 차량 택시와 전기차의 경우 기본 요금이 16위안(야간 20위안), 이후 주행 요금은 승용차 택시와 같다. 여러 택시 회사 중에서 다중(大众), 창성(强生), 진장(锦江), 하이보(海博)를 4대 택시로 꼽으며, 그중에서 다중 택시가 가장 이용률이 높다. 참고로 조수석 앞에 붙어 있는 택시 면허의 별 개수를 보면 기사의 노련함과 친절함을 알 수 있다(5개 만점). 최근에는 택시 사기가 많이 줄었지만, 만에 하나 택시를 탔을 때 기사가 미터기를 켜지 않고 흥정하려 들면 내려서 다른 차를 이용하자.

🚗 공유 택시

최근에는 여행객은 물론 현지인들도 일반 택시보다 공유 택시를 이용하는 경우가 더 많다. 기사와 복잡하게 소통할 필요 없고 바가지 쓸 걱정없이 정확히 원하는 목적지까지 갈 수 있으므로 여러모로 편리하다. 가장 일반적인 디디추싱(滴滴出行)을 이용할 경우 요금은 기본 요금 14.50위안에 야간 할증 시 16위안, 거리 요금은 시간대에 따라 1km당 2.4~3.2위안, 주행 시간에 따른 요금은 1분당 0.55~0.83위안으로 측정된다. 요금은 알리페이, 위챗페이, 신용카드로 결제할 수 있으며 기사가 배정되면 기사 정보와 실시간 위치, 주행 현황 등을 볼 수 있다. 배정된 차량에 탑승하면 기사가 승객의 휴대 전화 번호 뒷자리로 확인하기 때문에 네 자리 숫자 정도는 중국어로 기억해 두면 좋다.

🚌 시티투어 버스

복잡하게 길을 찾거나 환승할 필요 없이 주요 명소에 데려다 주는 편리한 버스. 2층 버스에 올라 경치를 감상하고, 한국어로 된 오디오 가이드를 이용할 수 있다. 다만 한 방향으로만 운행하기 때문에 버스의 이동 경로에 맞춰 순서대로 돌아봐야 하는 것은 단점이기도 하다. 티켓의 유효 시간과 상관없이 저녁에 버스가 운행을 종료하면 이용할 수 없다는 점에 유의하고, 시간을 효율적으로 쓰려면 버스에서 내릴 때 다음 버스의 시각표를 확인해 두는 것이 좋다.

① 도시관광 버스

춘추항공의 자회사인 춘추관광에서 운영하는 버스. 비교적 요금이 저렴한 데다 운행 노선이 다양하고, 겹치는 정류장이 많아 노선 간 환승이 쉽다는 것이 장점이다. 인민광장, 난징둥루, 와이탄, 예원, 신천지 등을 도는 1호선과 인민광장, 예원, 와이탄, 베이와이탄, 푸둥을 도는 2호선, 와이탄과 푸둥 주요 볼거리를 도는 10호선 등을 운영한다. 9호선은 하루 4회밖에 운행하지 않고 중국 공산당 관련 유적을 중심으로 돌아 외국인 관광객이 탈 일은 거의 없다. 티켓은 정류장 앞의 직원이나 클룩, 마이리얼트립 등에서 살 수 있다.

요금 24시간권 60위안, 48시간권 80위안 전화 021-6351-7323 영업 1호선 09:00~19:00, 2호선 09:00~20:30, 3호선 09:00~16:00, 9호선(월 제외) 09:00, 11:00, 13:00, 16:00, 10호선(월 제외) 10:00~20:30

❷ 상하이 버스 투어

세계의 주요 관광 도시에서 운행하는 빅 버스를 상하이에서도 만나볼 수 있다. 노선은 3개로, 와이탄과 예원, 신천지, 인민광장 등을 도는 레드 라인, 인민광장에서 난징시루, 정안사, 화이하이루 등을 도는 그린 라인, 와이탄과 베이와이탄, 푸둥의 주요 볼거리에 정차하는 블루 라인이 있다. 티켓은 런민광창 역 7번 출구 앞에서 살 수 있으며, 온라인(마이리얼트립, 트립닷컴)에서 구매할 경우 저렴하게 구매할 수 있으니 미리 구매하기를 추천한다.

요금 24시간권 100위안 **전화** 021-6302-0078, 021-5510-0020 **영업** 레드 라인(4호선) 09:00~17:00, 블루 라인(5호선) 09:30~17:30, 그린 라인(6호선) 09:15~16:45 / 배차 간격 30분

🚲 공유 자전거

중국의 신 4대 발명 중 하나라고도 불리는 공유 자전거는 중국 곳곳에서 여전히 매우 활성화되어 있다. 이용 방법이 간단하고 어디서나 눈에 띌 만큼 수도 많기 때문에 여행자들에게도 좋은 발이 되어 주며, 별도의 애플리케이션을 설치하지 않아도 알리페이 내 미니 프로그램으로 이용할 수 있어 더욱 편리하다. 특히 상하이는 대부분 평지이기 때문에 간단한 주행 규칙만 익히면 자전거로 여행하기가 좋다. 기본적인 이용 방법은 한국의 공유 자전거와 동일하다. 자전거의 QR 코드를 스캔해 잠금을 해제하고, 반납할 때는 애플리케이션에서 '반납하기' 버튼을 누르면 자동으로 잠긴다. 파란색 자전거 하뤄(哈啰)와 노란색 자전거 메이퇀(美团), 에메랄드색 칭제(青桔) 등이 있지만 인증이 가장 간편한 하뤄(헬로 바이크)를 추천한다. 특히 첫 이용 시 7일간 무제한 이용권, 10회 이용권 등을 할인된 금액에 살 수 있기 때문에 한 브랜드의 할인권을 사놓고 여행 기간 내에 쭉 이용해도 좋다. 다만 자전거 실력에 자신이 없다거나 차도에서 달릴 자신이 없다면 사고로 이어지기 쉬우니 피하는 것이 좋다. 아래 주의점은 꼭 알아둘 것.

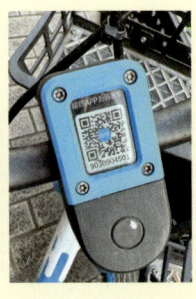

요금 평일 첫 15분 1.5위안, 이후 15분마다 1위안 추가 / 주말·공휴일 첫 15분 1.8위안, 이후 15분마다 1위안 추가

- 자전거는 인도에서 주행할 수 없으며, 차도 양끝의 이륜차 전용 도로로 달린다. 자동차, 오토바이와 마찬가지로 교통 신호를 지켜 주행해야 한다.
- 주차할 때는 인도에 하얀 선으로 표시된 자전거 주차 구역에 세워야 한다. 주차 구역이 아닌 곳에 세우면 벌금이 부과된다(2~10위안).
- 이륜차의 운행이 금지된 도로가 있으며, 교통량이 많은 시간대에만 통제되는 경우도 있으므로 자전거를 타고 달릴 때는 고덕지도의 경로 찾기 메뉴에서 자전거(骑行)를 선택해 길을 따라가도록 한다.

여행 필수 애플리케이션 알아보기

중국은 우리나라에 비해 휴대 전화로 할 수 있는 것이 많고 그만큼 여행에 있어서도 휴대 전화 의존도가 높다. 길 찾기, 교통카드 기능, 택시 호출, 주문, 결제 등 다양한 기능을 이용하기 때문에 배터리가 방전되지 않도록 보조 배터리는 꼭 챙길 것!

지도 APP | 고덕지도 高德地图

중국에서 가장 널리 이용되고 있는 지도 애플리케이션. 회원 가입하지 않아도 가려는 곳을 검색, 저장해 둘 수 있다는 것이 최대 장점이다(회원 가입하려면 중국 휴대 전화 번호가 무조건 필요하기 때문에 여행자는 가입이 어렵다). 최근 영어 메뉴를 지원하는 글로벌 버전도 출시했지만, 이 책에서는 비교적 안정성이 높은 중국어판을 기준으로 설명한다. 스폿별 하단에 표기된 검색 키워드를 참고해 검색하면 된다. 참고로 중국에서 구글 맵은 거의 쓸모가 없다. 특히 익히 알려진 관광 명소를 제외하고 상점이나 음식점의 경우 검색도 어렵고 길 찾기는 더더욱 어렵기 때문에 무조건 일행 중 한 명은 고덕지도를 쓸 것을 추천한다.

고덕지도 사용하기

❶ 목적지 저장

*접속하는 위치가 상하이가 아닐 경우 일단 'shanghaishi' 검색해 상하이로 위치 이동 / 또는 지도에서 위치 확인하여 직접 상하이로 위치 이동

① 상하이 박물관(인민광장관) 검색 시 도서에 표기된 정보 참고하여 'shbwg' 입력
② 하단 자동완성 목록 중 도서에 표기된 정보 참고하여 '上海博物馆(人民广场馆)' 선택

*알파벳을 입력 후 검색 버튼을 누르면 안 되고, 꼭 자동완성 목록에서 맞는 곳을 선택해야 함!

③ 하단의 ☆모양 收藏(저장) 선택

❷ 이동 경로 검색

(1번 항목의 ②번까지 진행 후)
③ 우측 하단의 **路线**(여정) 선택
④ 출발지 선택 후 검색

*기본적으로 나의 위치로 설정되나 변경 원하면 입력. 我的位置 : 나의 위치 / 收藏夹 : 저장 목록 / 地图选点 : 지도에서 선택

⑤ 목록에서 원하는 경로 선택하면 자세히 보기 가능

결제 APP | 알리페이 Alipay

알리바바 그룹에서 만든 간편 결제 시스템으로 주문과 결제, 교통카드 이용, 개인 간 송금 등의 기능을 지원한다. 앱 내 미니 프로그램을 이용하면 공유 자전거 이용, 디디 택시 호출 역시 가능하다. 알리페이만 있으면 일상생활이 가능하다고 할 수 있으며 반대로 알리페이가 없으면 그야말로 아무것도 못한다고 할 수 있을 정도로 중요하다. 특히 최근 중국 내에서 현금을 받지 않는 상점도 꽤 있으며 신용카드는 고급 레스토랑이나 상점이 아닌 경우 대부분 사용할 수 없기 때문에 꼭 설치할 것. 소비자가 생성한 QR 코드를 상점에서 스캔하여 결제가 이루어지는 CPM 방식과 상점의 QR 코드를 소비자가 촬영해 결제하는 MPM 방식으로 나뉘며, 처음에는 어려워 보이지만 한두 번만 사용해 보면 의외로 간단하기 때문에 어렵지 않게 이용할 수 있다.

알리페이 사용하기

❶ 사용 전 준비
① 회원 가입(한국 전화 번호로 인증 가능)
② 홈 화면에서 '카드 추가(Add Now)' 선택 → 비밀번호 설정 → 본인 인증 → 카드 번호 입력 후 저장

   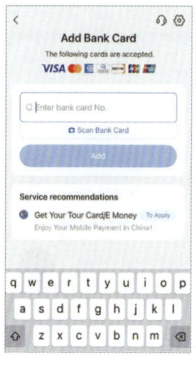

❷ 결제(개인 간 결제도 동일)
방법 1 : 홈 화면 상단 '결제(Pay)' 선택 → QR 코드, 결제 수단 확인(여러 개일 경우 원하는 카드로 변경 가능) → 제시하면 상대방이 스캔 후 결제 완료
방법 2 : NFC 기능 지원하는 휴대 전화의 경우 휴대폰 잠금 해제 후 결제 기기에 갖다 대면 자동 결제 완료
방법 3 : 상대방이 QR 코드 제시할 경우 → 홈 화면 상단 '스캔(Scan)' 선택 → QR 코드 스캔 → 지불할 금액 입력 → 비밀번호 입력하면 결제 완료

*결제 시 200위안이 넘는 금액은 3%의 취급 수수료가 발생한다. 국제 브랜드사가 유니온페이의 경우에는 면제되기 때문에 가지고 있지 않은 경우 발급받는 것도 좋다. 또는 200위안 이하 금액으로 여러 번 나누어 결제하는 여행자도 있다.

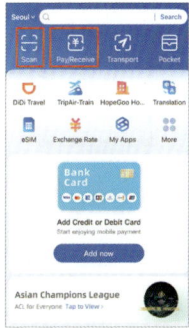  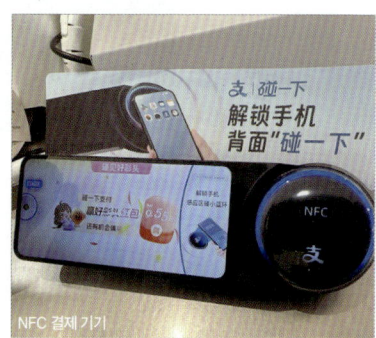

NFC 결제 기기

③ 주문

① 홈 화면 상단 '스캔(Scan)' 선택 → 음식점의 경우 테이블에 붙어 있는 QR 코드, 음료 전문점 등의 경우 카운터에 붙어 있는 QR 코드 스캔
② 메뉴 확인 → 주문할 상품 선택 후 주문 → 선결제 업소일 경우 결제

④ 교통카드 이용

① 접속하는 위치가 상하이가 아닐 경우 위치를 'Shanghai'로 변경
② '교통(Transport)' 선택 → 'Shanghai Bus Code' 또는 원하는 카드 선택(버스 코드·메트로 QR 모두 다른 대중교통 교차 이용 가능) → 개인 정보 입력 후 발급 누르면 즉시 발급
③ 탑승 시 '교통(Transport)' 선택 → QR 코드 생성 → 개찰구나 버스 요금 지불기에 스캔
④ 탑승 종료 약 2시간 후 신용카드 결제 진행

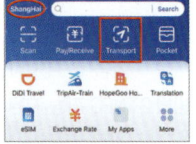

| 택시 APP | **디디 택시** 滴滴出行

중국에서 가장 많이 이용하는 택시 호출 애플리케이션. 우버나 그랩, 한국의 카카오택시 등과 대부분의 인터페이스나 사용 방법이 비슷하기 때문에 어려움 없이 사용할 수 있다. 출발지와 목적지를 입력하고 나오는 여러 가지 옵션 중 원하는 인원과 금액대에 맞는 차량을 골라서 호출하면 된다. 지불은 신용카드와 알리페이, 위챗페이 등으로 할 수 있다. 참고로 디스카운트 익스프레스(플랫 요금)를 제외하고는 확정되지 않은 예상 요금으로, 실질적인 주행 후 거리와 소요 시간 등을 반영해 요금이 책정된다.

*기사가 손님을 맞게 태웠는지 확인하기 위해 휴대 전화 번호 뒷자리를 확인하니 전화번호 뒤 네 자리 숫자 정도는 중국어로 알아두는 것이 좋다.

디디 사용하기

1 사용 전 준비

방법 1
① DiDi(China) 애플리케이션 다운로드 → 회원 가입(한국 전화번호로 인증 가능)
② 하단 'Me' 선택 → Wallet → Payment Methods → Credit / Debit Card(신용카드로 결제 원할 경우)
→ 카드 번호 입력 후 저장

 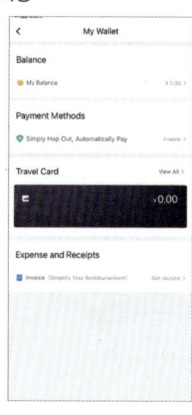 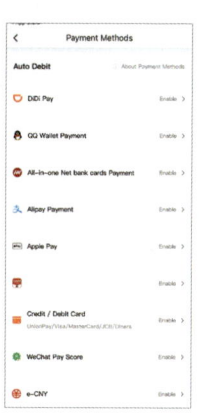 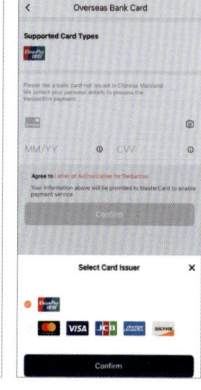

방법 2
① 알리페이 앱 실행
② 홈 화면에서 'DiDi Travel' 선택
③ 사용 동의 및 필요 시 전화번호 인증

❷ 택시 이용

① 출발 위치 확인 후 목적지 입력
② 차량별 요금과 대기 시간 확인 후 원하는 차량 선택(빠른 호출을 원하면 여러 개 중복 선택 가능) → 호출(사용자와 요금에 따라 때때로 선결제 필요)
③ 차량이 도착하면 번호판 확인 후 탑승, 기사에게 핸드폰 번호 뒤 4자리 숫자 전달
④ 도착 후 자동으로 결제(선결제된 경우라도 플랫 요금이 아니라면 변경된 요금으로 재결제)
⑤ 종료된 주행 평가 가능

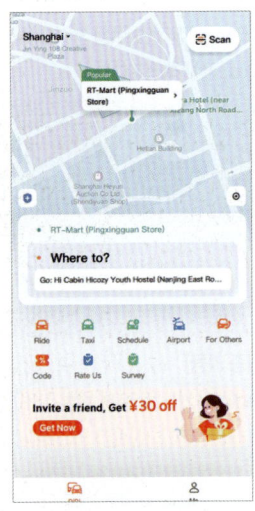

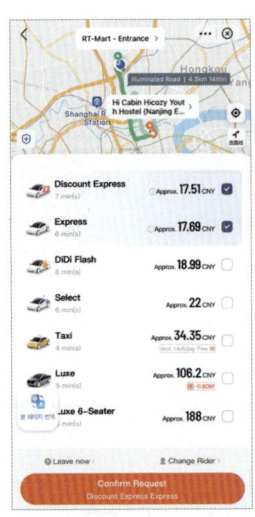

차량 배정 중

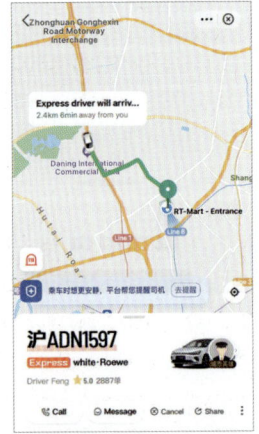

배정된 차량 탑승 위치로 이동 중

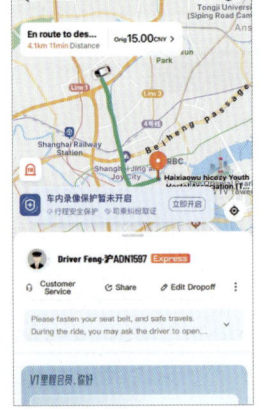

목적지로 이동 중

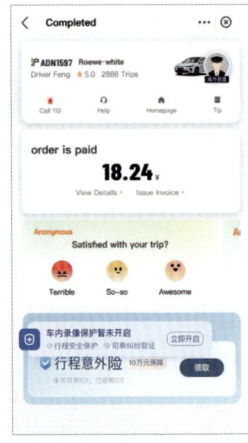

도착 및 결제 완료

메신저 APP 위챗 WeChat

위챗은 중국에서 가장 널리 사용되고 있는 메신저 애플리케이션이다. 여행자들이 메시지를 주고받을 일은 별로 없지만 미니 프로그램 내에서 주문과 결제, 업체 정보 확인과 예약 등을 할 수 있다. 최근 위챗 내 공식 계정에서 대부분의 정보를 공지하고 문의를 받는 등 홈페이지에서 해오던 기능을 담당하게 되며 수많은 업체들의 웹페이지가 사라지게 되었다. 결제 기능은 대부분 알리페이와 비슷하며, 일부 업소에서 위챗페이만 사용해 주문할 수 있는 경우가 있으니 일행 중 한 명 정도는 한국에서 가입 및 인증까지 마쳐두는 것이 좋다.

위챗 사용하기

1 사용 전 준비
① 회원 가입(한국 전화번호로 인증 가능)
② 홈 화면 하단 우측 '나' 선택 → 결제 및 서비스 → 지갑(Wallet) → Bank Cards → 카드 번호 입력 후 저장

*결제 전 여권 정보 등록 필수. 지갑(Wallet) → ID info → 여권 정보 면 촬영 업로드 및 본인 얼굴과 대조

2 결제(개인 간 결제도 동일)
방법 1 : 홈 화면 하단 '나' 선택 → 결제 및 서비스 → '돈(Money)' 선택 → QR 코드 및 하단 결제 수단 확인(여러 개일 경우 원하는 카드로 변경 가능) → 제시하면 상대방이 스캔 후 결제 완료
방법 2 : 상대방이 QR 코드 제시할 경우 → 하단 '검색' 선택 → '스캔' 선택 → QR 코드 스캔 → 지불할 금액 입력 → 비밀번호 입력하면 결제 완료

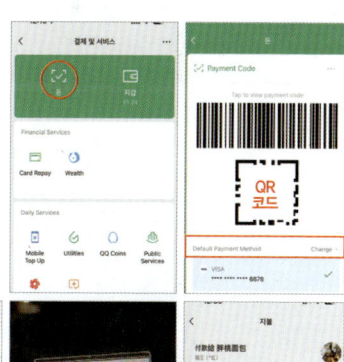

3 주문
① 홈 화면 하단 '검색' 선택 → '스캔' 선택 → 테이블에 또는 카운터에 있는 QR 코드 스캔
② 메뉴 확인 → 주문할 상품 선택 후 주문 → 선결제 업소일 경우 결제

상하이 지역별 여행
Explore Shanghai

푸둥
난징둥루 & 와이탄
예원
인민광장 & 난징시루
신천지
징안 & 옛 프랑스 조계지
쉬자후이
훙커우

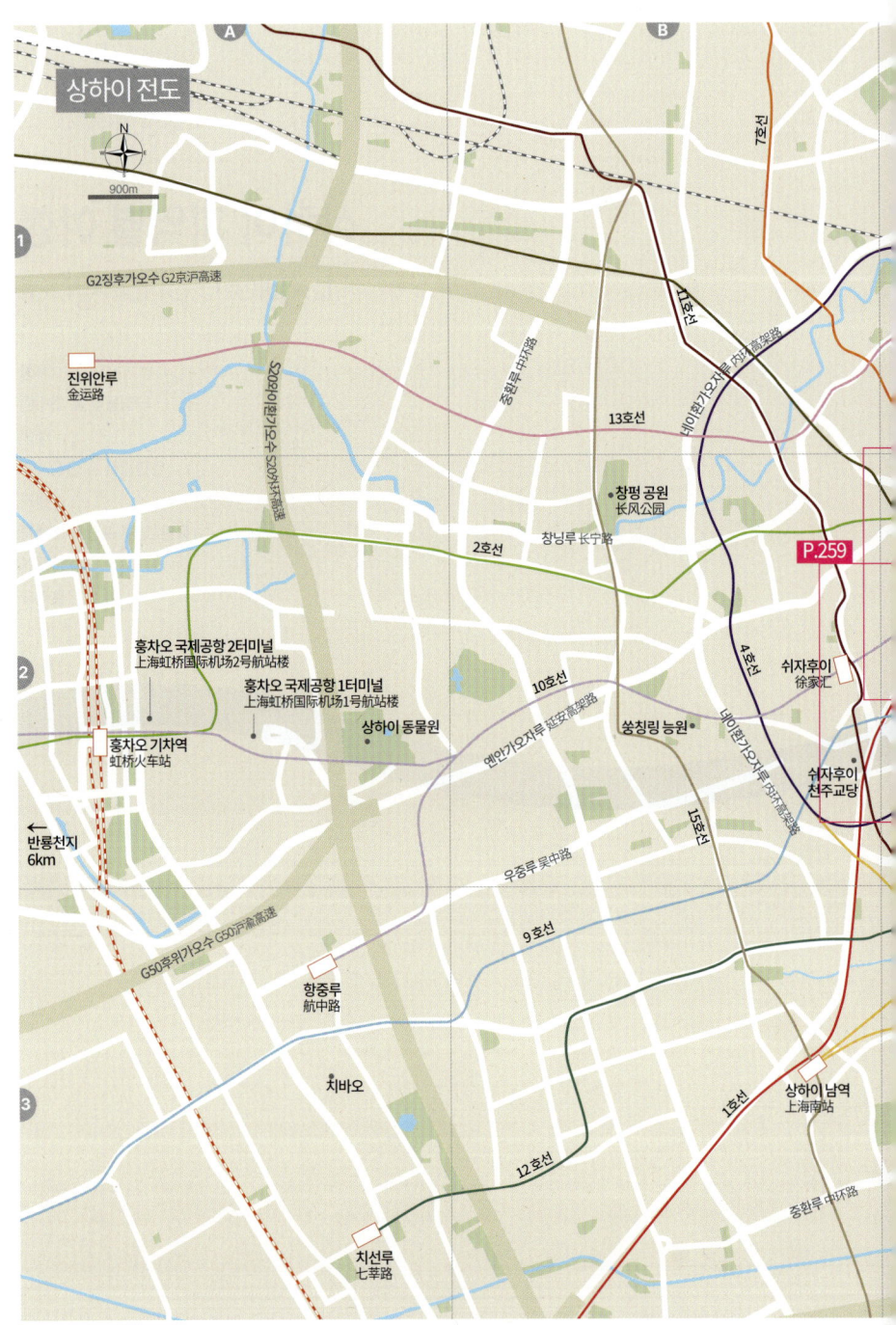

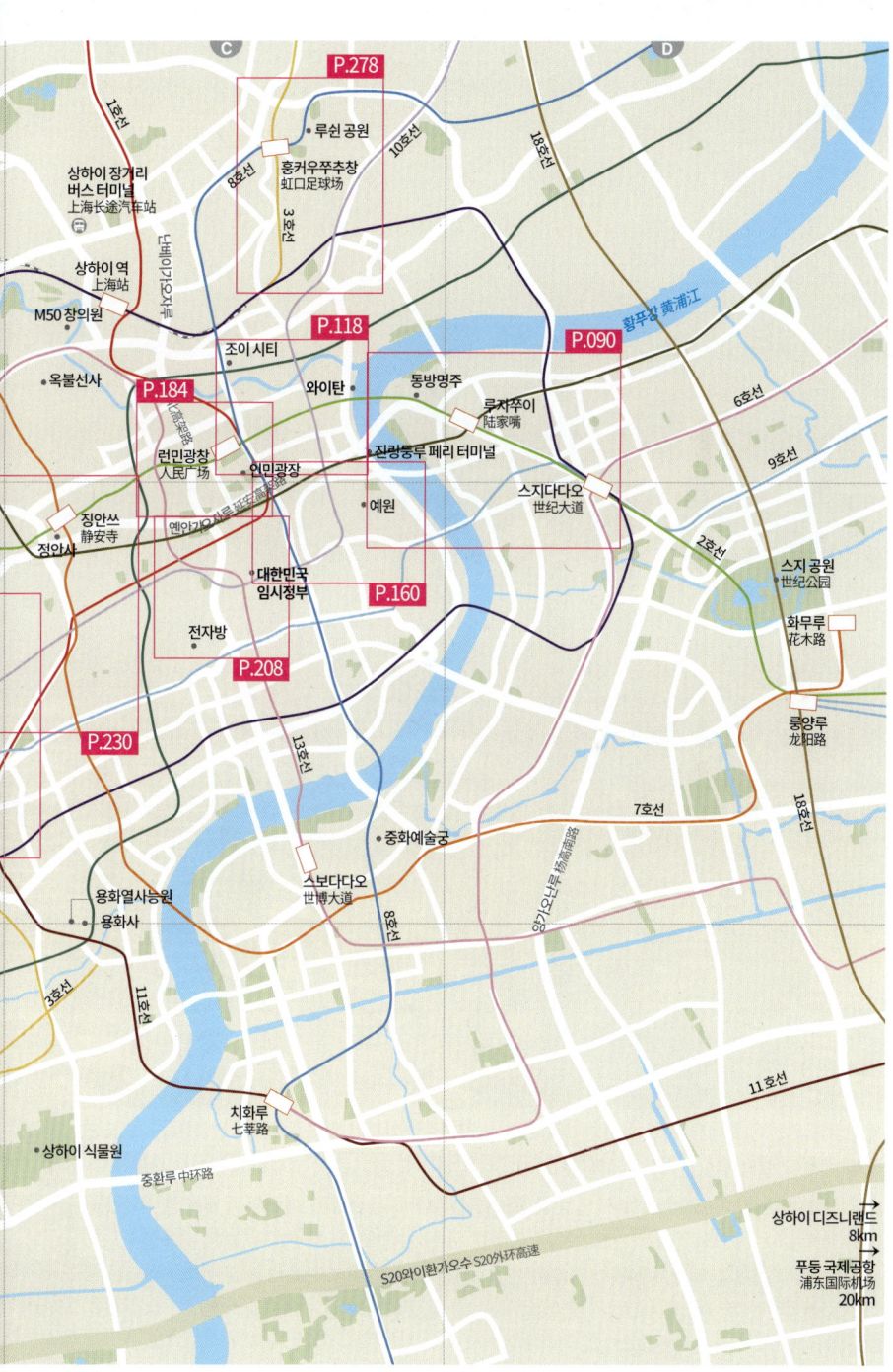

황푸강을 기준으로 동쪽 지역을 푸둥이라 한다. 30여 년 전까지만 해도 논밭이었던 이곳은 1990년대에 개발이 결정되며 급속도로 성장했고, 지금은 상하이를 넘어 중국 경제의 중심지로 우뚝 섰다. 강 건너편에 비해 우아한 멋은 없지만, 넓고 정돈된 거리와 고층 건물이 '신도시'의 멋을 뽐내고 있음에는 틀림없다. '동양의 진주'라 불리는 동방명주를 비롯해 세계에서 세 번째로 높은 건물인 상하이타워, 일명 '병따개 건물'이라 불리는 상하이 세계금융센터 등 하늘을 찌를 듯 높이 뻗은 건물들이 각각 독특한 모양새로 개성을 뽐내고, 밤이 되어 하나둘 불이 켜지면 세계 어디에 견주어도 뒤지지 않는 아름다운 밤 풍경이 연출된다.

푸동
浦东

푸둥 추천 코스

총 소요 시간 10시간

도시 계획에 따라 개발된 지역인 만큼 대부분의 관광지와 쇼핑몰, 음식점이 루자쭈이역 주변에 집중되어 있다. 정대광장과 IFC 몰에는 음식점이 몰려 있어 쇼핑과 식사가 한 번에 가능하다. 전망대에 간다면 어디를 갈지 미리 정해서 움직이고, 시간 여유가 있다면 해 지기 전에 방문해 석양과 야경까지 감상하고 내려오는 것이 좋다.

6 도보 3분

5 건물 내 이동

디즈니 플래그십 스토어 P.112
세계 최대 규모의 디즈니 스토어. 디즈니랜드에 가지 않더라도 원하는 굿즈를 마음껏 골라 담을 수 있다.

정대광장 P.111
잠시 쇼핑을 즐기는 시간. 홀리랜드에서 SNS에서 화제가 된 디저트를 구매하고, 층마다 가득한 숍에 들러 귀여운 아이템을 찾아 보자.

7 도보 12분

8 도보 10분

빈강대도 P.97
번잡한 도심에서 벗어나 조용히 산책을 즐길 수 있는 곳. 노천 카페에 앉아 와이탄을 바라보며 오후 시간 차 한 잔의 여유를 가져 보자.

상하이 타워 P.94
중국에서 가장 높은 건물에 올라 상하이의 마천루들을 발 밑에 두는 재미를 느껴 보자. 해 질 녘 찾으면 석양과 야경 모두 즐길 수 있어 더욱 좋다.

푸둥

Start

① 건물 내 이동 »

②

동방명주 P.92

동양의 진주에 올라 상하이의 낮 풍경을 내려다 보는 시간을 가져 보자. 바닥과 벽이 유리로 된 전망대에서는 인증 사진 필수!

상하이 도시 역사 박물관 P.93

상하이가 대도시로 성장해 온 모습을 둘러볼 수 있는 곳. 작게 축소한 건축물과 밀랍 인형을 통한 전시는 생생함이 살아 있다.

도보 6분 »

④ 도보 3분 »

③

점도덕 P.104

형형색색 다양한 딤섬과 함께 계화 꽃향이 가득한 푸얼차를 마시며 중국에 온 것을 실감해 보자.

루자쭈이 공중보행가 P.97

푸둥의 고층 건물을 하나하나 살펴보기 좋은 보행가. 둥그런 길에 지하철역과 동방명주, 정대광장, IFC 몰 등이 연결되어 있다.

⑨ 도보 3분 » ⑩

야리하려 P.104

정통 신장 요리를 만날 수 있는 곳. 저녁에는 흥겨운 민속 공연이 열려 더욱 독특한 식사를 즐길 수 있다.

플레어 루프톱 P.110

동방명주를 눈앞에서 볼 수 있는 루프톱 바. 눈앞에 펼쳐지는 황홀한 야경과 함께 하루를 마무리하자.

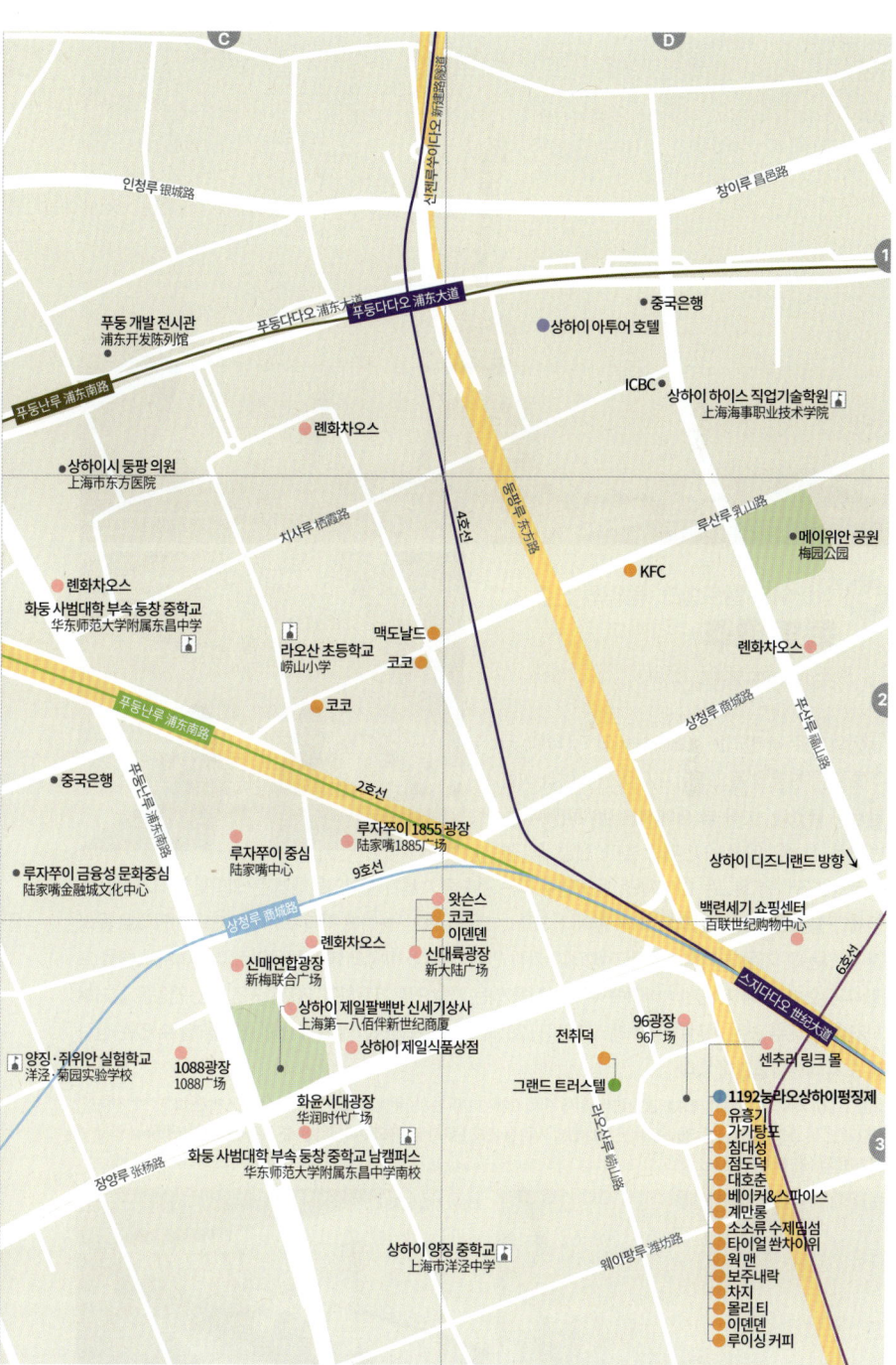

상하이의 랜드마크, 동양의 진주
동방명주
东方明珠 동팡밍주

'동양의 진주'라 불리는 468m 높이의 TV 타워. 진주를 닮은 분홍빛 동그라미가 이어진 탑이라 이런 별명이 붙었다. 전파 탑 중에서는 아시아에서 두 번째로, 전 세계에서 네 번째로 높다. 전망대의 높이로만 따진다면 최고는 아니지만, '동방명주'라는 건축물 자체가 중국인들에게 큰 의미를 지니기 때문에 언제나 붐비고 입장권 가격도 비싼 편이다. 351m, 259m, 90m 높이에 각각 위치한 3개의 전망대로 올라갈 수 있는데, 가운데 지점의 투명 전망대가 가장 인기가 좋다. 바닥과 벽이 통유리로 이루어져 스릴을 느낄 수 있으며, 벽에 기대거나 바닥에 누워 사진을 찍는 사람으로 가득하다. 267m 지점에는 전망을 즐기며 식사를 즐길 수 있는 회전형 뷔페 레스토랑이 있으며, 1층에는 상하이의 옛 모습과 생활을 알 수 있는 상하이 도시역사 박물관이 있다.

지도 P.90-A1 **주소** 上海市浦东新区世纪大道1号 **전화** 021-5879-1888 **운영** 08:00~21:00 **요금** 스리 스피어(3개 전망대) 399위안, 투 스피어(2개 전망대) 199위안 **가는 방법** 지하철 2호선 루자쭈이(陆家嘴) 역 1번 출구에서 바로 **검색** dfmz 입력 → 东方明珠广播电视塔 선택

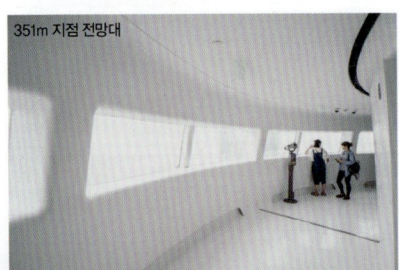

상하이 도시역사 박물관
上海城市历史发展陈列馆 상하이청스리스파잔천례관

상하이의 옛 생활상을 간접 체험할 수 있는 역사 박물관. 1842년 난징조약을 체결하고 서구에 개항한 때부터 1949년 공산주의 정권 수립 전까지 약 100년의 역사를 볼 수 있다. 황푸강과 와이탄, 난징둥루, 옛 프랑스 조계지 등의 옛 풍경을 담은 디오라마가 눈길을 사로잡고, 작은 모형으로 제작한 건축물과 거리, 밀랍 인형으로 재현한 생활 모습 등이 전시관을 꽉 채우고 있다. 관람객 대부분은 동방명주 전망대에 올랐다가 스쳐지나가는 느낌으로 구경하는데, 규모가 1만㎡(약 3,000평)에 달하고 볼거리가 꽤 많기 때문에 시간을 넉넉하게 배분하고 찬찬히 둘러볼 것을 권한다.

위치 동방명주 1층 **전화** 021-8370-9984

TRAVEL TIP
상하이의 수많은 전망대, 어디로 갈까?

푸둥의 마천루와 와이탄을 한눈에 내려다볼 수 있는 전망대는 상하이 여행에서 빠질 수 없는 볼거리. 하지만 모든 곳을 다 가기에는 금전적, 시간적 부담이 꽤 크다. 만약 취향에 따라 한 곳만 가야 한다면 어디로 가는 것이 좋을까?
우선, 요금이 가장 저렴한 곳은 금무대하다. 다만 그만큼 높이도 가장 낮아서 더 높은 건물들이 시야를 가리기 때문에 상대적으로 인기가 덜하고 한산하다. 하지만 건물 밖의 통로를 걷는 짜릿한 스카이 워크  프로그램은 금무대하만의 장점이다(2025년 현재 일시 중단). 반면 상하이 타워는 전망대 중 가장 높기 때문에 다른 모든 건물들을 위에서 내려다보는 짜릿함을 느낄 수 있다. 전망대 공간도 2개 층으로 이루어진 만큼, 공간이 꽤 넓어 여유롭다. 다만 관람 시 서는 지점과 유리창의 간격이 넓고 전망대 자체가 너무 높기 때문에 모든 것이 멀리 보이는 일종의 비현실적인 느낌도 있다. 동방명주는 바닥이 유리로 이루어진 투명 전망대가 특히 아름다워 인증 사진을 찍기 좋다. 다만 푸둥 야경의 꽃이라 할 수 있는 동방명주가 정작 보이지 않기 때문에 아쉬운 점도 있다. 사람이 가장 많이 올라가는 시간 안배도 잘해야 하는데, 동방명주에 갔다가 대기 시간이 길면 포기하고 다른 전망대로 가는 것이 현명할 수도 있다.

세계에서 세 번째로 높은 건물
상하이 타워
Shanghai Tower 上海中心大厦 상하이중신다샤

지상 127층, 지하 5층 규모에 높이 632m를 자랑하는 중국 최고(最高)의 건물. 두바이의 부르즈 할리파(Burj Khalifa), 말레이시아의 KL118에 이어 세계에서 세 번째로 높다. 현재 건설 중인 사우디아라비아의 제다 타워(Jeddah Tower)가 완공되면 세계의 마천루에서 순위는 한 단계 더 밀려나지만, 2014년 완공 당시 때부터 앞으로도 당분간은 동북아시아에서 가장 높은 건물로 남을 것이다. 전망대의 위치만 따지면 중국 선전(深圳)에 위치한 핑안 파이낸스 센터에 이어 세계에서 두 번째로 높다.

세계에서 두 번째로 빠른 속도(초속 18m)의 엘리베이터를 타면 118층 전망대까지 55초 만에 도착한다. 여기에서 계단을 따라 119, 121층 전망대로 올라가면 원형 전망대를 따라 360도로 펼쳐지는 전경을 감상할 수 있다. 중국에서 여섯 번째로 높은 건물인 상하이 세계금융센터의 꼭대기와 전망대의 높이만 해도 70m나 차이나기 때문에 금무대하, 동방명주 등의 초고층 건물 역시 한참 위에서 내려다보는 재미가 쏠쏠하다. 날씨가 좋을 때는 황푸강과 양쯔강이 만나는 우숭커우(吳淞口)까지 볼 수 있다. 125층과 126층 SKY632에서는 레이저 쇼가 펼쳐진다.

지도 P.90-B2 **주소** 上海市浦东新区陆家嘴银城中路501号 **전화** 021-8037-0150 **홈페이지** www.shanghaitower.com **운영** 08:30~22:00(21:30 입장 마감) **요금** 전망대 180위안, 전망대+레이저 쇼 268위안 **가는 방법** 지하철 2호선 루자쭈이(陆家嘴) 역 6번 출구에서 도보 7분 **검색** shzxds 또는 shanghai tower 입력 → 上海中心大厦 선택

중국 탑을 본떠 만든 88층 건물
금무대하
金茂大厦 진마오다샤

1992년, 88세의 덩샤오핑 주석은 푸둥 지역이 훗날 비즈니스와 상업의 중심이 될 것이라 선언했다고 한다. 당시 덩샤오핑 주석이 서있던 자리에 지금은 금무대하가 들어서 있다. 뾰족함이 두드러지는 이 건물은 탑의 모양을 하고 있는데, 실제로 중국 전통 탑을 본떠서 11개 층씩 점점 안으로 좁아지는 13층 탑의 형태로 지었다. 28면체의 외관, 8개의 외곽 복합 기둥으로 이루어져 있고 높이와 너비의 비가 8대 1이며 건물의 층수는 88층, 완공일은 1998년 8월 28일이다. 이상할 정도로 숫자 8과 인연이 깊은데, 중국어에서 숫자 8(바 八)은 '돈을 벌다'라는 뜻의 '파차이(发财)'의 '파(发)'와 발음이 비슷하기 때문에 중국에서 가장 선호하는 숫자다. 예로 2008년 베이징 올림픽의 개막식은 2008년 8월 8일 밤 8시에 열렸고, 성화 봉송자는 8명이었다. 홍콩 디즈니랜드의 부지는 888만㎡이며, 마오쩌둥이 세운 만리장성 기념비는 해발 888m에 있다. 유명 호텔이나 시설의 전화번호가 88로 끝나는 경우는 허다하고, 전화번호나 아파트 동호수 등의 모든 번호는 8자가 들어가면 가격이 뛴다. 이처럼 숫자 8이 중국에서 큰 의미를 지니듯, 금무대하는 그 밖에도 주소가 스지다다오 88호, 전화번호 뒷자리는 88로 끝나며 여러 방면에서 8과 연결된 점이 돋보인다.

전망대는 높이 340.1m인 88층에 위치한다.

1999년 개장 당시에는 중국에서 세 번째로 높은 건물이었으나, 그 뒤 수많은 초고층 건물이 세워지며 인기가 시들해진 것은 사실이다. 펜스도 없는 1.2m 너비의 유리 바닥을 걷는 '스카이 워크'가 인기 있었으나 현재는 운영이 중단되었다. 전망대 내에 있는 우체국은 중국에서 가장 높은 우체국으로, 각종 우편 관련 기념품을 판매하며 우체통을 통해 편지를 보낼 수 있다.

지도 P.90-B2 주소 上海市浦东新区世纪大道88号 전화 021-5047-6688 운영 08:30~21:30 요금 120위안 가는 방법 지하철 2호선 루자쭈이(陆家嘴) 역 6번 출구에서 도보 7분 검색 jmds 입력 → 金茂大厦 선택

상하이 세계금융센터 앞 대로변에서 찍은 상하이 마천루 3대장의 사진

상하이 마천루 3대장의 마지막 주인공
상하이 세계금융센터
Shanghai World Financial Center 上海环球金融中心

가운데가 뚫린 독특한 외관 탓에 일명 '병따개 건물'이라고도 불린다. 이 구멍은 건물이 받는 풍압을 줄이기 위해 만든 것으로, 원래 동그랗게 설계했다가 일본의 욱일기가 연상된다는 시민들의 반대에 따라 결국 사다리꼴로 바뀌게 되었다. 전망대는 423m 높이의 94층, 439m 높이의 97층, 474m 높이의 100층에 각각 설치되어 있었는데, 2024년 말 운영을 중단하고 지금은 외관만 즐길 수 있다. 하지만 여전히 세계금융센터 앞 인도는 '상하이 마천루 3대장'이라 불리는 상하이 타워, 금무대하, 상하이 세계금융센터의 건물을 한 컷에 담는 사진 명소로 널리 사랑받고 있다. 바닥에 휴대 전화를 내려놓고 건물들과 얼굴이 함께 나오게 찍어 보자. 건물을 배경으로 사진을 찍어주는 사진사들이 상주하니 20위안 정도 주고 찍는 것도 좋은 방법이다.

지도 P.90-B2 주소 上海市浦东新区世纪大道100号 가는 방법 지하철 2호선 루자쭈이(陆家嘴) 역 5번 출구에서 도보 12분
검색 shhqjrzx 입력 → 上海环球金融中心 선택

📷 동방명주를 배경으로 사진 한 컷
루자쭈이 공중보행가
陆家嘴空中步行连廊 루자쭈이콩중부싱렌랑

루자쭈이의 로터리 위에 설치된 둥근 육교. 동방명주, 정대광장, IFC 몰, 디즈니 스토어 등의 시설과 연결되어 푸둥을 찾는 여행자라면 누구나 한 번쯤 지나게 되는 곳이다. 이 길은 단순한 이동 수단이라기보다 루자쭈이의 관광명소로 각광을 받고 있다. 상하이 타워, 금무대하, 상하이 세계금융센터 등의 건물을 비교적 가까운 곳에서 눈에 담을 수 있고, 특히 하늘 높이 우뚝 솟은 동방명주를 배경으로 사진 찍기 가장 좋은 곳이다.

지도 P.90-A1 주소 上海市浦东新区 가는 방법 지하철 2호선 루자쭈이(陆家嘴) 역 2번 출구에서 바로 검색 Ijzkzbxll 입력 → 陆家嘴空中步行连廊 선택

동방명주에서 내려다본 루자쭈이 공중보행가의 모습

📷 고즈넉히 즐기는 황푸강의 전망
빈강대도
滨江大道 빈장다다오

와이탄을 바라보며 걸을 수 있는 2.5km 길이의 산책로. 와이탄에서 보는 푸둥의 화려함과 상반되는 수수한 야경이 매력적으로, 번잡한 도심에서 벗어나 강바람을 맞으며 시간을 보내기 좋다. 강변을 따라 카페와 바가 드문드문 들어서 있으며, 곳곳에서 버스킹하는 청년들의 모습이 운치를 더한다. 저녁이 되면 데이트를 즐기는 커플이 특히 많다.

지도 P.90-A1·A2 주소 上海市浦东新区滨江大道 가는 방법 지하철 2호선 루자쭈이(陆家嘴) 역 1번 출구에서 도보 8분 검색 bjdd 입력 → 滨江大道 선택

📷 액자 속에 담긴 동방명주 풍경
푸둥 미술관
浦东美术馆 푸동메이수관

2021년 개관한 미술관. 외국의 미술 작품을 전시하는 최초의 전시형 미술관으로 영국의 테이트 갤러리와 협력해 해외 현대미술 거장들의 작품을 전시하고 있다. 사실 여행객들에게는 전시보다도 풍경을 감상하기 위한 곳으로 더 잘 알려져 있는데, 2층과 3층 서쪽에 위치한 네모난 창문에서는 마치 액자에 담긴 듯한 동방명주의 모습을 만나볼 수 있다. 또 3층에 위치한 글래스 홀 02에서는 앞으로 보이는 와이탄 풍경에 더해 뒷면의 거울 속으로 비치는 풍경까지 한 번에 사진에 담을 수 있어 인증사진 명소로 꼽힌다. 입장 요일과 시간에 따라 요금이 달라지니 가고 싶은 시간대를 고려해 방문할 것. 한 번 퇴장하면 재입장은 불가하다.

지도 P.90–A1 **주소** 上海市浦东新区滨江大道2777号 **홈페이지** www.museumofartpd.org.cn **운영** 10:00~21:00(20:00 입장 마감) **요금** 평일 100위안, 주말 150위안, 평일 17:00 이후 입장 80위안, 주말 17:00 이후 입장 120위안 **가는 방법** 지하철 2호선 루자쭈이(陆家嘴) 역 2번 출구에서 도보 10분 **검색** pdmsg 입력 → 浦东美术馆 선택

머리 위로 펼쳐지는 바다 세상
상하이 해양 수족관
上海海洋水族館 상하이하이양수이쭈관

상하이에서 가장 큰 수족관이자 아시아에서 가장 큰 수족관 중 하나다. 중국 지역 생물을 분리해서 전시하는 세계에서 유일한 수족관으로, 특히 양쯔강의 희귀종을 관찰하기에 좋다. 수족관 내부는 2만 500㎡ 규모로, 중국, 남미, 호주, 아프리카, 동남아, 냉수대, 극지, 해안, 심해(언더 워터/해저 터널)의 9개 구역으로 나뉘어 있다. 각각의 관을 순서대로 돌면 5개 대륙과 4개 대양에서 서식하는 450여 종의 희귀 어류를 포함한 1만 5,000여 종의 해양 동물을 만날 수 있다. 하이라이트는 세계에서 가장 긴 155m 길이의 터널. 무빙워크에 올라 수조 속을 이동하며 머리 위 270도로 펼쳐지는 해양 생물을 만나게 된다. 펭귄이나 상어 등 구역별로 하루에 두 차례 열리는 먹이주기 시간도 아이들에게 인기가 좋다.

지도 P.90-A1 **주소** 上海市浦東新区陆家嘴环路1388号 **전화** 021-5877-9988 **홈페이지** www.sh-soa.com **운영** 09:00~18:00(17:30 입장 마감), 여름 성수기(7~8월) 09:00~21:00(20:30 입장 마감) **요금** 성인 160위안, 어린이 110위안 **가는 방법** 지하철 2호선 루자쭈이(陆家嘴) 역 1번 출구에서 도보 5분 **검색** hyszg 입력 → 上海海洋水族館 선택

중국 현대 예술의 정류장
중화예술궁
中华艺术宫 중화이수궁

중국에서 두 번째로 큰 미술관으로 단순한 전시 공간을 넘어 예술 연구와 교육의 장으로 활용되고 있다. 건물은 2010년 상하이 엑스포 때 중국관으로 사용했던 곳으로, 중화(中華)의 '화'자를 본떠 만들었다. 다민족국가인 중국의 56개 민족을 뜻하는 56개의 붉은 기둥이 눈에 띈다. 전시 면적은 약 6만 4,000㎡(약 2만 평)에 달하는데, 이는 미국의 메트로폴리탄 미술관이나 프랑스의 오르세 미술관과 견줄 만한 수준이다. 5개 층 27개 전시 홀에서 20세기 말~21세기 초 상하이의 현대미술 작품들을 만날 수 있으며 회화, 조각, 서예, 사진 등 다양한 분야의 작품이 있으니 취향에 따라 관람하면 된다. 규모가 워낙 크기 때문에 예술에 관심 있다면 시간을 넉넉히 안배하고 가는 것이 좋다. 상점에서 판매하는 독특한 굿즈 역시 인기.

지도 P.90-A3 **주소** 上海市浦東新区上南路205号 **전화** 400-921-9021 **홈페이지** www.artmuseumonline.org **운영** 10:00~18:00(17:00 입장 마감), 월요일 휴무 **요금** 상설전 무료(기획전 별도) **가는 방법** 지하철 8호선 중화이수궁(中华艺术宫) 역 3번 출구에서 바로 **검색** zhysg 입력 → 中华艺术宫 선택

📷 한국에서 가장 가까운 디즈니랜드
상하이 디즈니랜드
Shanghai Disneyland 上海迪士尼乐园 상하이디스니러위안

월트 디즈니사에서 중국의 특색을 살려 오픈한 테마파크. 축구장 56개 면적으로 아시아 최대 규모이며, 특히 공원 한가운데에 서 있는 신데렐라 성은 세계에서 가장 큰 것이다. 원내는 크게 미키 애비뉴(Mickey Avenue), 투모로 랜드(Tomorrow Land), 가든 오브 이미지네이션(Gardens of Imagination), 판타지 랜드(Fantasy Land), 트레저 코브(Treasure Cove), 어드벤처 아일(Adventure Isle)과 디즈니·픽사 토이 스토리 랜드(Toy Story Land) 등의 구역으로 나뉘어 있다. 매일 두 번 열리는 퍼레이드는 전 세계 디즈니랜드의 퍼레이드 중 가장 길고 다양한 캐릭터가 등장하며, 폐장 직전에 열리는 조명 쇼 '이그나이트 더 드림'은 이곳의 하이라이트라 할 수 있다. 넓고 복잡한 상하이 디즈니랜드, 조금 더 똑똑하게 이용하는 법은 다음 페이지를 참조하자.

지도 P.91-D2 **주소** 上海市浦东新区川沙新镇唐黄路180号 **전화** 021-3158-0000 **홈페이지** www.shanghaidisneyresort.com **운영** 09:00~21:00(주말·공휴일, 7·8월 08:00~22:00) **요금** 1일권 475~599위안, 2일권 912~1,078위안, 얼리버드 티켓(10일 전 예약) 60위안 할인 **가는 방법** 지하철 11호선 디즈니(迪士尼) 역 1번 출구에서 도보 6분 **검색** dsnly 입력 → 上海迪士尼乐园 선택

TRAVEL TIP
대기 시간을 줄이는 방법, 패스트 패스 & 싱글 라이더

인기 있는 놀이기구를 예약하는 시스템이다. 시간대별로 선택해 패스트 트랙을 발권해 둔 후, 정해진 시간에 일반 대기 인원과 따로 줄을 서서 입장한다. 1일 한정 인원이 있기 때문에 일찍 해두는 것이 좋으며, 2시간에 1장씩 발급받을 수 있으니 우선순위를 정하는 것이 좋다. 또한 혼자 탑승하는 사람을 위한 줄인 싱글 라이더(Single Rider)를 이용하면 일행끼리 함께 타지는 못하지만, 일반 줄보다 비교적 대기 시간이 짧다.

ZOOM IN
상하이 디즈니랜드 제대로 즐기는 방법

- 휴대폰에 상하이 디즈니 리조트(Shanghai Disney Resort) 애플리케이션을 미리 다운로드해 두자. 티켓 구매는 물론, 지도에서 원하는 시설의 위치 및 나의 위치, 어트랙션별 대기 시간을 확인할 수 있다.

- 티켓은 미리 사 두자. 상하이 디즈니 리조트 애플리케이션에서 구매할 수 있고, 조금 저렴하게 판매하는 국내 여행사도 있다. 애플리케이션에서 예약한 티켓은 티켓 창구에 갈 필요 없이 바로 입장 구역에서 티켓으로 교환하면 된다(여권 필요).

- 티켓은 여러 가지 옵션이 있다. 1일권만 해도 지정된 기간 중 아무 때나 사용 가능한 티켓부터 날짜를 정해 구매하는 티켓, 얼리버드(1일권의 경우 10일 전 예매, 2일권의 경우 31일 전 예매) 티켓 등 선택지가 다양하기 때문에 일정에 맞는 가장 저렴한 요금제를 찾아볼 것을 권한다.

- 디즈니랜드는 일년 내내 붐비니 되도록 오픈 시간에 맞춰가자. 지하철을 이용한다면 돌아갈 표를 미리 사두는 것도 현명한 방법이다.

- 입장할 때 공원 지도와 행사 시각 안내표를 챙겨 그날의 주요 스케줄을 확인해 두자.

- 무거운 짐이 있을 때는 입구 근처의 코인 라커에 넣어두면 편리하다. 입장 구역 외에도 로링 래피드 주변, 트론 주변 등에도 있다. 이용 요금은 미디엄 60위안, 라지 80위안. 캠프 디스커버리에 위치한 라커를 제외하고는 1일 사용이기 때문에 당일에는 자유롭게 열었다 닫았다 할 수 있다.

- 화려한 조명과 불꽃 쇼는 상하이 디즈니랜드의 하이라이트다. 명당에 앉아서 보고 싶으면 최소 1~2시간 전에는 자리를 잡고 기다리는 것이 좋다. 불꽃놀이 시간이 다가올수록 길을 통제해서 근처로 가고 싶어도 못 가는 경우도 발생한다. 반면 이 시간대에는 놀이기구가 덜 붐비기 때문에 불꽃 쇼에 크게 관심 없다면 놀이기구에 집중하는 것도 좋다.

- 디즈니랜드 내 음식점은 비싸고 만족도가 떨어진다. 간단한 간식은 지하철역에 있는 편의점과 빵집에서 준비해 가자. 들어갈 때는 가방 검사를 하는데, 밀봉하지 않은 음식물은 뺏기는 경우가 있으니 주의한다. 물은 디즈니랜드 내 음수대에서 받아 마실 수 있다.

- 디즈니랜드 옆으로는 상점과 음식점이 몰려 있는 디즈니 타운이 있다. 디즈니랜드가 문을 닫고 난 후에도 이 상점가는 영업하기 때문에 천천히 쇼핑을 즐길 수 있다. 디즈니 타운의 식당은 디즈니랜드 내부 식당보다 조금 저렴하기 때문에 나와서 식사를 하고 다시 들어갈 수도 있다(재입장 도장 필요).

코인 라커

상하이 디즈니랜드 주요 어트랙션 및 쇼

주토피아 구역

주토피아 Zootopia
닉과 주디와 함께 펼치는 신나는 추격전. 사방으로 돌며 진행하는 자동차를 타고 여러 구역을 돌면서 진행되는데, 곳곳에 설치된 화면과 장치 덕분에 애니메이션의 장면 속으로 들어온 것처럼 생동감 있게 즐길 수 있다.

주토피아
©Shanghai Disneyland

투모로 랜드 구역

트론 TRON
오토바이에 타듯 탑승하는 롤러코스터. 속도가 100km에 육박하며, 기계적인 조명과 사운드 효과로 더욱 짜릿하게 즐길 수 있다. 탑승 시간 약 2분.

트론

판타지 랜드 구역

피터 팬 플라이트 Peter Pan's Flight
피터 팬 마을로 날아가는 환상적인 경험을 할 수 있는 곳. 뛰어난 영상미가 포인트다. 탑승 시간 약 3분.

일곱 난쟁이의 광산 열차 Seven Dwarfs Mine Train
일곱 난쟁이의 광산으로 들어가는 미니 롤러코스터. 속도감과 시각적 재미 두 마리 토끼를 잡을 수 있다. 탑승 시간 약 3분.

피터 팬 플라이트

겨울왕국 Frozen
겨울왕국을 테마로 펼쳐지는 뮤지컬 공연. 극적인 요소보다 음악이 주가 되는 공연으로, 함께 노래를 부르며 즐길 수 있다. 단, 공연은 중국어로만 이루어진다.

일곱 난쟁이의 광산 열차

트레저 코브 & 어드벤처 아일 구역

캐리비안의 해적 Pirates of the Caribbean
영화 '캐리비안의 해적'을 본떠 만든 놀이기구. 배를 타고 이동하며 관람하는데, 디테일과 영상미가 살아있다.

로어링 래피드 Roaring Rapids
동그란 배를 타고 급류를 즐기는 어트랙션(중국판 아마존 익스프레스). 여기저기 부딪히며 튀기는 물을 맞는 것도 또 하나의 재미다. 탑승 시간 약 6분.

소어링 오버 더 호라이즌 Soaring Over the Horizon
위아래로 움직이는 의자를 타고 즐기는 세계 일주. 하늘에 떠 있는 듯한 느낌이 압도적이며 4D 효과가 가미되어 더욱 생동감 넘친다. 탑승 시간 약 4분.

가든 오브 이매지네이션 구역

미키의 스토리북 익스프레스 Mickey's Storybook Express
디즈니 친구들을 만날 수 있는 퍼레이드. 공연은 약 14분간 진행된다.

마블 유니버스 Marvel Universe
마블의 캐릭터를 만나볼 수 있는 곳. 영상과 게임을 즐길 수 있으며, 아이언맨, 스파이더맨, 캡틴 아메리카와 사진을 찍을 수 있는 포토 존도 마련되어 있다.

이그나이트 더 드림 Ignite the Dream
미키가 안내하는 조명 쇼. 디즈니성을 배경으로 쏘아 올리는 영상이 스토리텔링 형식으로 이루어지며, 화려한 불꽃 쇼가 마지막을 장식한다.

캐리비안의 해적

로어링 래피드

소어링 오버 더 호라이즌

이그나이트 더 드림
©Shanghai Disneyland

이그나이트 더 드림
©Shanghai Disneyland

흥겨운 분위기의 신장 요리 전문점
야리샤리
耶里夏丽 예리샤리

상하이 내에만 10여 개의 매장이 있는 신장(新疆) 레스토랑. 매일 밤 맛보기 민속 무용 공연이 열려 더욱 즐거운 식사를 즐길 수 있다. 가장 인기 있는 메뉴는 양꼬치, 양다리구이, 양갈비구이 등 양고기 요리이며 신장식 닭볶음탕 다판지(大盘鸡) 역시 꼭 맛봐야 할 대표 메뉴다. 식사 후에는 이곳에서만 먹을 수 있는 시원하고 달콤한 신장식 디저트 나파리용(娜帕里勇)과 수제 요거트 쯔쯔쏸나이(自制酸奶)를 맛보길 권한다.

지도 P.90-A2 주소 上海市浦东新区陆家嘴西路168号正大广场7楼 전화 021-5888-9211 홈페이지 www.yelixiali.com 영업 11:00~22:00 가는 방법 지하철 2호선 루자쭈이(陆家嘴) 역 6번 출구에서 도보 6분(정대광장 7층) 검색 ylxl 입력 → 耶里夏丽(陆家嘴正大广场店) 선택

빨간 새우 말이 딤섬의 원조
점도덕·덕소관
点都德·德小馆(正大店) 뎬더우더·더샤오관

1933년 광저우에서 시작해 한 세기 가까운 역사를 지닌 광둥식 레스토랑. 다양한 딤섬과 작은 요리들에 곁들여 중국식 얌차를 즐기기 좋은 곳이다. 이곳의 인기 스타는 큼직한 새우 속살에 피를 입혀 바삭하게 튀겨낸 후, 쫀득한 쌀 만두피로 말아 구워낸 훙미창(金莎红米肠). 입안에 탱글탱글한 새우 살과 바삭한 피, 쫀득한 피 세 가지 식감과 다채

로운 맛을 느낄 수 있는 별미 중의 별미다. 소스로는 마늘 소스와 땅콩 소스가 곁들여 나오는데, 땅콩 소스의 고소한 풍미까지 더해지면 입안에 오래도록 여운이 남는다. 다만 먹다 보면 느끼할 수 있으니 따뜻한 차와 채소 요리를 함께 시킬 것을 권한다. 차는 인원수대로 요금을 받는데, 계화의 향긋한 꽃향이 어우러진 보이차, 구이화푸얼(桂花普洱)을 특히 추천한다.

지도 P.90-A2 주소 上海市浦东新区陆家嘴西路178号正大广场6楼 전화 021-5830-2521 영업 10:00~21:30 가는 방법 지하철 2호선 루자쭈이(陆家嘴) 역 1번 출구에서 도보 6분(정대광장 6층) 검색 dexiaoguan 입력 → 点都德·德小馆(正大店) 선택

라쯔지가 맛있는 쓰촨 요리점
마육기
麻六记 마류지

2020년에 쓰촨성 청두에서 창립 후 레토르트 푸드, 소스 등 다양한 온라인 식품 소매까지 사업을 확장한 중국 요식업계의 뜨거운 감자. 특히 시고 매운맛의 당면 국수 쏸라펀(酸辣粉)은 중국 전국적으로 뜨거운 인기를 얻어 국수 전문점까지 론칭하게 되었으며 지금은 슈퍼마켓이나 편의점 등의 오프라인 매장에서도 컵라면을 쉽게 만나볼 수 있게 되었다. 비록 지금은 쏸라펀으로 더 유명하지만 이 브랜드의 기둥이라 할 수 있는 라쯔지(辣子鸡), 수이주위(水煮鱼) 등을 이 레스토랑에서 직접 만나볼 수 있다. 라쯔지는 손가락 한 마디 크기로 잘게 썬 닭고기를 튀겨낸 후 다량의 고추와 화자오 등의 양념과 함께 볶아낸 것이다. 요새는 한국에서도 어렵지 않게 찾아볼 수 있지만 이집의 라쯔지를 맛본다면 상상을 뛰어넘는 얼얼하고 화끈한 맛에 반하게 될 것. 매장에서 레토르트 상품도 판매한다.

지도 P.90-A2 **주소** 上海市浦东新区陆家嘴西路178号正大广场6楼 **전화** 021-6877-8185 **영업** 11:00~15:00, 16:00~22:00 **가는 방법** 지하철 2호선 루자쭈이(陆家嘴) 역 1번 출구에서 도보 6분(정대광장 6층) **검색** maliuji 입력 → 麻六记(正大广场店) 선택

상하이에서 즐기는 베이징 덕
전취덕
全聚德 췐쥐더

오랜 역사는 말할 것도 없고 변함없는 맛과 서비스로 수십 년째 업계의 선두를 지키는 베이징덕 전문점이다. 베이징 외에도 항저우, 난징, 시안, 칭다오 등에 지점이 있고 상하이의 신천지, 쉬자후이에서도 만나볼 수 있다. 오리구이는 반 마리 단위로 주문 가능한데, 주문 즉시 굽기 시작해 시간이 꽤 걸리니 다른 요리보다 먼저 주문하는 것이 좋다. 완성된 오리구이는 자리까지 가져와 직접 썰어주며, 파채와 오이, 전병과 소스는 기본적으로 딸려 나온다. 오리구이 외에도 달큰하게 볶은 고기를 전병에 싸먹는 경장육사(京酱肉丝), 베이징식 자장면(北京炸酱面) 등 전반적인 베이징 요리를 취급하니 다양하게 도전해 보자.

지도 P.91-D3 **주소** 上海市浦东新区东方路778号紫金山大酒店3楼 **전화** 021-6886-8807 **홈페이지** www.quanjude.com.cn **영업** 11:00~14:00, 17:00~21:00 **가는 방법** 지하철 2·4·6·9호선 스지다다오(世纪大道) 역 12번 출구에서 도보 7분(그랜드 트러스텔 3층) **검색** qjd 입력 → 全聚德(上海浦东店) 선택

쑤저우식 국수지만 상하이 명물
유흥기
裕兴记 위싱지

쑤저우식 국수를 비롯해 새우살 국수, 게살 국수 등을 판매하는 식당이다. 게살 국수는 다자셰의 게살을 사용한 셰펀몐(蟹粉面)과 게살과 게알을 1:1로 사용한 셰황몐(蟹黄面) 두 종류가 있는데, 아무래도 고소하고 녹진한 맛의 셰황몐이 가장 인기가 좋다. 난징둥루와 와이탄에도 2개의 지점이 있으나 번호표 없이 직접 줄을 서야 하고 카운터에서 주문하고 착석해 음식을 받기까지 일련의 과정이 정신없다. 최근 상하이 내 여러 곳에 지점이 많이 생겼으며 동일한 음식과 서비스를 제공하기 때문에 옛 상하이풍 상점가 구경도 할 겸 푸둥 센추리 링크 몰에 있는 지점을 추천한다.

지도 P.91-D3 **주소** 上海市浦东新区世纪大道1192号世纪汇广场商场LG2楼 **전화** 157-1015-1531 **영업** 10:00~22:00 **가는 방법** 지하철 2·4·6·9호선 스지다다오(世纪大道) 역 11번 출구에서 도보 5분(센추리 링크 몰 지하 2층) **검색** yuxingji 입력 → 裕兴记(商场世纪汇广场店) 선택

대만식 중식을 먹으려면 이곳
벨라지오
Bellagio 鹿港小镇 루강샤오전

세련된 공간에서 정갈하게 담아낸 대만 요리를 즐길 수 있는 곳. 2001년 상하이에 처음 오픈한 후 베이징, 다롄, 칭다오, 쑤저우, 시안 등 대륙 곳곳에서 영업을 전개하고 있다. 꼭 맛봐야 할 음식은 보뤄 유탸오샤(菠萝油条虾). 새우 살을 넣어 튀긴 유탸오를 달콤한 파인애플과 버무려 내는데, 상큼함과 달콤함, 고소함, 바삭함 등 다양한 맛과 식감이 어우러지는 시그니처 메뉴다. 대만식 디저트 역시 강력 추천하며, 특히 얼음을 아주 곱게 갈아 입안에서 사르르 녹는 땅콩 빙수에 도전해 볼 것.

지도 P.90-B1 **주소** 上海市浦东新区陆家嘴环路1318号星展银行大厦B1楼 **전화** 021-5015-1539 **영업** 10:00~21:00(토·일요일 ~20:00) **가는 방법** 지하철 2호선 루자쭈이(陆家嘴) 역 3번 출구에서 도보 11분(星展银行大厦 지하 1층) **검색** lgxz 입력 → 鹿港小镇(星展银行大厦店) 선택

🍴 수건케이크를 찾는다면 여기
홀리랜드
Holiland 好利来 하오리라이

중국인은 물론 한국인들 사이에서도 인기인 돌돌 말린 수건 모양 케이크 마오진쥔(毛巾卷), 벽돌 초콜릿 빙산룽옌(氷山熔岩)을 만날 수 있는 곳. 특히 정대광장 지점은 중국 최초의 트래블 콘셉트 매장으로, 거대한 터널을 닮은 입구를 통해 들어서면 우주와 시공을 여행하는 듯한 기분을 준다. 우주 여행이라는 테마에 맞게 우주의 충돌이나 지구로 떨어지는 운석, 별이 빛나는 하늘과 우주 등을 담은 모양의 제품도 있어 보는 재미도 쏠쏠한 편. 상자에 담긴 다양한 디저트 제품 외에도 홀 케이크와 미니 케이크, 베이커리류, 쿠키류 등의 제품을 만나볼 수 있으며 구입한 제품은 매장 내에 있는 테이블에서 먹고 갈 수도 있다.

지도 P.90-A2 **주소** 上海市浦东新区陆家嘴西路159号正大广场3楼 **전화** 021-6109-0592 **영업** 10:00~22:00 **가는 방법** 지하철 2호선 루자쭈이(陆家嘴) 역 1번 출구에서 도보 6분(정대광장 3층) **검색** hll 입력 → 好利来(正大广场店) 선택

감각적인 책 구경에, 전경은 덤
타운서원
朵云书院 둬윈슈위안

상하이 타워 52층에 자리한 이 특별한 서점은 들어가는 방법부터 특이하다. 일단 위챗으로 사전에 예약해야 하며, 예약한 시간에 직원의 확인을 받고 동행해야만 들어갈 수 있다. 엘리베이터 문이 열리고 서점에 들어서면, 들어가는 방법만큼이나 특별한 책과 굿즈들을 만나게 된다. 하지만 책보다도 많은 사람들이 이곳을 찾는 이유는 상하이 타워 52층에서 내려다보는 풍경. 서점 양쪽에 위치한 전망 구역에서는 푸둥의 풍경이 시원하게 펼쳐진다. 전망 구역에 들어가려면 입장료 대신 음료를 한 잔씩 주문해야 하는데, 아메리카노를 제외한 대부분의 메뉴가 우리돈 1만 원 가까이로 다소 비싼 편이지만 상하이 타워 전망대 입장료를 고려하면 합리적이라 할 수 있다. 남쪽 구역과 북쪽 구역으로 나뉘어 있으며 동방명주와 금무대하를 향하는 쪽은 북쪽 전망 구역이다. 비록 동방명주의 모습은 다른 건물에 약간 가려져 있지만, 새파란 하늘 아래 펼쳐지는 탁 트인 전경은 무료로 감상하기에는 아까울 정도로 멋진 모습이다. 특히 저녁 시간이 다가오면 야경을 즐기려는 사람들로 인산인해를 이루니 미리 가서 자리를 잡거나, 시간 여유가 없다면 밝은 날의 낮 풍경을 즐길 것을 추천한다.

지도 P.90-B2 **주소** 上海市浦东新区陆家嘴环路479号上海中心大厦52楼 **전화** 157-2155-6283 **영업** 10:30~20:00 **가는 방법** 지하철 2호선 루자쭈이(陆家嘴) 역 6번 출구에서 도보 7분 **검색** dysy 입력 → 朵云书院·旗舰店 선택

TRAVEL TIP
타운서원 예약하기

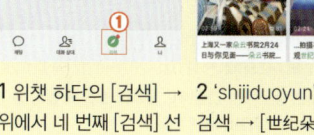

1 위챗 하단의 [검색] → 위에서 네 번째 [검색] 선택

2 'shijiduoyun' 입력 후 검색 → [世纪朵云] 계정 하단의 [预约朵云] 선택

3 방문할 날짜와 시간대 선택 → 이름과 전화번호(한국 번호 가능), 성별 입력 → [提交预约] 선택하면 예약 완료

4 3번 단계에서 좌측 상단 '집' 모양 선택 → 우측 하단 [我的] 선택하면 예약 확인 가능

🍽 색색의 샤오룽바오를 맛볼 수 있는 곳
낙신황조
乐新皇朝 러신황차오

싱가포르에서 온 고급 레스토랑. 8가지 색과 맛의 샤오룽바오로 유명하다. 반죽은 천연 성분으로만 색을 내며, 색깔별로 각기 다른 맛의 소를 채운다. 각각의 만두는 18번 접어서 만들고, 하나의 무게가 25g이며, 만두피는 얇지만 탄력 있고, 육즙은 가득 차 있지만 느끼하지 않아야 하는 등 엄격한 기준과 자부심을 가지고 빚어낸다고 한다. 각각의 독특한 맛을 제대로 느끼기 위해 기본(흰색), 수세미, 푸아그라, 블랙 트러플, 치즈, 게살, 갈릭, 마라 순으로 먹는 순서도 정해져 있다. 또 다른 인기 메뉴는 훈툰에 고추기름 소스를 끼얹은 충칭(重庆) 스타일의 훙유차오서우(红油抄手). 참고로 차오서우(抄手)는 훈툰을 가리는 쓰촨 지방의 방언이다.

지도 P.90-B2 **주소** 上海市浦东新区银城中路501号上海中心大厦B2层 **홈페이지** paradisegrpprd.wpengine.com/_cn **전화** 021-5830-3068 **영업** 11:00~21:30(토·일요일 10:30~) **가는 방법** 지하철 2호선 루자쭈이(陆家嘴) 역 6번 출구에서 도보 7분(상하이 타워 지하 2층) **검색** lxhc 입력 → 乐忻皇朝(上海之品商场店) 선택

상하이에서 가장 높은 루프톱 바
플레어 루프톱
Flair Rooftop 顶层餐厅酒吧

리츠칼튼 호텔 58층에 위치한 고급 바. 원목과 와인 병을 소재로 한 인테리어는 일본의 디자인 그룹 슈퍼 포테이토의 작품이다. 동방명주가 바로 눈앞에 펼쳐지는 야외 테라스가 인기인데, 가깝기도 하지만 비슷한 높이에서 바라보기 때문에 더욱 아름답게 느껴진다. 특히 해 질 녘에 찾으면 동방명주와 하늘의 붉은빛이 절묘하게 어우러지는 진풍경을 자아낸다. 알코올류와 함께 곁들여 먹을 수 있는 초밥이나 롤 등의 간단한 먹거리도 있으며, 테라스석을 이용하려면 추가 요금을 내야 한다.

지도 P.90-A2 **주소** 上海市浦东新区世纪大道8号上海国金中心丽思卡尔顿酒店58楼 **전화** 021-2020-1717 **영업** 17:30~01:00(금·토요일 ~02:00) **가는 방법** 지하철 2호선 루자쭈이(陆家嘴) 역 6번 출구에서 연결(IFC 몰 리츠칼튼 호텔로 들어가 52층 로비까지 이동 후, 플레어 전용 엘리베이터 탑승) **검색** flair 입력 → FLAIR顶层餐厅酒吧 선택

🛍 세계 각국의 미식이 한곳에
정대광장
正大广场 정다광창

상하이에서 가장 오래된 쇼핑몰 중 하나이지만, 여전히 푸둥에서 가장 인기 있는 쇼핑몰 중 하나. 루자쭈이 공중보행가에서 바로 이어져 접근성도 뛰어나다. 지하 2층부터 지상 10층까지 의류·잡화 브랜드, 음식점과 영화관 등의 엔터테인먼트 시설이 들어서 있는데, 명품에 집중된 IFC 몰과는 달리 중저가 브랜드와 스포츠 브랜드, SPA 브랜드 등 선택의 폭이 넓다. 특히 음식점의 수가 많고 다양해 패스트푸드부터 한식, 양식, 일식은 물론 중국 각 지역의 음식을 만나볼 수 있는 것이 장점. 곳곳에 스탠드 바 형식으로 음료와 디저트 브랜드도 입점해 있고, 몇몇 레스토랑의 창가 자리에서는 푸둥의 야경을 바라보며 식사를 즐길 수 있어 더욱 인기다.

지도 P.90-A2 **주소** 上海市浦东新区陆家嘴西路168号 **전화** 021-6887-7888 **홈페이지** www.superbrandmall.com **영업** 10:00~22:00 **가는 방법** 지하철 2호선 루자쭈이(陆家嘴) 역 1번 출구에서 도보 6분 **검색** zdgc 입력 → 正大广场 선택

🛍 푸둥의 최고급 쇼핑센터
IFC 몰
上海国金中心商场 상하이궈진중신상창

하늘 높이 뻗은 쌍둥이 타워가 눈에 띄는 주상복합 타워. 각종 오피스와 서비스 아파트먼트, 리츠칼튼 호텔이 들어서 있으며, 지하 2층~지상 5층은 쇼핑몰로 이루어져 있다. 차분한 인테리어와 화려한 조명이 조화를 이루는 세련된 쇼핑몰에는 샤넬, 에르메스, 루이비통 등 수십 개의 명품 부티크가 줄줄이 이어진다. 지하 1층에서는 고급 슈퍼마켓인 시티 슈퍼가 있고 지하 2층은 지하철 루자쭈이 역 6번 출구와 연결되어 있어 이동도 편리하다.

지도 P.90-A2 **주소** 上海市浦东新区世纪大道8号 **전화** 021-2020-7070 **홈페이지** www.shanghaiifcmall.com.cn **영업** 10:00~22:00 **가는 방법** 지하철 2호선 루자쭈이(陆家嘴) 역 6번 출구에서 바로 **검색** ifc 입력 → 上海ifc商场 선택

세계 최대의 디즈니 스토어
디즈니 플래그십 스토어
Disney Flagship Store 迪士尼旗舰店 디스니치젠뎬

중국 최초의 디즈니 스토어이자 세계 최대급 매장. 어린이는 물론 다양한 연령층을 사로잡는 생활 잡화와 소품이 가득하다. 미키마우스, 곰돌이 푸, 프린세스 시리즈 등의 디즈니 캐릭터와 헐크, 아이언맨, 캡틴 아메리카 등의 마블 캐릭터, 스타워즈, 인디아나 존스 등 루카스 필름의 캐릭터까지, 만나볼 수 있는 캐릭터와 상품군도 다양하다. 신나는 음악과 화려한 조명에 더해 상점 앞에 서 있는 커다란 디즈니 시계탑은 일순 디즈니랜드에 온 것 같은 기분을 선사한다. 시간이 없어 디즈니랜드에 가지 못한 여행자는 선물을 살 겸 들러 보길 추천한다. 참고로 이곳은 2016년 5월 20일 13시 14분에 오픈했는데, '5201314'는 한평생 당신을 사랑한다는 뜻의 중국어 '워아이니이성이스(我爱你一生一世)'와 발음이 비슷해 인터넷에서 자주 쓰이는 용어다.

지도 P.90-A1 **주소** 上海市浦东新区丰和路180号 **전화** 021-6333-3660 **영업** 10:00~22:00 **가는 방법** 지하철 2호선 루자쭈이(陆家嘴) 역 6번 출구에서 바로 **검색** dsnqjd 입력 → 迪士尼(旗舰店) 선택

🛍 푸둥 교통의 중심에 자리한 쇼핑몰
센추리 링크 몰
Century Link Mall 世纪汇广场 스지후이광창

2호선, 4호선, 6호선, 14호선, 네 개의 지하철 노선이 교차하는 푸둥 지역 교통의 중심, 스지다다오(世纪大道) 역을 끼고 있는 쇼핑몰. 유동인구가 많은 만큼 유행에 굉장히 민감하며 다양한 분야의 상점이 들어서 있다. 지하 1~2층에 걸쳐 테이크아웃 음료 전문점만 10여 개 나란히 늘어서 있을 정도로 경쟁이 치열한 곳이기도 하다. 지하 2층에는 1900년대 초반 모던 상하이의 풍경을 재현한 '1192골목 옛 상하이 풍정가(1192弄老上海风情街)' 거리가 꾸며져 있으며 샤오츠(간단한 먹거리) 음식점들이 들어서 있다. 큰 볼거리가 있는 것은 아니지만 가가탕포, 유흥기, 침대성 등 상하이 명물 가게들의 분점도 위치하며 본점에 비해 한산하게 식사를 즐길 수 있으니 사진도 찍을 겸 들러도 좋다.

지도 P.91-D3 **주소** 上海市浦东新区世纪大道1192号世纪汇广场商场LG2楼 **영업** 10:00~22:00 **가는 방법** 지하철 2·4·6·9호선 스지다다오(世纪大道) 역 11번 출구에서 도보 5분 **검색** sjhgc 입력 → 世纪汇广场(商场) 선택

인민광장 동쪽부터 황푸강변까지 이어지는 난징둥루는 상하이에서 가장 번화한 거리라 흔히 '상하이의 명동'이라고도 불린다. 이 일대는 개항 후 서구 자본이 물밀 듯 들어와 가장 빠르게 변화를 맞이한 곳으로, 화려한 모습 뒤 외세에 탄압당한 중국인의 아픔도 서려 있다. 난징둥루 끝에서 만나게 되는 와이탄은 올드와 모던이 공존하는 독특한 매력을 뽐낸다. 호화로운 옛 유럽풍 건축물이 줄줄이 이어져 1900년대로 돌아간 듯하다가, 강 건너 고층 빌딩이 눈앞에 펼쳐지면 다시 21세기로 돌아오는 묘한 곳이다. 상하이를 찾아온 여행자들이 꼭 한 번은 들른다는 명소이고, 특히 해가 지고 푸둥의 마천루들이 불을 밝히면 그 로맨틱한 야경을 보러 더 많은 인파가 몰린다.

난징둥루 & 와이탄
南京东路&外滩

난징둥루 & 와이탄 추천 코스

총 소요 시간 12시간

난징둥루 역에서 내리면 바로 보행자 거리(步行街)가 나오는데, 시간과 체력이 충분하다면 인민광장까지 쭉 걸으며 둘러보는 것이 좋다. 와이탄의 낮 풍경을 보고 싶다면 먼저 와이탄으로 이동한 후 추천 코스를 반대로 도는 것이 좋고, 야경이 목적이라면 추천 코스대로 와이탄을 마지막에 즐기고 난징둥루 역에서 숙소로 돌아가는 것이 좋다. 이 일대는 여행자들이 많이 몰리기 때문에 숙박 시설도 저렴한 유스호스텔부터 고급 호텔까지 골고루 자리 잡고 있다. 이 근방에 숙소를 잡으면 야경을 감상한 뒤에 근처의 바에서 가볍게 한잔하고 하루를 마무리할 수 있으니 금상첨화다.

⑤

《 도보 6분

④

《 도보 12분

⑤ 외백도교 P.122

와이탄 강변 산책로를 따라 북쪽 끝까지 걸으면 만나는 아름다운 철교. 해 지고 붉게 라이트 업된 모습은 더욱 매혹적이다.

록 번드 아트 뮤지엄 P.124

1932년에 지어진 옛 건물에 자리한 현대미술관. 주변은 지금 와이탄에서 가장 핫한 상점가다.

⑥

택시 5분 》

⑥ 베이와이탄 항해공원 P.153

와이탄과 푸둥의 야경을 한눈에 담을 수 있는 스폿. 시원한 강바람을 맞으며 산책하다가, 파울라너 브루하우스(P.155) 또는 매너 커피(P.154)에서 시원한 맥주나 커피로 목을 축이자.

난징동루 & 와이탄

도보 5분

1 난징동루 보행가 P.120
상하이에서 가장 유명한 거리. 각종 쇼핑센터와 먹거리들이 발길을 사로잡는 차 없는 거리다.

2 상하이 라오라오 P.126
상하이식 가정 요리를 합리적인 가격에 맛볼 수 있는 곳. 자극적이지 않은 단짠의 맛이 한국인 입맛에 잘 맞는다.

도보 3분

3 와이탄 P.121
등 뒤로는 고풍스러운 유럽풍 건축물이, 눈앞으로는 눈부신 빌딩의 스카이라인이 펼쳐지는 곳. 강변 산책로를 따라 산책을 즐겨 보자.

도보 3분

7 충칭 고로구 훠궈 P.131
진짜 쓰촨식 훠궈를 만날 시간. 현장에서 잘라 주는 생고기를 마라 국물에 담가 먹으면 이곳이 상하이인지 쓰촨인지 구분이 안 갈 것.

8 도원향 P.150
하루의 마무리는 시원한 마사지로 여행의 피로를 푸는 시간. 전신 마사지나 발 마사지를 받고 숙소로 돌아갈 기운을 챙기자.

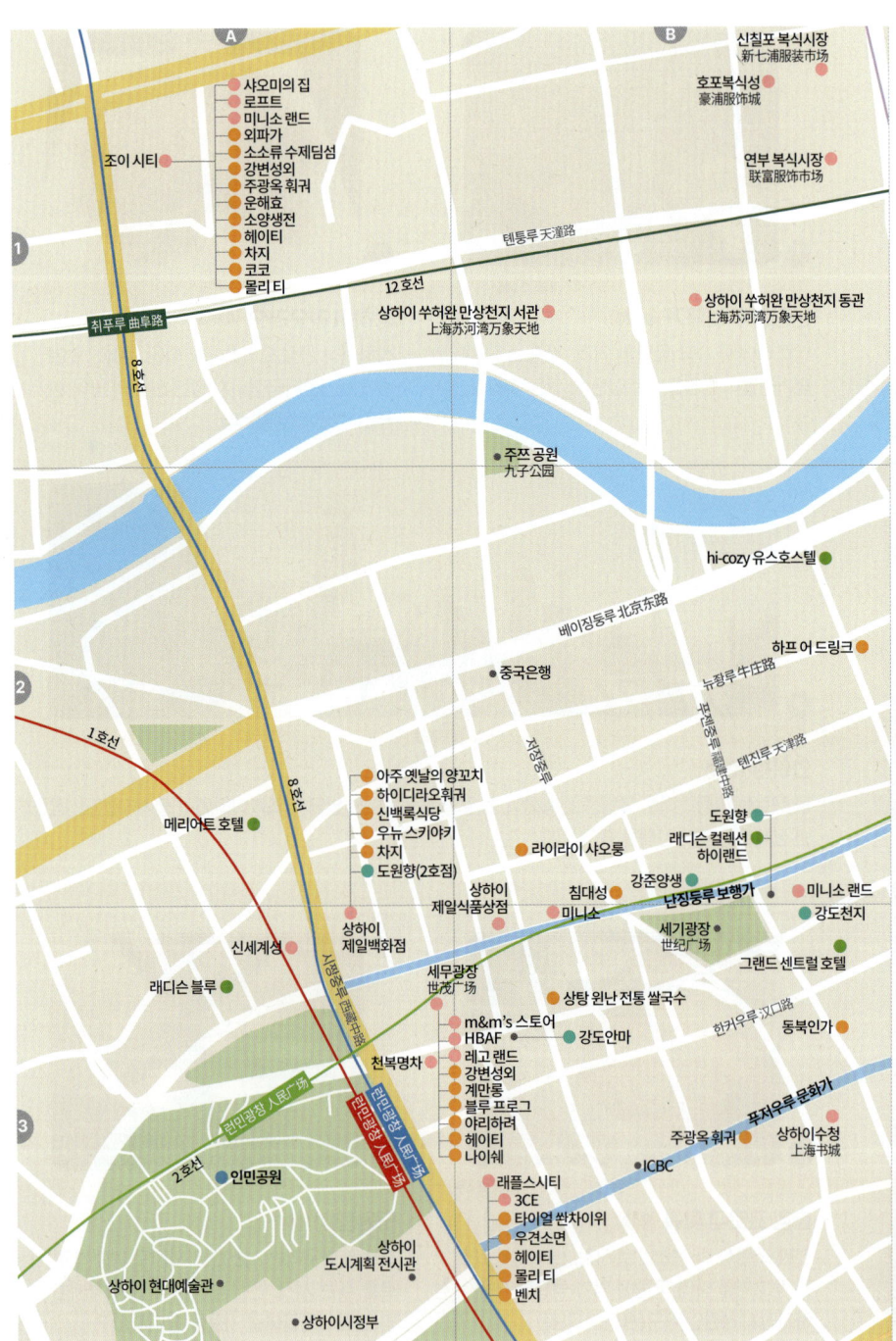

상하이 여행의 출발점
난징둥루 보행가
南京东路步行街 난징둥루부싱제

상하이에서 가장 중요한 도로 중 하나인 난징루(南京路)는 인민광장을 기점으로 동쪽은 난징둥루, 서쪽은 난징시루로 나뉜다. 난징둥루는 길이 1,033m에 달하는 차 없는 거리로, 화려한 간판을 내세운 쇼핑몰, 호텔, 음식점이 줄지어 들어서 있다. 상하이 관광 1번지로 언제나 시끌벅적하고 붐비기 때문에 여행의 기분에 흠뻑 취할 수 있지만, 점점 여행자를 겨냥한 비슷비슷한 기념품 상점으로 변하고 있어 아쉬운 점도 있다. 와이탄에서 출발해 인민광장 역까지 대략 도보로 20분 정도 걸린다. 한쪽 방향으로 구경하며 쭉 걸어간 뒤, 돌아올 때는 양 끝 지점을 잇는 전차(편도 10위안)를 이용해 돌아와도 좋다.

지도 P.118~119 **주소** 上海市黄浦区南京东路 **가는 방법** 지하철 2·10호선 난징둥루(南京东路) 역 1~4번 출구 앞부터 시작 **검색** njdl 입력 → 南京路步行街 선택

난징둥루의 동서를 잇는 순환 버스

상하이 여행의 하이라이트
와이탄
外灘 외탄

'외국인의 강변'이라는 뜻의 와이탄은 중국 현대 역사와 무역의 황금기를 대변한다. 난징조약 이후 서양 자본이 대거 유입되며 정치·경제의 중심이었던 곳으로, 고딕·바로크 양식 등의 유럽풍 건물이 줄줄이 늘어서 '만국건축박람회'라고도 불린다. 이 건물들은 은행이나 관공서 등으로 사용되고 있으며, 세련된 레스토랑과 바 등이 들어서 여전히 명물 거리의 위상을 떨치고 있다.

황푸강을 따라 조성된 1.5km 길이의 산책로는 시원한 바람을 맞으며 푸둥 지역의 풍경을 한눈에 즐기기에 더없이 좋다. 눈앞에 펼쳐지는 푸둥의 현대미와 등 뒤로 펼쳐지는 근대 건축물은 중국과 유럽, 고전과 현대가 공존하는 모습을 보여준다. 북쪽에 있는 와이탄위안(外灘源)에서는 1849년에 지어진 전(前) 영국 영사관 건물을 볼 수 있고, 록 번드 아트 뮤지엄을 중심으로 한 록 번드는 떠오르는 세련된 상점가이다. 시간과 체력이 된다면 베이와이탄(북와이탄)까지 산책을 즐겨도 좋다. 와이탄 산책로는 저녁이 되면 강 건너편 푸둥 지역의 야경을 감상하는 사람들로 매우 붐비는데, 22:00 전후로 불이 꺼지니 너무 늦지 않게 찾는 것이 좋다.

지도 P.119-D1·D2·D3 **주소** 上海市黄浦区中山东一路 **가는 방법** 지하철 2·10호선 난징둥루(南京东路) 역 2·3번 출구에서 도보 8분 **검색** wt 또는 waitan 입력 → 外灘 선택

상하이 최초의 유럽식 공원
황푸 공원
黄浦公园 황푸궁위안

상하이로 이주한 서양인들을 위해 1868년에 만든 공원으로, 1928년까지 '중국인과 개는 들어갈 수 없다(华人与狗不得入内)'는 규정이 있던 곳으로 알려져 있다. 걸출한 영화배우 리샤오룽(李小龙)의 대표작 〈정무문〉 속에서 이 문구가 쓰인 팻말이 등장하는데, 실제로는 중국인과 개를 한 문장에 언급하지는 않았다고 한다. 다만 서구 열강에게 당한 치욕의 예로 아직까지 중국인들의 뇌리에 깊이 박혀 있는 것은 사실. 공원 한가운데에는 혁명을 위해 희생한 순국자를 기리는 상해시 인민영웅기념탑(上海市人民英雄纪念塔)이 서 있다.

지도 P.119-D1 주소 上海市黄浦区外滩中山东一路500号 전화 021-5308-2636 가는 방법 지하철 2·10호선 난징동루(南京东路) 역 2·3번 출구에서 도보 13분 검색 hpgy 입력 → 黄浦公园 선택

중국의 첫 철교
외백도교
外白渡桥 와이바이두차오

완전한 철골 구조로 지어진 중국 최초의 다리다. 영국의 무역회사 직원 찰스 윌스(Charles Wills)가 제안해 지었기 때문에 윌의 다리(Wills' Bridge)라고도 불렸다. 1856년 개통 당시에는 통행료가 있었지만, 1873년 상하이 시정부에서 소유권을 산 뒤 무료로 개방되었다. 지금의 다리는 1908년 새 공사를 마치고 개방한 것이다. 황푸 공원과 더불어 황푸강의 양안을 한 번에 보기 좋은 장소로 인기가 높으며 푸동 지역의 마천루와 어우러지는 외백도교의 풍경 역시 인기 높다. 외백도교보다 서쪽에 있는 작포로교(乍浦路桥) 역시 외백도교와 푸동 풍경이 한눈에 들어오는 사진 촬영 명소로 알려져 있다.

지도 P.119-D1 주소 上海市黄浦区北苏州路111 가는 방법 지하철 2·10호선 난징동루(南京东路) 역 2·3번 출구에서 도보 14분 검색 wbdq 입력 → 外白渡桥 선택

황푸강을 빛의 속도로 통과하는 열차 여행
와이탄 관광 터널
外滩观光隧道 와이탄관광쑤이다오

와이탄에서 푸둥으로 가는 가장 빠른 방법으로, 열차를 타고 646.7m 길이의 레일을 건넌다. 열차 운행 중에는 '시공 여행'을 콘셉트로 한 빛과 소리의 쇼가 펼쳐진다. 다만 다른 교통수단에 비해 몹시 비싸고 볼거리는 빈약하기 때문에 시간이나 체력을 아끼고 싶은 여행자에게만 추천한다. 푸둥 각종 전망대와 세트로 된 티켓도 구매할 수 있다.

지도 P.119-D2 주소 上海市黄浦区中山东一路 전화 021-5888-6000 운영 5~10월 08:00~22:30, 11~4월 08:00~22:00 요금 편도 50위안, 왕복 70위안 가는 방법 지하철 2·10호선 난징둥루(南京东路) 역 2·3번 출구에서 도보 10분 검색 wtggsd 입력 → 外滩观光隧道(上海市黄浦区) 선택

경치 즐기며 황푸강 건너기
진링둥루 페리 터미널
金陵东路渡口 진링둥루두커우

황푸강 양쪽을 오가는 페리의 승하차 터미널. 저렴하게 이동이 가능하고 덤으로 경치까지 즐길 수 있어 현지인뿐 아니라 여행자들에게도 인기가 높다. 15분 간격으로 운행되며, 상하이시 교통카드도 사용할 수 있다(알리페이로 발급받은 상하이시 교통카드 QR 코드도 사용 가능). 페리 이용에 대한 내용은 P.72 참고.

지도 P.119-D3 주소 上海市黄浦区中山东二路外滩141 전화 021-6318-8888 운영 07:00~22:00 요금 편도 2위안 가는 방법 지하철 2·10호선 난징둥루(南京东路) 역 2·3번 출구에서 도보 18분 검색 jldldk 입력 → 金陵东路渡口 선택

TRAVEL TIP
와이탄에서 푸둥으로 건너가는 방법

- **와이탄 관광 터널 이용** 요금은 50위안으로 가장 비싸지만, 시간과 걷는 품을 절약할 수 있다.
- **페리 이용** 요금은 2위안으로 교통수단 중 가장 저렴하며 강바람을 맞으며 경치를 즐길 수 있다. 단, 페리 터미널이 와이탄 남쪽에 있기 때문에 난징둥루 역에서 꽤 멀고, 푸둥 쪽 선착장 역시 루자쭈이(陆家嘴) 역까지는 꽤 걸어야 한다.
- **지하철 이용** 요금은 3위안으로 저렴한 편이나 와이탄에서 출발할 경우 다시 난징둥루 역까지 돌아가야 한다는 단점이 있다. 푸둥에서 하차하는 루자쭈이 역은 동방명주, IFC 몰 등과 바로 연결되어 있다.

옛 건물에서 즐기는 현대미술
록 번드 아트 뮤지엄
Rock Bund Art Museum 上海外滩美术馆

상하이 중심에 자리한 현대미술 전시관. '인문의 보살핌과 예술의 보급(人文的关照, 艺术的推广)'에 사명을 두고, 국제 문화 교류와 연구의 플랫폼 역할을 수행하고 있다. 1932년에 지어진 이 건물은 아시아 문화 연구회(Royal Asiatic Society)에 의해 중국의 초기 박물관 중 하나로 쓰이다가 1952년 연구회가 문을 닫으면서 상하이 박물관, 상하이 자연 박물관, 상하이 도서관으로 소장품을 이전했다. 지금은 중국뿐 아니라 전 세계 현대미술 작가들의 작품을 만날 수 있는 미술 전시관으로서 핫 플레이스가 됐다. 전시는 상설이 아니라 수시 기획전 형식으로 열리기 때문에 방문하기 전에 홈페이지에서 스케줄을 확인하는 것이 좋다. 해설은 영어·중국어로만 이루어지며, 오디오 가이드는 1층의 티켓 판매소에서 무료로 대여할 수 있다(보증금 200위안, 영어·중국어 제공).

지도 P.119-C1 **주소** 上海市黄浦区虎丘路20号 **전화** 021-3310-9985 **홈페이지** www.rockbundartmuseum.org/en **운영** 10:00~18:00, 월요일 휴무 **요금** 무료 **가는 방법** 지하철 2·10호선 난징동루(南京东路) 역 2·3번 출구에서 도보 6분 **검색** wtmsg 입력 → 上海外滩美术馆 선택

중국의 우편 역사를 한눈에
상하이 우편 박물관
上海邮政博物馆 상하이유정보우관

상하이와 중국 우편의 역사와 기술을 볼 수 있는 전시관이다. 건물은 1922~1924년에 걸쳐 지은 것으로, 영국과 로마의 건축 양식이 혼합되어 그 자체만으로도 볼거리다. 현재도 건물의 일부는 우편 업무에 사용되며, 전시실은 일주일에 네 번만 개방한다. 전시 구역은 크게 세 구역으로 나뉘어 있다. 첫 구역은 우편의 역사에 관한 내용, 두 번째 구역은 네트워크와 기술에 관한 내용이며, 마지막 구역에서는 실제 크기 모형으로 마련된 옥외 전시를 만나볼 수 있다. 최근에는 정문 안쪽에서 문과 함께 바라다보이는 동방명주의 모습을 찍는 인증샷 장소로도 사랑받고 있다. 참고로 전시관 입구의 명패는 전 중국 주석 장쩌민(江泽民)이 쓴 것이다.

지도 P.119-C1 **주소** 上海市虹口区天潼路395号 **전화** 021-6393-6666(내선 1280) **운영** 수·목·토·일요일 09:00~17:00(16:00 입장 마감), 월·화·금요일 휴무 **요금** 무료 **가는 방법** 지하철 10·12호선 톈퉁루(天潼路) 역 3번 출구에서 도보 4분 **검색** yzbwg 입력 → 上海邮政博物馆 선택

상하이 발전과 함께해 온 역사적 건물
중국 증권 박물관
中国证券博物馆 중궈정첸보우관

포강반점(애스터 하우스 호텔)이 있던 자리에 세워진 박물관. 건물은 1846년에 지어져 1907년 리노베이션을 거친 바로크 양식의 건축물이다. 지금은 영업을 중단하고 역사 속으로 사라진 포강반점은 서양 물자로 설립된 중국 최초의 호텔로, 중국 최초로 전기를 공급받은 곳이며 처음으로 전화가 설치된 곳이기도 하다. 1990년에는 이곳에 중국 최초의 증권거래소가 설립되었는데, 2018년 그 역사적인 자리에 중국증권박물관이 개관하게 되었다. 4층으로 구성된 전시관 내부에는 중국 증권 시장의 발전 역사를 알아볼 수 있는 다양한 전시물이

있으며 청나라 후기 때부터 중화민국, 신중국 시대에 걸친 주식 자료와 아시아, 유럽, 미주 등 세계 각국의 중국 진입 초기 주식들을 볼 수 있다. 얼마 전까지 호텔로 사용되었기 때문에 건물 자체를 구경하는 재미도 있는데, 알베르트 아인슈타인, 찰리 채플린 등의 유명인사가 중국 방문 당시 머물렀던 곳으로 404호 방은 아인슈타인 숙박 당시의 모습을 재현해 공개하고 있다.

지도 P.119-D1 **주소** 上海市虹口区黄浦路15号 **홈페이지** csm.sse.com.cn **운영** 화~일요일 09:30~16:00, 월요일 휴무 **요금** 무료 **가는 방법** 지하철 2·10호선 난징둥루(南京东路) 역 6번 출구에서 도보 20분 **검색** zqbwg 입력 → 中国证券博物馆 선택

전통의 중국 문화 일번가
푸저우루 문화가
福州路文化街 푸저우루원화제

옛 조계 시절에 가장 먼저 개발된 길 중 하나로, 중국 문화의 발전에 빼놓을 수 없는 역할을 한 곳이다. 한때는 '중국 문화 일번가'라 불릴 만큼 명성이 자자했지만 지금은 오래된 거리에 몇몇 서점, 헌책방, 화방 등이 남아 있는 정도다. 예술, 외국 서적 등 주제별 특화 서점에서는 중국어를 알지 못해도 즐길 만한 책을 만날 수 있고, 화방에서는 화선지, 붓, 벼루, 먹 등의 서예 재료를 합리적인 가격에 구할 수 있다. 중국 최대급 규모 서점 상하이수청(上海书城) 역시 이 거리에 위치하고 있다.

지도 P.118~119 **주소** 上海市黄浦区福州路 **가는 방법** 지하철 2·10호선 난징둥루(南京东路) 역 2·3번 출구에서 도보 4분 **검색** fzlwhj 입력 → 福州路文化街 선택

위샹러우쓰

홍소육이 유명한 상하이 요리 전문점
상하이 라오라오
Shanghai Grandmother Restaurant 上海姥姥家常饭馆

'외할머니의 집밥'이라는 가게 이름처럼 현지인들이 즐겨 먹는 가정식을 선보인다. 합리적인 가격과 푸짐한 양 덕에 늘 손님이 끊이지 않는 곳으로, 특히 단맛이 강한 상하이 요리의 특징이 잘 살아있는 곳이다. 가장 인기있는 메뉴는 상하이식 홍소육 라오라오훙사오러우(姥姥红烧肉). 다른 곳의 녹아내릴 듯 부드러운 홍소육과 달리 진한 단맛과 찐득한 소스, 식감이 살아있는 시그니처 메뉴다. 닭에 술과 간장, 기름이 각각 한 컵씩 들어간다 해서 이름 붙은 터쎼싼베이지(特色三杯鸡)와 매콤, 새콤, 달콤, 향긋한 어향 소스로 볶아낸 고기 채, 위샹러우쓰(鱼香肉丝) 역시 한국인 입맛에 특히 잘 맞는 추천 메뉴. 여기에 달걀 볶음밥을 곁들이면 훌륭한 한 끼 완성이다.

지도 P.119-D3 **주소** 上海市黄浦区福州路70号 **전화** 021-6321-6613 **영업** 10:30~21:30 **가는 방법** 지하철 2·10호선 난징동루(南京东路) 역 2·3번 출구에서 도보 10분 **검색** lljcfg 입력 → 上海姥姥家常饭馆(森联木业店) 선택

한국인 입맛에 딱인 둥베이 요리 전문점
동북인가
东北人家 둥베이런자

둥베이(东北) 지방 요리는 단맛보다는 짠맛이 주를 이루고, 향신료를 적게 사용하기 때문에 한국인 입맛에 잘 맞는다. 감자와 가지, 피망을 짭짤하게 볶아낸 디싼셴(地三鲜)이나 한국인들이 특히 좋아하는 찹쌀 탕수육 궈바오러우(锅包肉) 모두 둥베이 요리다. 한국과 맞닿아 있는 지방이기도 하고 조선족들이 많이 거주하는 지역이라 한식과 닮은 점도 많은데, 냉면이나 물만두 역시 맛 좋다. 물만두는 량(两, 50g) 단위로 판매하며, 3량부터 주문 가능하다. 1량은 약 5~7개. 배추나 부추, 싼셴(三鲜) 등이 특히 인기가 있다.

지도 P.118-B3 **주소** 上海市黄浦区福建中路206号 **전화** 021-6375-7595 **영업** 10:00~23:00 **가는 방법** 지하철 2·10호선 난징동루(南京东路) 역 2·3번 출구에서 도보 5분 **검색** dbrj 입력 → 东北人家(中外运大厦店) 선택

유서 깊은 상하이식 만두 전문점
대호춘
大壶春 다후춘

상하이식 군만두 성젠(生煎) 전문점. 1932년에 창업해 시민들의 열렬한 지지를 받아오다, 2018년부터 8년 연속 미슐랭 가이드 빕 구르망(Bib Gourmand)에도 이름이 올랐다. 대표 메뉴는 고기를 넣어 촉촉하게 구워낸 셴러우성젠(鲜肉生煎). 고기에 새우나 게살, 오리 간 등을 더한 메뉴도 있다. 터즈샤오궈성젠(特制小锅生煎)은 작은 팬에 고기, 새우, 게살 세 가지 맛이 함께 나온다. 뜨끈한 국물의 담백한 만둣국, 훈툰(馄饨)과 함께 먹으면 느끼함과 퍽퍽함도 가신다. 항상 대기 줄이 길지만, 회전율이 좋은 편이라 기다려 볼 만하다. 입구 계산대에서 주문한 뒤, 뒤에 있는 취식구(取食区)에 식권을 내고 자리에 앉아 기다리면 가져다준다.

지도 P.119-D3 **주소** 上海市黄浦区四川中路136号 **전화** 021-6313-0155 **영업** 07:00~19:30 **가는 방법** 지하철 2·10호선 난징동루(南京东路) 역 2·3번 출구에서 도보 10분 **검색** dahuchun 입력 → 大壶春(四川中路店) 선택

코스로 즐기는 럭셔리한 털게 요리
성룽행해왕부
成隆行蟹王府 청룽항셰왕푸

상하이에서 꼭 먹어 봐야 할 음식으로 손꼽히는 털게 요리는 공항 기념품 가게에서도 판매할 만큼 상하이 곳곳에서 쉽게 접할 수 있지만, 메뉴의 가짓수며 음식 맛으로 가장 먼저 손꼽히는 곳이 바로 여기다. 건물 밖에서부터 느껴지는 고풍스러운 느낌은 실내로 그대로 이어진다. 붉은 초롱과 목조 고가구 등으로 꾸민 인테리어에서 명·청대의 느낌이 물씬 풍기며, 1층 무대에서는 중국 전통 악기 공연이 열려 정취를 더한다. 게딱지에 게살을 넣고 구워낸 쥐셰터우(焗蟹斗), 게살과 두부에 전분을 넣어 끓여낸 셰펀더우푸(蟹粉豆腐), 게살과 새우살을 사용한 셰펀샤런(蟹粉虾仁) 등이 대표 메뉴이고, 게살을 넣은 만두 셰펀샤오룽바오(蟹粉小笼包)도 인기가 좋다.

다자세 요리를 잘 모르는 초보자라면 여러 요리로 구성된 코스로 즐겨도 좋다. 코스 메뉴의 가격대는 388~1,699위안으로, 결코 저렴하지 않지만 눈과 귀가 즐거운 다채로운 요리가 나오니 만족도는 높다. 참고로, 쪄낸 통게를 먹을 때는 종업원에게 '차이카이(拆开)'라고 말하면 먹기 좋게 잘라 살을 발라 준다.

지도 P.119-C2 **주소** 上海市黄浦区九江路216号A舗 **전화** 021-6321-2010 **홈페이지** www.slh.com.hk **영업** 11:00~14:00, 17:00~22:00 **가는 방법** 지하철 2·10호선 난징둥루(南京东路) 역 2·3번 출구에서 도보 3분 **검색** clhxwf 입력 → 成隆行蟹王府(九江路店) 선택

옛 신문사 건물에서 누리는 포근한 휴식
더 프레스
The Press

신바오(申报)는 1872년 청나라 말기에 상하이에서 창간되어 1949년 폐간될 때까지 77년간 발행된 신문이다. 중국 근대 역사를 지켜보고 전해 왔던 산 증인이자 중국 현대 신문의 시작이라고도 할 수 있는, 중국에서 가장 중요한 문화유산 중 하나다. 그런 역사적인 신문을 발행해 왔던 건물이 지금은 세련된 현대풍 레스토랑 겸 카페로 재탄생했다. 상하이 최고의 명문 대학으로 알려진 푸단대학의 졸업생 부부가 창업, 지금은 상해 시내에 다섯 개의 점포가 있다. 메뉴는 서양식으로 스테이크, 파스타, 샌드위치 등과 커피를 만나볼 수 있으며, 그중 라자냐가 특히 호평을 받는다. 번잡한 와이탄에서 벗어나 여유 넘치는 고풍스러운 건물과 오리지널 굿즈를 둘러보는 것만으로도 방문할 가치가 있는 곳이다.

지도 P.119–C3 **주소** 上海市黄浦区汉口路309号申报馆1楼 **전화** 176–2187–2430 **영업** 08:30~23:00 **가는 방법** 지하철 2·10호선 난징동루(南京东路) 역 2·3번 출구에서 도보 3분 **검색** the press 입력 → THE PRESS(申报馆店) 선택

윈난 스타일의 꼬치구이 전문점
반소소
潘小烧·云南烧烤 판샤오사오

와이탄 부근에서 현지인들에게 가장 인기 있는 구이집. 꼬치구이는 물론 해산물, 채소류 등 다양한 재료를 불향 가득 구워낸다. 고기만 해도 소고기, 양고기는 기본이고, 돼지고기는 삼겹살, 목살, 돼지껍데기, 돼지 족발을, 닭고기 역시 염통, 연골, 닭 껍데기, 닭발, 닭발바닥, 오리 내장과 혓바닥까지 다양한 부위를 선보인다. 찍어 먹는 소스 역시 재료의 종류에 맞게 네 가지나 제공하는 것 역시 특징. 레몬그라스 잎을 말아 구워낸 닭날개, '겉바속촉'으로 튀겨낸 윈난식 두부, 당면과 함께 구워낸 커다란 가리비구이 역시 인기가 좋다.

지도 P.119–C2 **주소** 上海市黄浦区九江路168号一楼(靠近江西中路) **전화** 152–1669–4695 **영업** 평일 11:00~13:30, 17:00~01:30, 주말 11:00~01:30 **가는 방법** 지하철 2·10호선 난징동루(南京东路) 역 2·3번 출구에서 도보 3분 **검색** panxiao 입력 → 潘小烧·云南烧烤(外滩店) 선택

새콤한 중국식 생선탕
타이얼 쏸차이위
太二酸菜鱼 태이산채어

쏸차이위(酸菜鱼)는 시큼한 쓰촨식 절인 채소를 넣고 끓여내는 생선 요리다. 타이얼(太二)은 '아주 바보같다'라는 뜻을 담은 속어로, 이 음식점의 창업자가 가게 문을 여는 것을 깜빡할 정도였다는 비화를 담아 이름지었다고 한다. 쏸차이위는 종류가 한 가지만 매운맛과 맵지 않은 맛 중에 고를 수 있고, 여기에 죽순, 팽이버섯, 고구마 당면, 가는 녹두 당면 등을 토핑으로 선택해 다양한 변주를 즐길 수 있다. 공기밥은 무조건 함께 주문하자. 그 밖에 달콤한 마늘 간장 소스에 졸여낸 새우 당면, 고기튀김은 사이드 메뉴로 인기가 좋다. 가게 한쪽에 물과 티백이 구비된 셀프 바가 있으며, 음식을 기다리는 중에는 식탁 위에 놓인 운세 뽑기를 즐길 수 있다.

지도 P.119-C2 **주소** 上海市黄浦区南京东路299号5楼 **전화** 181-2842-6894 **영업** 10:00~14:00, 16:30~21:00 **가는 방법** 지하철 2·10호선 난징둥루(南京东路) 역 2·3번 출구에서 바로 연결(훙이 플라자 5층) **검색** tescy 입력 → 太二酸菜鱼(宏伊国际广场店) 선택

강남의 풍류를 젓가락에 담고자
기창훙
寄畅兴 지창싱

장쑤성 우시(无锡)에 위치한 정원이자 강남 사대 명원 중 하나로 알려진 기창원(寄畅园)에서 이름을 딴 음식점. 젓가락에 강남을 담겠다는 의지가 담긴 이름이다. 애플의 CEO 팀 쿡, 중국 유명배우 정카이(郑恺), 우쥔(吴尊) 등이 방문한 것으로 유명하다. 생선탕수, 각종 샤오룽바오와 성젠바오 등의 만두, 찜게 등 가벼운 상하이 스타일 요리 중 역시 가장 인기 있는 것은 게살 국수. 전복이나 새우살을 추가한 변주도 다양하다. 난징둥루 지점은 접근성이 뛰어나 항상 붐비며, 와이탄 27호 지점은 왕자웨이(왕가위) 감독이 연출한 상하이 배경 드라마 〈번화(繁花)〉의 촬영지로 사용돼 중국인 관광객들로 항상 문전성시를 이룬다.

지도 P.119-C2·D2 **주소** 上海市黄浦区天津路159号-2 **전화** 130-7217-2708 **영업** 06:30~22:30 **가는 방법** 지하철 2·10호선 난징둥루(南京东路) 역 2·3번 출구에서 도보 3분 **검색** jichangxing 입력 → 寄畅兴·百年蟹黄面·老弄堂面馆(南京东路店) 선택

🍴 기왕 중국까지 왔다면 오리지널 훠궈를
충칭 고로구 훠궈
重庆高老九火锅 충칭 가오라오쥬 훠궈

훠궈의 고향이라고도 말할 수 있는 쓰촨성 충칭 스타일의 오리지널 훠궈를 먹을 수 있는 곳. 가격대는 다소 높지만 직원들의 친절한 서비스와 빠른 음식 제공 속도, 다양한 먹거리가 준비된 셀프 바 등 여러모로 만족도가 높은 곳이다. 좌석은 적은 인원부터 많은 인원까지 한 번에 수용할 수 있도록 다양한 테이블 타입이 준비되어 있으며, 최근 유행하는 차오산 훠궈(潮汕火锅)를 표방해 즉석에서 고기를 썰어내는 즉석 정형 코너까지 있을 정도. 자리에 앉자마자 과일을 가져다주는 친절함과 수시로 국물을 채워주는 세심한 케어는 기본이고 소스 바에서도 훠궈에 대한 진심이 느껴지는데, 일반적인 훠궈집에서 참깨소스와 땅콩소스를 섞어서 사용하거나 혼용하는 것에 비해 참깨소스와 땅콩소스를 따로 준비해 두는 등 약 20가지 소스로 개개인의 취향에 부응할 수 있도록 했다. 참고로 홍탕은 가장 매운맛을 선택할 경우 진짜 충칭 스타일의 매운맛이므로 마라의 매운맛에 자신있는 사람에게만 추천한다. 또는 소스 바에 훠궈 국물용 양념이 준비되어 있으니 일단 중간 매운맛을 시킨 뒤 맛보며 추가해도 좋다. 냄새가 많이 배지만 식사 후에 화장실에 구비된 탈취제, 구강 청결제 등으로 깔끔하게 마무리도 할 수 있다.

지도 P.119-C2 **주소** 上海市黄浦区九江路399号华盛大厦2楼 **전화** 021-6330-9993 **영업** 11:00~02:00 **가는 방법** 지하철 2·10호선 난징동루(南京东路) 역 2·3번 출구에서 도보 3분 **검색** cqgljhg 입력 → 重庆高老九火锅(上海旗舰店) 선택

상하이 훠궈 뷔페의 정점
우뉴 스키야키
牛New寿喜烧 뉴뉴서우시샤오

최근 엄청나게 인기를 끌고 있는 무한 리필 훠궈 전문점. 이름에서 볼 수 있듯 일본식 스키야키를 메인으로 추구하며 국물이 아홉 가지나 준비되어 있다. 가장 저렴한 요금은 기본 소고기와 양고기, 돼지고기로 구성되고 금액이 추가될수록 해산물, 개구리, 내장류와 생고기, 와규 등 고급 소고기도 선택할 수 있다. 고기와 해산물은 점원에게 요청하면 가져다 주며, 그 밖의 재료는 셀프 바에서 직접 가져다 먹으면 된다. 특히 20여 가지에 달하는 채소와 두부류, 새우 완자, 햄과 맛살 등의 재료는 회전이 잘 되는 만큼 신선함이 살아있으며 냉장고에 가득 들어있는 종류별 병 음료와 맥주, 디저트, 과일, 하겐다즈 아이스크림 등 풍부한 먹거리 덕에 다소 비싼 가격을 감안해도 만족도가 높다.

지도 P.119-A2·C2 **주소** 上海市黄浦区南京东路353号悦荟广场三楼 **전화** 021-5309-8368 **영업** 11:00~14:30, 16:30~22:00 **가는 방법** 지하철 2·10호선 난징둥루(南京东路) 역 2·3번 출구에서 도보 3분(모자이크 3층) **검색** niunew 입력 → 牛New寿喜烧(南京东路店) 선택

상하이를 대표하는 성젠 전문점
소양생전
小杨生煎 샤오양성젠

1994년 우장루에 첫 지점이 생긴 후 상하이 및 주변 도시에서 최대 체인으로 성장했다. 상하이 곳곳에 오히려 없는 곳을 찾기 어려울 정도로 많지만, 난징둥루 역 근처에 있는 이 지점은 24시간 영업하기 때문에 밤늦게 포장하거나 아침을 먹기에도, 배달로 주문하기에도 좋다. 상하이식 군만두 성젠은 보통 1인분에 4개로, 고기 소, 새우 소, 냉이와 돼지고기 소가 있다. 다양하게 맛보려면 2가지나 3가지 맛이 섞인 세트를 주문해 보자. 여기에 시큼하면서 중독성 강한 국수 쏸라펀, 마라 향이 담긴 비빔면을 더하면 금상첨화다.

지도 P.119-C2 **주소** 上海市黄浦区宁波路178号 **전화** 021-6322-9763 **홈페이지** xysjg.com **영업** 24시간 **가는 방법** 지하철 2·10호선 난징둥루(南京东路) 역 6번 출구에서 도보 2분 **검색** xysj 입력 → 小杨生煎(宁波路店) 선택

🍴 우리에게 익숙한 동북식 양꼬치를 맛볼 수 있는 곳
하프 어 드링크
Half a drink 半酌烧烤小酒馆

난징둥루 역 근처에서 양꼬치가 먹고 싶다면 좋은 선택지가 되는 곳. 역에서 도보 3분이면 도착하는 뛰어난 접근성에 친절한 종업원, 어설픈 번역이지만 한국어 메뉴판까지 갖춘 곳이다. 주 메뉴인 꼬치류는 모두 구워서 가져다 주기 때문에 뜨거운 불 앞에서 얼굴 익을 일 없고, 동북식 냉면이나 마라탕, 샤오룽샤 등 안주로 삼을 만한 다양한 먹거리가 있어 오래도록 술잔 기울이기에도 딱이다. 특히 03:30까지 영업하고 명절 기간에도 열려 있기 때문에 1분 1초가 아까운 한국인들에게 더욱 인기 있다. 다만 가게 규모가 작은 편이며 때로는 관광객이 많이 몰려 긴 대기도 감수해야 한다. 제일백화점 뒤편에 인민광장 지점도 있다.

지도 P.118-B2 **주소** 上海市黄浦区山西南路278号 **전화** 158-0460-0460 **영업** 17:00~03:30 **가는 방법** 지하철 2·10호선 난징둥루(南京东路) 역 1번 출구에서 도보 4분 **검색** bzskxjg 입력 → 半酌烧烤小酒馆(雅悦精选酒店) 선택

🍴 마파두부가 단돈 9.9위안
외파가
外婆家 와이포자

예전에 비해 인기는 조금 사그라들었지만, 여전히 항저우 요리를 대표하는 음식점이며 지점마다 줄이 길게 늘어서는 인기 레스토랑. '외갓집'이라는 이름처럼 시골집에서 차려낸 듯 푸짐한 요리를 맛볼 수 있다. 특히 매콤한 마파두부는 10위안도 안 하지만 감칠맛이 살아있는, 테이블마다 꼭 시키는 필수 메뉴. 부드럽고 촉촉한 항저우식 동파육은 현지인들에게 가장 인기 있는 메뉴 중 하나며 달콤한 간장 소스에 마늘 향을 더해 쪄낸 새우와 당면, 쏸룽펀쓰샤(蒜蓉粉丝虾)는 한국인들이라면 누구나 좋아할 만한 맛이다.

지도 P.118-A1 **주소** 上海市静安区曲阜路180号上海大悦城7楼 **전화** 021-3639-5698 **영업** 10:30~14:00, 16:30~21:00 **홈페이지** www.waipojia.com **가는 방법** 지하철 8·12호선 취푸루(曲阜路) 역 1·5번 출구에서 바로 연결(조이 시티 7층) **검색** wpj 입력 → 外婆家(上海静安大悦城店) 선택

게살 만두를 찾는다면 여기
라이라이 샤오룽
莱莱小笼 래래소룡

샤오룽바오의 격전지 상하이, 그중에서도 소형 서민 음식점들의 격전지인 황허루(黄河路)·톈진루(天津路) 주변에서 오랜 시간 자리를 지키고 있는 가게. 조금씩 이름을 날리다 명성에 비해 비교적 늦은 2024~2025년 미쉐린 빕구르망에 선정되며 최근 특히 높은 주가를 달리고 있는 곳이다. 샤오룽바오는 가장 인기가 좋은 돼지고기 & 게살 외에 게살, 게살 & 새우, 게살 & 버섯, 고기 & 버섯 등 다른 가게에 비해 소의 조합이 다양하다. 만두가 큼직하고 피가 얇으며 육향이 풍부하게 살아있어 호평을 받으며 게살만 들어간 만두 역시 시그니처로 추천한다. 가게 안이 몹시 협소하지만, 회전율이 빨라서 기다릴 만한 수준이다.

지도 P.118-B2 **주소** 上海市黄浦区天津路506号 **전화** 133-4914-8051 **영업** 08:00~14:00, 15:00~20:00 **가는 방법** 지하철 1·2·8호선 런민광창(人民广场) 역 19번 출구에서 도보 6분 **검색** llxl 입력 → 莱莱小笼 선택

15가지 고명, 인스타그래머블 쌀국수
상탕 윈난 전통 쌀국수
上汤·云南传统过桥米线
상탕 윈난궈차오미셴

궈차오미셴(过桥米线)은 쌀국수에 여러 가지 고명을 추가해 먹는 윈난 지역의 대표 음식. 진한 닭 육수에 면과 갖가지 채소와 달걀, 해산물, 고기 등을 넣어 먹는다. 향신료가 적어 한국인 입맛에도 잘 맞고, 아이들이 먹기에도 부담없다. 기본 쌀국수를 주문하면 뚝배기에 뜨겁게 데운 국물과 면을 따로 담아 내오며, 커다란 판에 담긴 생선, 닭고기, 오징어, 달걀, 부추, 버섯 등 무려 15가지 고명을 가져

다 준다. 재료가 많지만 종업원이 빠르게 넣는 것을 도와주기 때문에 식기 전에 먹을 수 있다. 곁들여 먹을 수 있는 사이드 메뉴 역시 테이블마다 한 자리를 차지할 정도로 인기 있는데, 특히 쿤밍식 오징어구이는 달고 짠맛이 잘 어우러진, 한국인 취향을 저격하는 '아는 맛'이다. 윈난에서 디저트로 즐겨 먹는 카오나이(烤奶)는 즉석에서 꽃잎과 찻잎, 대추 등을 넣고 끓여내는 향긋한 우유로 관심 있다면 이곳에서 맛봐도 좋다.

지도 P.118-B3 **주소** 上海市黄浦区九江路686号 **전화** 187-0199-5858 **영업** 09:30~22:00 **가는 방법** 지하철 1·2·8호선 런민광창(人民广场) 역 19번 출구에서 도보 5분 **검색** styngqmx 입력 → 上汤·云南传统过桥米线 선택

한국인 인지도 No.1 샤부샤부집
주광옥 훠궈
朱光玉火锅馆 주광위훠궈관

태어난 지 채 5년밖에 되지 않았지만 쓰촨성에서 열렬한 인기를 얻으며 성장 중인 훠궈 집. 음식의 제공 속도나 서비스, 음식의 품질 등은 일반적인 수준이나 대기 번호표를 한국어로 불러줄 정도로 한국인 친화적인 점과 사이드로 주문해 먹을 수 있는 조리 메뉴가 다양한 점, 02:00까지 영업해 늦은 일정이 끝난 후에도 방문할 수 있는 점 등이 큰 장점이다. 탕은 두 가지 맛과 세 가지 맛 중에서 고를 수 있으며 홍백탕이나 홍백탕에 토마토를 추가하는 것이 일반적이다. 입안에서 녹아내리는 듯한 부드러운 식감의 고기, 자오파이넌러우펜(招牌嫩肉片)은 주광옥 훠궈만의 명물. 또 솥뚜껑만 한 큰 접시에 담겨 나오는 소고기는 단돈 29위안으로 가성비가 뛰어나다. 난징동루에 위치한 인민광장 지점은 다소 대기가 긴 편이니 보다 깔끔한 조이 시티 지점 또는 홍수방(P.191) 근처에 있는 창서우루 지점(长寿路店)을 찾아도 좋다.

지도 P.118-A1·B3 **주소** 上海市黄浦区福州路555-1 **전화** 021-5309-9980 **영업** 11:00~15:00, 16:30~02:00 **가는 방법** 지하철 1·2·8호선 런민광창(人民广场) 역 15번 출구에서 도보 6분 **검색** zgyhg 입력 → 朱光玉火锅馆(人民广场店) 선택

한국인들에게도 핫한 카오위 전문점
강변성외
江边城外 장볜청와이

카오위(烤鱼)는 기름에 한 번 튀겨낸 생선을 은근한 불에 졸여가며 먹는 생선 요리다. 양념과 어우러진 촉촉한 속살을 발라 추가한 채소나 면 토핑과 함께 먹으면 그야말로 밥도둑이다. 강변성외에서는 생선은 고를 필요 없이 크기와 양념, 추가 토핑만 고르면 돼 주문이 특히 간단하다. 생선은 한 마리 당 약 세 근 정도로, 민물고기를 사용하지만 의외로 흙내는 강하지 않다. 양념은 매콤한 맛 샹라(香辣)가 기본 중의 기본이며, 현지인들 사이에서는 마라 맛에 새콤달콤함을 더한 과이웨이(怪味)가 가장 인기가 좋다. 마늘맛 쏸샹(蒜香)과 마라(麻辣)는 한국인들이 특히 선호하는 맛. 추가 요금을 내면 두 가지 맛도 선택 가능한 것도 이 집만의 장점이니 마라탕을 먹을 때처럼 여러 토핑을 골라 담아 다양한 변주를 즐겨 보자. 살아있는 생선을 바로잡아 조리하기 때문에 음식이 나오는 데는 꽤 오래 걸린다.

지도 P.118-A1 **주소** 上海市黄浦区南京东路829号世茂广场L4楼 **전화** 021-6333-8077 **영업** 10:30~22:00 **가는 방법** 지하철 1·2·8호선 런민광창(人民广场) 역 19번 출구에서 도보 3분(m&m's 건물 4층) **검색** jbcw 입력 → 江边城外烤全鱼(上海世茂店) 선택

가장 인기 있는 항저우 요리 전문점
계만롱
桂满陇 구이만롱

강남 지방의 미를 담은 항저우 레스토랑으로 물과 배, 정자와 누각 등으로 그 옛날 서호의 풍경을 묘사했다. 처마의 곡선과 격자무늬 창살 등 고풍스러운 풍경이 마치 남송 시대로 돌아간 듯한 느낌을 준다. 이름 역시 서호의 절경 중 하나인 만롱계우(满陇桂雨, 계화 꽃잎이 비처럼 온 골목을 가득 채운다는 뜻)에서 따와 강남의 아름다움을 표방했다. 꼭 먹어봐야 할 인기 메뉴는 바삭하게 튀긴 만두피에 게살을 가득 채운 오픈형 딤섬, 궁주쑤셰펀(公主素蟹粉). 바삭한 피와 고소하면서도 크리미한 게살이 잘 어우러진다. 그 밖에 동파육처럼 달짝지근하게 졸여낸 닭고기 둥푸반볜지(东坡半边鸡), 삭힌 두부 소스로 맛을 낸 바지락 난루화하(南乳花蛤) 역시 인기 메뉴.

지도 P.118-A3 **주소** 上海市黄浦区南京东路829号上海世茂广场L5楼 **전화** 021-5352-0510 **홈페이지** www.guimanlong.com **영업** 10:00~21:30 **가는 방법** 지하철 1·2·8호선 런민광창(人民广场) 역 19번 출구에서 도보 3분(m&ms 건물 5층) **검색** guimanlong 입력 → 桂满陇(上海世茂广场店) 선택

 맛과 친절함으로 무장한 훠궈 레스토랑
하이디라오훠궈
海底捞火锅 해저로훠궈

손님이 편하게 먹을 수 있도록 돕는 전반적인 케어는 물론 휴대폰을 넣을 지퍼백, 안경닦이, 머리끈 등을 챙겨줄 정도로 세심하고 친절한 서비스로 중국 요식업계에 변화를 불러일으킨 곳이다. 한때 SNS에서 유행을 끌었던 일명 '나루토 춤'의 근원이기도 하다. 지금은 한국의 서울과 부산, 제주에서도 만나볼 수 있지만, 역시 본토에서 먹는 맛은 조금 더 강렬하고 특별하다. 국물은 우지(牛脂)를 사용해 고소하고 진한 맛을 느낄 수 있는 징뎬마라(经典麻辣)와 싼셴(三鲜)이 가장 인기 있다. 꼬들꼬들한 오리 창자, 신선한 새우를 탱글탱글하게 갈아 만든 새우 완자, 직접 자리까지 찾아와 뽑아주는 수타면 역시 강력 추천 메뉴.

지도 P.118-A2 **주소** 上海市黄浦区南京东路830号第一百货B馆5楼 **전화** 021-6361-7188, 021-6361-7189 **영업** 10:00~03:00 **홈페이지** www.haidilao.com **가는 방법** 지하철 1·2·8호선 런민광창(人民广场) 역 19번 출구에서 도보 4분(제일백화점 B관 5층) **검색** hdlhg 입력 → 海底捞火锅(人民广场店) 선택

퓨전 요리가 두드러지는 항저우 출신 식당
신백록식당
新白鹿餐厅 신바이루찬팅

작은 면집에서 시작해 외파가, 계만롱과 함께 항저우를 대표하는 식당으로 자리 잡은 저장(浙江) 요리 전문점. 사슴을 로고로 내세운 앤티크한 분위기의 식당으로, 메뉴는 본격적인 저장 스타일부터 퓨전 요리까지 다양하다. 농어에 짭짤한 소스를 발라 구워낸 샹카오루위(香烤鲈鱼)는 가장 인기 있는 메뉴로, 밥반찬으로 좋다. 새콤달콤한 중국식 탕수육 탕추리지(糖醋里脊)와 작은 갈비를 사용한 탕추파이구(糖醋排骨)는 중국인과 한국인 모두에게 인기 만점.

지도 P.118-A2 **주소** 上海市黄浦区南京东路800号东方商厦9楼 **전화** 021-5386-5688 **영업** 10:30~14:00, 16:15~21:00 **가는 방법** 지하철 1·2·8호선 런민광창(人民广场) 역 19번 출구에서 도보 4분(제일백화점 C관 9층) **검색** xblct 입력 → 新白鹿餐厅(第一百货店) 선택

석기 시대에서 즐기는 양꼬치
아주 옛날의 양꼬치
很久以前羊肉串 헌쥬이첸더양러우촨

지금 상하이에서 가장 핫한 양꼬치 체인점. 원래 이름처럼 석기시대를 콘셉트로 꾸민 독특한 인테리어가 도드라졌는데, 최근 현대적인 분위기로 탈바꿈하며 친절한 서비스까지 곁들여 젊은이들에게 호평을 받고 있다. 특히 양꼬치를 직접 불 위에 올려주는 친절함은 물론, 숯불 앞 뜨거움을 방지하기 위해 이마에 붙이는 해열 시트까지 챙겨주는 서비스는 유명하다. 양꼬치는 6개 혹은 12개 단위로 주문할 수 있으며, 사이드 메뉴 중 부추, 팽이버섯, 옥수수, 찐빵은 특히 추천한다. 식사 후에는 시원하고 달콤한 아이스크림도 기다리고 있다. 제일백화점 지점은 대기가 매우 긴 편이니 미리 대기 등록을 해두거나 근처 다른 지점을 이용하는 것도 방법이다.

지도 P.118-A2 **주소** 上海市黄浦区南京东路830号第一百货商业中心B馆6楼 **전화** 021-6401-2214 **영업** 11:00~24:00 **홈페이지** www.longtimeago.cn **가는 방법** 지하철 1·2·8호선 런민광창(人民广场) 역 19번 출구에서 도보 3분(제일백화점 B관 6층) **검색** hjyqyrc 입력 → 很久以前羊肉串(南京路第一百货店) 선택

가볍게 즐기는 마라반 전문점
레드 립
Red Lips 红唇串串香 홍춘촨촨샹

찬찬샹(串串香)은 재료를 꼬치에 꽂아 뜨거운 국물에 데쳐 먹는 일종의 샤부샤부로, 마라탕과 형제격인 음식이라 할 수 있다. 원래는 쓰촨 지방의 먹거리인데, 최근 중국 내 크고 작은 도시에서 유행하며 중국 젊은이들에게 가장 사랑받는 간식 중 하나가 되었다. 이 집에는 꼬치도 끓는 국물도 없지만, 가게 이름처럼 입술에 빨갛게 소스 묻혀 가며 먹는 맛있는 마라반(麻辣拌)이 있다. 20가지 이상의 천연 재료와 사골만을 이용해 끓여내는 매콤한 국물, 자체 개발한 소스, 제철 채소와 엄선된 식자재를 사용해 건강한 맛을 구현한다. 일본의 유부주머니와 한국의 치즈 떡 등 창의적인 재료를 사용하는 것 역시 인기 비결이다. 메뉴가 적힌 종이에 원하는 재료를 체크해서 계산대에 전달하면 되는데, 가장 위의 양념은 꼭 선택해야 한다. 고소한 마장(麻酱)이 가장 인기 있으며, 매콤한 맛을 더하고 싶다면 특제 소스와 마장을 섞은 홍춘줴페이(红唇绝配)를 선택하자.

지도 P.119-C2 **주소** 上海市黄浦区南京东路299号宏伊国际广场B1 **전화** 150-5673-3216 **영업** 10:00~21:30 **가는 방법** 지하철 2·10호선 난징둥루(南京东路) 역 3번 출구에서 연결(훙이궈지광창 지하 1층) **검색** hcccx 입력 → 红唇串串香RedLips(宏伊广场店) 선택

일년 내내 사랑받는 떡집
침대성
沈大成 선다청

청나라 광서제 원년인 1875년 개업해 150년 가까운 역사를 지닌 간식 가게. 5대째 이어져 내려오고 있으며 상하이시 무형문화유산, 국가 인증 중국의 오래된 상표, 상하이시 저명 상표 등 갖가지 인증을 받을 만큼 오래도록 사랑받아오고 있다. 가장 인기 있는 것은 청명절에 주로 먹는 초록색 떡 더우사칭퇀(豆沙青团). 쫄깃한 쑥떡 속에 달콤한 팥소가 가득 차 있다. 그 밖에 코코넛 가루로 코팅하고 흑임자 소를 듬뿍 채운 찹쌀떡 솽냥퇀(双酿团)과 앙금을 넣고 길게 말아낸 탸오터우가오(条头糕)가 있다. 가게 밖 창구에서는 즉석에서 만들어낸 떡 종류를 포장해서 살 수 있고, 가게 왼편에 따로 마련된 작은 가게에서는 진공 포장된 떡과 버터플라이 파이, 펑리쑤 등의 선물용 과자를 살 수 있다. 딤섬과 국수 등 간단한 먹거리를 판매하는 음식점은 07:00부터 영업해 아침 식사를 하기도 좋다.

지도 P.118-B2 **주소** 上海市黄浦区南京东路636号 **전화** 021-6322-4926 **영업** 07:00~21:30 **홈페이지** www.sdc1875.com **가는 방법** 지하철 2·10호선 난징둥루(南京东路) 역 1번 출구에서 도보 8분 **검색** sdc 입력 → 沈大成(南京东路店) 선택

🍴 상하이 최고의 월병 전문점
행화루
杏花楼 싱화러우

1851년 광둥식 레스토랑으로 설립되어 지금은 종합 식품회사로 성장한 행화루의 본점. 특히 월병으로는 중국 전역에서도 다섯 손가락 안에 드는 전국구 맛집이며, 중추절에는 상하이 전체 월병 판매량의 절반을 담당할 정도로 인기 있는 곳이다. 중국 공상총국에서 월병 분야로 인정한 최초의 '중국 저명 브랜드'이자, 고유의 수제 생산 방식은 상하이시 무형문화유산으로 지정되는 등 업계에서 보기 드문 화려한 이력을 지니기도 했다. 월병 소는 팥앙금(豆沙)이 기본이며 견과(五仁), 코코넛(椰蓉), 달걀노른자(咸蛋黄) 등이 인기 있다. 그 밖에 펑리쑤, 누가 사탕과 다양한 중국식 쿠키와 파이 역시 만나볼 수 있다.

지도 P.119-C3 **주소** 上海市黄浦区福州路343号 **전화** 021-6355-3777 **영업** 08:00~21:00 **가는 방법** 지하철 2·10호선 난징둥루(南京东路) 역 2·3번 출구에서 도보 5분 **검색** xinghualou 입력 → 杏花楼(福州路总店) 선택

 망고 팬케이크가 유명한 디저트 가게
허니문 디저트
Honeymoon Dessert 满记甜品

1995년 홍콩에 처음으로 오픈해, 현재는 중국 전역과 싱가포르 등지에 수백 개 지점을 보유한 초대형 프랜차이즈다. 맛도 맛이지만 70여 가지나 되는 메뉴 역시 인기 비결. 베이스와 토핑만으로도 수십 가지 조합이 가능하고 핫 & 콜드로도 나뉘어 있어 아무리 까다로운 입맛도 제대로 취향 저격할 수 있다. 대표 메뉴는 생크림과 망고 과육을 크레이프로 감싼 팬케이크 망궈반지(芒果班戟), 그 밖에 우리에게는 생소하지만 중국에서 디저트 재료로 흔히 쓰이는 찹쌀밥과 갖가지 과일을 토핑으로 올린 코코넛 밀크(芒果白雪黑糯米)도 인기가 높다.

지도 P.119-C2 **주소** 上海市黄浦区南京东路300号恒基广场3楼 **전화** 021-6323-2103 **영업** 10:00~22:00 **홈페이지** www.honeymoon-dessert.com **가는 방법** 지하철 2·10호선 난징둥루(南京东路) 역 2번 출구에서 바로(애플건물 3층) **검색** Honeymoon Dessert 입력 → 满记甜品(上海恒基名人广场店) 선택

활기찬 분위기의 라운지 바
케브
Kev

DJ가 믹싱하는 신나는 음악이 흐르는 라운지 바. 동방명주를 중심으로 한 아름다운 푸둥의 전경이 바로 정면에 펼쳐지는 덕분에 특히 인기가 좋다. 가장 강변 가까이 위치한 넓은 테이블은 미니멈 차지가 꽤 비싼 편이지만, 바닥에 단차가 있고 뒤쪽은 하이 테이블을 사용하는 덕에 어느 자리나 야경을 즐기기에 제격이다. 평일에도 붐비지만 주말에는 더욱 복잡하니, 시끌벅적한 분위기를 즐기지 않는다면 다른 조용한 바를 추천한다. 요일에 따라서 테이블 미니멈 차지가 달라지며, 메뉴 주문과는 별도로 입장료를 따로 내야 할 때도 있다.

지도 P.119-D2 주소 上海市黃浦区中山东一路18号外滩18号7楼 전화 021-6339-1199 영업 18:00~02:00 가는 방법 지하철 2·10호선 난징동루(南京东路) 역 2·3번 출구에서 도보 9분 검색 kev 입력 → KEV(外滩18号店) 선택

 미쉐린 원 스타의 음식까지 준비된
팝 온 더 번드
Pop on the Bund

1922년에 지어진 와이탄 3호 건물에 위치한 음식점 겸 바. 클래식한 유러피안 정찬을 제공하는 음식점은 2019년부터 5년 연속 미쉐린 원 스타를 받을 정도로 품격 있는 레스토랑이다. 황푸강변에 넓게 펼쳐진 테라스 바는 높낮이가 다른 테이블을 활용해 시야 방해를 최대한 줄였으며, 테이블 간 간격이 넓어 여유롭게 즐길 수 있다. 다만 실내에서 식사를 마친 손님들이 밖으로 나와 사진을 찍을 때는 혼잡할 수도 있다. 오픈부터 14:00까지는 브런치 메뉴도 판매하며, 칵테일은 100위안 선. 서비스 차지 10%가 따로 붙는다.

지도 P.119-D3 주소 上海市黃浦区中山东一路3号外滩三号7楼 전화 021-6321-0909 영업 11:00~14:00, 17:00~22:00(바 ~01:30) 가는 방법 지하철 2·10호선 난징동루(南京东路) 역 2·3번 출구에서 도보 14분 검색 pop bar 입력 → POP露台餐厅·望江阁 선택

와이탄에서 가장 사랑받아온 인기 펍
더 캡틴
The Captain 船长餐厅酒吧

황푸강변에서 조금은 안쪽으로 들어온 곳에 위치하지만, 주말이면 화려한 불을 밝히던 푸둥 건물들의 불이 꺼지고 난 후에도 웨이팅 리스트가 있을 정도로 인기 있는 곳이다. 와이탄 강변 바로 앞에 위치한 다른 바들에 비해 캐주얼한 느낌으로, 야경을 감상하기보다는 맛있는 안주에 술 한잔 기울이려는 외국인들이 몰려든다. 덕분에 실외석, 실내석 할 것 없이 거의 항상 만석. 음식점이나 바 어느 한쪽에 치우쳐 있는 다른 곳에 비해 이곳은 다른 서양식 펍처럼 다양한 핑거 푸드, 스낵, 피자, 파스타 등을 부담없이 곁들일 수 있다. 좌석 간 간격이 매우 좁고 붐비기 때문에 다소 느긋하게 즐길 수는 없는 편이다.

지도 P.119-D3 **주소** 上海市黃浦区福州路37号6楼 **전화** 131-2241-1321 **영업** 평일 14:00~01:00, 주말 11:30~01:00 **가는 방법** 지하철 2·10호선 난징둥루(南京东路) 역 2·3번 출구에서 도보 10분 **검색** pop bar 입력 → The Captain 船长餐厅酒吧 선택

와이탄과 푸둥의 야경을 한 번에
와이탄 8호 위스키 바
外滩8号WhiskyBar

와이탄 8호에 위치한 카페 겸 바. 낮에는 커피류를 판매하며 일몰이 저물고 난 후에는 바로 변신한다. 이곳의 가장 큰 장점은 와이탄 남쪽에 위치해 와이탄과 푸둥 양쪽의 풍경을 모두 즐길 수 있다는 것. 밖을 향해 앉는 'ㄱ'자 형태 좌석에서 왼편에 앉으면 노랗게 라이트 업된 유럽풍 건물이 늘어선 풍경을, 오른편에 앉으면 동방명주를 비롯해 색을 바꾸어가며 화려하게 불을 밝히는 푸둥 건물들의 야경을 바라볼 수 있다. 다만 일렬로 늘어선 바 형태 좌석이기 때문에 인원이 많다면 불편할 수 있다. 추운 겨울날에는 돔 형태의 좌석도 이용할 수 있지만, 꽤 높은 미니멈 차지를 감안해야 한다.

지도 P.119-D3 **주소** 上海市黃浦区中山东二路8号金延大厦7楼 **전화** 180-1915-8888 **영업** 카페 11:30~18:00, 바 20:00~02:30 **가는 방법** 지하철 2·10호선 난징둥루(南京东路) 역 2·3번 출구에서 도보 16분 **검색** waitan8hao 입력 → 外滩8号 WhiskyBar 선택

푸둥의 전경이 눈앞에 펼쳐지는 루프톱 바
루스벨트 스카이 바
Roosevelt Sky Bar 罗斯福色戒酒吧

비교적 안정된 분위기에서 야경과 함께 칵테일을 즐길 수 있는 곳이다. 실내석과 실외석 모두 인기가 좋은데, 강변 바로 앞의 전망 좋은 자리는 최소 소비 금액이 정해져 있다. 건물마다 꽂힌 깃발과 옆 건물들이 시야를 가리기는 하지만, 칵테일이 100위안 정도(서비스 차지 10% 별도)로 무난한 수준이기 때문에 가볍게 들리기 좋다. 한 층 더 올라가면 옥상에도 넓은 좌석이 마련되어 있으며, 아래 층의 스테이크 하우스 역시 분위기와 맛 모두 호평을 받는 곳이다.

지도 P.119-D2 **주소** 上海市黄浦区中山东一路27号罗斯福公馆9楼 **전화** 021-2322-0800 **영업** 14:00~02:00 **가는 방법** 지하철 2·10호선 난징둥루(南京东路) 역 2·3번 출구에서 도보 10분(롤렉스 건물 9층) **검색** luosifuse 입력 → 罗斯福牛扒馆 Steak by Roosevelt 선택

 상하이의 1세대 재즈 바
하우스 오브 블루스 & 재즈
House of Blues & Jazz

상하이에서 가장 오래된 재즈 바 중 하나로 여전히 가장 높은 인기를 구가하고 있는 곳이다. 마치 옛 조계 시절 상하이에 들어온 것처럼 인테리어와 가구, 소품 하나하나까지 올드 라이브하우스의 느낌이 그대로 살아있다. 투박하지만 편안한 분위기에서 즐길 수 있다는 것도 매력. 매일 21:30부터 자정까지 공연이 열리며, 하루에 3세션이 약 40~50분간 진행된다. 레스토랑 구역도 있는데, 새벽까지 영업하기 때문에 늦게까지 재즈 공연과 식사를 함께 즐길 수 있다. 10세 미만은 입장 불가이며, 바 구역은 만 18세 미만 진입 금지. 일요일에는 잼 세션이 열린다.

지도 P.119-D3 **주소** 上海市黄浦区福州路60号 **전화** 021-6437-5280 **영업** 17:00~02:00, 월요일 휴무 **요금** [입장료] 금~토요일 100위안, 화~목요일·일요일 50위안 **가는 방법** 지하철 2·10호선 난징둥루(南京东路) 역 2·3번 출구에서 도보 10분 **검색** house of blues 입력 → House of Blues&Jazz 선택

 황푸강 북쪽에서 즐기는 절묘한 야경

뷰바
Vue Bar

하얏트 호텔 최상층 32~33층에 있는 세련된 바. 황푸강의 유려한 곡선과 함께 탁 트인 전경이 내려다보이는데, 황푸강 동쪽과 서쪽 모두의 야경을 한 번에 즐기며 또 다른 감동을 느낄 수 있다. 32층은 실내에 다양한 스타일의 좌석이 배치되어 본격적으로 술을 즐기기 좋고, 33층의 옥외 바에는 가운데에 족욕을 할 수 있는 자쿠지가 설치되어 여성 여행자들에게 특히 인기가 높다. 옥외 바에서는 매일 밤 디제잉도 이루어져 시원한 바람과 함께 핫한 밤을 즐길 수 있다. 입장료가 저렴하진 않지만 워낙 뛰어난 전망을 볼 수 있는 데다가 무료 음료(샴페인·와인·칵테일·맥주 등 선택 가능) 한 잔도 포함되어 있어 가격 만족도는 높은 편이다.

지도 P.119-D1 **주소** 上海市虹口区黄浦路199号外滩茂悦大酒店32楼 **전화** 021-6393-1234(내선 6348) **영업** 18:00~01:30(목·금·토요일 ~02:30) **요금** 입장료 158위안 **가는 방법** 지하철 2·10호선 난징둥루(南京东路) 역 6번 출구에서 도보 17분/지하철 10·12호선 톈퉁루(天潼路) 역 3번 출구에서 도보 13분 **검색** vue bar 입력 → VUE BAR(Hyatt on the Bund) 선택

먹고 놀고 체험하는 원스톱 쇼핑몰
조이 시티
Joy City 上海静安大悦城

'나의 데이트 장소'를 테마로 내세운 감성 쇼핑몰. 중국 전역에 33개, 상하이에 9개가 있는 국가 5성급 쇼핑센터 중 하나로, 40만㎡의 초대형 면적에 북관과 남관으로 이루어져 있다. 쇼핑과 엔터테인먼트, 외식, 다채로운 체험까지 한 번에 즐길 수 있는데 그중에서도 청소년과 20대 여성이 좋아할 만한 아기자기한 소품부터 캐릭터 상품, 아이돌 굿즈 등의 취미용품과 화장품, 패션 제품 등이 특히 다양하다. 영화관, 노래방, 양궁 체험장 등의 시설은 물론이고 9층의 크래프트맨 스트리트에는 목공, 그림 및 도기 교실 등 체험할 거리도 풍부해 어린이를 동반한 현지인 가족들에게도 인기가 높다. 옥상에는 건물 위에 설치된 중국 최초의 대관람차가 있는데, 12분간 한 바퀴 돌며 지름 56m, 최고 고도 98m에서 상하이 시내 풍경을 만끽할 수 있다.

음식점 역시 상하이에서 손에 꼽히는 브랜드가 대거 입점해 있는데, 7층에 위치한 외파가부터 시작해 타이얼 쌴차이위, 강변성외, 운해효, 주광옥 훠궈, 욱맨 등 웬만한 브랜드 음식점은 찾아볼 수 있을 정도이며 음료나 디저트 가게까지 합하면 100곳 이상 자리를 잡고 있는 거대 쇼핑몰이다.

지도 P.118-A1 **주소** 上海市静安区西藏北路166号 **전화** 남관 021-3633-8833 북관 021-6107 6166 **영업** 10:00~22:00 **가는 방법** 지하철 8·12호선 취푸루(曲阜路) 역 1·5번 출구에서 바로 연결 **검색** dyc 입력 → 上海静安大悦城 선택

중국 대표 전자 브랜드의 전시 판매장
샤오미의 집
小米之家 샤오미즈자

휴대 전화부터 스마트 가전까지 다양한 제품을 선보이며 중국의 국민 가전 브랜드로 자리 잡은 샤오미의 오프라인 매장. 이제 전기차 시장에까지 진입한 샤오미의 이곳 쇼잉 매장에서는 프리미엄 전기차 S7을 직접 만나볼 수 있다. 그 밖에 보조 배터리, 스마트 밴드, 전기 텀블러, 태블릿 PC, 이어폰 등의 소형 가전은 한국에서 구매하는 것보다 저렴해 관심 있는 상품이 있다면 현지에서 구매하는 것도 추천한다.

지도 P.118-A1 **주소** 上海市静安区西藏北路166号大悦城S101 **홈페이지** www.mi.com **영업** 10:00~22:00 **가는 방법** 지하철 8·12호선 취푸루(曲阜路) 역 5번 출구에서 바로(조이 시티 남관 1층)

다양한 먹거리가 반겨주는 쇼핑몰
훙이 플라자
宏伊国际广场 Hongyi Plaza

난징둥루 역에서 와이탄으로 이어지는 지점에 있는 쇼핑몰. 쇼핑몰 자체는 규모가 작고 큰 볼거리가 없는 편이지만, 층마다 알차게 들어선 음식점 덕에 여행 중 들르기 좋다. 특히 지하 1층에 간단히 먹을 만한 국수, 덮밥, 테이크아웃 음료 등이 여럿 모여 있다. 1층에는 작은 디즈니 스토어, 1층과 2층에 걸쳐 최대 규모의 아트 토이 피규어 스토어, 팝 마트가 위치한다.

지도 P.119-C2 **주소** 上海市黄浦区南京东路299号 **전화** 021-3311-9888 **영업** 10:00~22:00 **가는 방법** 지하철 2·10호선 난징둥루(南京东路) 역 2·3번 출구에서 바로 연결 **검색** hygjgc 또는 hongyi plaza 입력 → 宏伊国际广场(南京东路) 선택

난징둥루 역과 이어져 편리한 백화점
상하이 신세계 다이마루 백화점
上海新世界大丸百货 상하이신스제다완바이훠

'다이마루'라는 이름에서 짐작하듯 일본계 백화점으로, 입구에 들어서자마자 크게 곡선을 그리며 위로 이어진 대형 에스컬레이터가 눈길을 사로잡는다. 빈티지 풍으로 화려하게 꾸며진 엘리베이터 역시 포토 스폿. 1층은 화장품과 명품, 지상 2~6층은 잡화와 의류, 지하 1층은 주얼리로 이루어져 있다. 지하 2층에는 식품관과 음식점, 고급 슈퍼마켓 올레(Ole')가 들어서 있는데, 외국 상품 위주라 관광객 입장에서 구매할 만한 것은 많지 않지만 작게나마 상하이 특산품을 모아 놓은 코너가 있다.

지도 P.119-C2 **주소** 上海市黄浦区南京东路228号 **전화** 021-6978-8888 **홈페이지** www.newworld-daimaru.com **영업** 10:00~22:00 **가는 방법** 지하철 2·10호선 난징둥루(南京东路) 역 7번 출구에서 바로 **검색** xsjdwbh 입력 → 上海新世界大丸百货 선택

한국 연예인도 빠진 아트 토이 스토어
팝 마트
POP MART 泡泡玛特

지금 상하이의 번화가 곳곳에서 가장 많이 볼 수 있는 장난감 & 피규어 가게. 베이징에서 시작해 중국 본토에서 300개가량의 매장을 운영 중이며, 한국에도 진출해 용산, 홍대, 코엑스 등에서 만나볼 수 있다. 해외 유명 브랜드 캐릭터와 제휴한 아트 토이는 물론 디무, 몰리, 라부부, 스컬판다, 피노젤리 등 자체 개발한 캐릭터 역시 나날이 인기가 치솟으며 팬덤을 확보 중이다. 특히 유명 연예인들의 SNS에도 이 캐릭터들이 종종 등장하며 국내에서도 관심이 뜨겁다. 홍이 국제광장 매장은 '월드 플래그십 스토어'라는 거창한 이름답게 1~2층에 걸쳐 수많은 상품을 만나볼 수 있으며, 때에 따라 한정판이나 가장 먼저 출시되는 제품을 판매하는 등 관심 있는 사람이라면 들러볼 가치가 있는 곳이다.

지도 P.119-C2 **주소** 上海市黄浦区南京东路152号 **홈페이지** www.popmart.com.cn **영업** 10:00~22:00 **가는 방법** 지하철 2·10호선 난징둥루(南京东路) 역 2·3번 출구에서 도보 8분 **검색** miniso land 입력 → 名创优品IP乐园(全球壹号店) 선택

세계 각국 캐릭터의 IP 월드
미니소 랜드
MINISO LAND 名创优品

중국을 비롯해 아시아 각지에 수백 개의 점포를 운영하는 생활 잡화점. 난징둥루 보행가에 위치한 미니소 랜드는 'IP 파라다이스 세계 1호점'이라는 거창한 이름부터 눈에 띄는 곳. 창업자 예궈푸(叶国富)가 제안한 '관심 기반 소비'에 집중해 다양한 브랜드와 컬래버레이션한 상품 위주로 운영되고 있다. 해리포터와 디즈니, 산리오 등의 캐릭터는 물론 뽀로로의 인기 캐릭터 잔망루피 등 한국 캐릭터 상품도 선보이는데, 3층으로 이루어진 매장에 인형, 액세서리, 문구, 잡화 등 어른과 어린이 모두 좋아할 만한 상품으로 꽉 차 있다.

지도 P.119-B2 주소 上海市黄浦区南京东路152号 홈페이지 www.miniso.cn 영업 10:00~22:00 가는 방법 지하철 2·10호선 난징둥루(南京东路) 역 2·3번 출구에서 도보 8분 검색 miniso land 입력 → 名创优品IP乐园(全球壹号店) 선택

구경만 해도 재미난 식품 가게
상하이 제일식품상점
上海第一食品商店 상하이디이스핀상뎬

전국 각지의 유명한 음식을 다루는 전문 소매점. 상하이 곳곳에 매장이 있는데, 난징둥루 지점은 규모가 크고 상품 구색도 뛰어난 편이다. 1층과 2층은 식품 판매점, 3층은 푸드코트와 음식점으로 이루어져 있으며, 식재료와 간식거리 외에도 건강식품, 찻잎, 여행자를 위한 상하이 명물 먹거리 등도 만날 수 있다. 식품 전문 상점인 만큼 슈퍼마켓에서 흔히 찾아볼 수 없는 제품도 많은 데다 일반 기념품 가게 제품보다 맛과 질이 어느 정도 보장되어 있고, 원하는 만큼 덜어 살 수 있는 과자나 선물 포장된 상자 제품도 있어 더욱 좋다.

지도 P.118-B3 주소 上海市黄浦区南京东路720号 전화 021-6322-2777 영업 09:30~22:00 가는 방법 지하철 1·2·8호선 런민광창(人民广场) 역 19·20번 출구에서 도보 5분 / 지하철 2·10호선 난징둥루(南京东路) 역 1번 출구에서 도보 8분 검색 dyspsd 입력 → 上海市第一食品商店(南东店) 선택

아시아에 하나뿐인 플래그십 스토어
m&m's 스토어
m豆巧克力 m더우차오커리

난징동루에서 노란 간판으로 사람들의 시선을 끄는 m&m's 스토어. 진한 초콜릿 향이 코끝을 감싸며 나도 모르게 달콤한 기분이 드는 이곳은 아시아 최초·유일의 플래그십 스토어이면서 아시아에서 가장 큰 매장이다. 두 개 층으로 이루어진 매장에서는 초콜릿 외에도 티셔츠, 양말, 가방, 열쇠고리, 동전 지갑, 마그넷, 머그잔과 그릇 등 가지각색 다양한 분야의 상품을 만나볼 수 있다. 특히 눈에 띄는 것은 무지개처럼 알록달록 수많은 빛깔로 벽면을 채운 '초콜릿 그레이트 월'. 100만 개가 넘는 다양한 색상의 초콜릿이 가득 담긴 유리병이 벽면을 장식한다. 원하는 색과 맛만 원하는 만큼 직접 담아서 구매할 수 있는데, 가격은 250g당 59위안으로 꽤 높은 편이지만 직접 밸브를 열어 쏟아지는 초콜릿을 담는 재미에 인기가 좋다. 또한 내가 원하는 글자를 각인한 초콜릿을 만드는 기계도 있어 특별한 경험이 될 것. 2층에서는 때마다 초콜릿 탈을 쓴 직원들이 나와 함께 사진을 찍어주는 이벤트도 열린다. 2층 출구는 한국의 견과류 브랜드 바프(HBAF) 매장과 연결된다.

지도 P.118-A3 **주소** 上海市黄浦区南京东路829号百联世茂国际广场T104 **전화** 021-2316-2888 **영업** 10:00~22:00 **가는 방법** 지하철 1·2·8호선 런민광창(人民广场) 역 19번 출구에서 도보 3분 **검색** mdouqiao 입력 → m豆巧克力旗舰店(上海世茂广场店) 선택

3개의 빌딩으로 이루어진 대형 백화점
상하이 제일백화점
上海第一百货商店 상하이디이바이훠상뎬

난징동루 보행가 끝, 런민광창(인민광장) 역에 인접한 백화점. 중국 최초의 국유 소매 백화점으로 1936년부터 영업을 이어오고 있다. A·B·C 3개 관 8개 층에 걸쳐 수많은 상점이 들어서 있는데, 중국 20대에게 뜨겁게 사랑받는 여성 의류 브랜드 w.management의 매장이 지하 1층에 크게 들어서 들러볼 만하다. 특히 자체 브랜드를 내건 카페까지 운영 중이라 쇼핑하다 쉬었다 가기에도 좋다. 그 밖에 식음료 부분에서도 하이디라오 훠궈, 아주 옛날의 양꼬치, 우뉴 스키야키 등의 인기 음식점을 포함해 60여 개 매장이 입점해 있으며, 상하이에서 몇 년째 평가 톱을 달리는 마사지 가게 도원향 역시 B관 7층에 분점이 있다.

지도 P.118-A3 주소 上海市黄浦区南京东路830号 전화 021-6322-3344 영업 10:00~22:00 가는 방법 지하철 1·2·8호선 런민광창(人民广场) 역 19번 출구에서 도보 2분 / 지하철 2·10호선 난징동루(南京东路) 역 1번 출구에서 도보 12분 검색 diyibaihuo 입력 → 第一百货商业中心(南京东路店) 선택

가장 유명한 중국차 체인점
천복명차
天福茗茶 톈푸밍차

푸젠성(福建省), 쓰촨성(四川省) 등 유명 차 생산지에 대규모 차밭과 가공 공장을 직접 운영하여 고품질의 차를 생산해 내며, 차 박물관과 차 전문대학까지 운영 중인 기업이다. 집에서 일상적으로 마실 합리적인 가격대의 차부터 선물용으로 좋은 고급 차, 다기, 차에 곁들이는 간식까지 취급하는데, 찻잎은 대부분 50g부터 200g까지 1량(50g) 단위로 양이 나뉘며 원하는 차는 직접 시음해 보고 고를 수 있다. 추천 차는 펄 재스민(珍珠茉莉), 계화 우롱(桂花乌龙). 계화 우롱차는 한 번 마실 양만큼 개별 포장된 제품도 있어 나누어 먹기도 좋다.

지도 P.118-A3 주소 上海市黄浦区西藏中路336号 전화 021-3376-7510 홈페이지 www.tenfu.com 영업 10:00~22:00 가는 방법 지하철 1·2·8호선 런민광창(人民广场) 역 19번 출구에서 도보 4분 검색 tfmc 입력 → 天福茗茶(华旭国际大厦店) 선택

상하이의 유행을 한눈에
래플스 시티
Raffles City 来福士广场

상하이에서 가장 붐비는 쇼핑몰 중 하나. 런민광창 역과 바로 연결되는 뛰어난 접근성 외에, 젊은 층을 타깃으로 한 브랜드 선정과 트렌디함으로 2003년 개장 이래 패셔너블한 젊은이들이 가장 선호하는 쇼핑몰로 사랑받아 왔다. 패션과 뷰티를 비롯해 전자, 생활 잡화 카테고리의 입점 브랜드 역시 20~30대 젊은 층이 선호하는 브랜드가 주를 이루며, 지하 1층은 상하이의 치열한 외식 산업 경쟁을 보여준다고 해도 과언이 아닐 만큼 유행에 민감한 먹거리와 브랜드가 주를 이룬다. 그만큼 매장의 교체도 빠른 편. 1층에는 한국 뷰티 브랜드 3CE 매장도 있다.

지도 P.118-B3 **주소** 上海市黄浦区西藏中路268号 **전화** 021-6340-3333 **영업** 10:00~22:00 **가는 방법** 지하철 1·2·8호선 런민광창(人民广场) 역 14번 출구에서 연결 **검색** lfsgc 입력 → 上海来福士广场 선택

난징둥루에서 가장 인기 있는 마사지 숍
도원향
桃源乡 타오위안샹

난징둥루 보행자 거리에서 현지인은 물론 외국인 여행자에게 오랜 기간 사랑받아 온 곳이다. 인기에 힘입어 인민광장 근처 신세계성 8층에도 2호점을 냈다. 200위안 내외의 비용으로 발마사지나 전신 마사지를 받을 수 있는데, 저렴한 가격에 비해 정중한 서비스를 제공하며 마사지사별로 실력 차가 크지 않다는 것이 장점. 단, 발마사지는 거실처럼 넓은 공간에서 여러 명과 함께 받기 때문에 조금 어수선할 수 있다. 예약은 방문 혹은 전화로만 가능하다.

지도 P.118-A2 **주소** 南京东路479号新世界先施休闲港湾5楼 **전화** 021-6322-6883 **영업** 11:00~01:00 **요금** 발마사지 198위안~, 전신 마사지 228위안~ **가는 방법** 지하철 2·10호선 난징둥루(南京东路) 역 2·3번 출구에서 도보 9분 **검색** taoyuanxiang 입력 → 桃源乡(南京东路店) 선택

TRAVEL TIP 간단한 마사지 용어

한국어	중국어	발음	한국어	중국어	발음
발마사지	足疗	쭈랴오	마사지	按摩	안모
간지럽다	痒	양	아프다	疼	텅
살살	轻一点	칭이뎬	세게	强一点	챵이뎬

가성비 좋은 마사지 체인점
강도안마
康道按摩 캉다오안모

상하이 시내 곳곳에서 찾아볼 수 있는 마사지 숍으로, 체인점인 만큼 정형화된 메뉴를 제공하며 서비스 관리가 엄격하다. 마사지 중에는 따뜻한 차와 가벼운 다과를 제공해 주며, 마사지가 끝난 후에도 편히 쉬다 나올 수 있다. 난징둥루 보행가에 있는 지점 강도천지는 24시간 운영하기 때문에 밤늦은 일정 후에도 찾을 수 있다는 것이 아주 큰 장점. 신천지에도 지점이 있다.

지도 P.118-B3 **주소** 上海市黄浦区九江路699号 **전화** 021-6076-9076 **영업** 11:00~01:00 **요금** 발마사지 189위안~, 전신 마사지 209위안~ **가는 방법** 지하철 1·2·8호선 런민광창(人民广场) 역 14번 출구에서 도보 2분 **검색** kdtd 입력 → 康道天地(南京东路步行街店) 선택

위치와 시설이 뛰어난 마사지 숍
강준양생
康骏养生 캉쥔양성 Congen massage

난징둥루와 런민광창 역 중간에 위치해 어느 곳에서나 접근성이 좋은 마사지 전문점. 마사지 수준이 평이하고 추가 결제 유도가 있는 편이지만, 발마사지를 받으면 어깨와 목도 함께 마사지 해주며 모두 개별실에서 이루어지기 때문에 프라이빗하게 휴식을 취할 수 있다. 방 입구에 시작 시간과 남은 시간이 표시되는 디지털 시계가 있어 시작 시간과 종료 시간을 정확히 확인할 수 있고, OTT 서비스를 지원하는 대형 TV도 있는 것이 이 집만의 장점. 로비에는 중국 한족의 전통의상 한푸(汉服)가 준비되어 있어 기다리는 동안 입어 보고 기념사진을 찍을 수 있다.

지도 P.118-B2 **주소** 上海市黄浦区南京东路街道588号丝绸商厦4楼 **전화** 021-5308-5258 **영업** 10:00~01:00 **요금** 발마사지 179위안~, 전신 마사지 229위안~ **가는 방법** 지하철 2·10호선 난징둥루(南京东路) 역 1번 출구에서 도보 5분 / 지하철 1·2·8호선 런민광창(人民广场) 역 19번 출구에서 도보 7분 **검색** congen 입력 → 康骏养生(南京东路店) 선택

SPECIAL PAGE

황푸강변의 SNS 핫 스폿
베이와이탄
北外滩

중국 SNS를 뜨겁게 달구고 있는 상하이 여행 인증 스폿! 푸둥과 와이탄의 모습이 한눈에 들어오는 산책로와 푸른 공원, 색색이 피어나는 꽃들까지 반겨 주는 핫플 중의 핫플이다.

베이와이탄 항해공원
北外滩航海公园 베이와이탄항하이공위안

와이탄 북쪽, 항구가 있던 곳에 2023년 7월 새로 개장한 녹지 공원. 이름처럼 항해와 해운에 관한 테마 공원으로 조성되었지만, 황푸강변의 경치를 감상하는 명소로 더 이름나 중국 SNS에서 가장 뜨거운 반응을 얻고 있는 곳이다. 특히 입구에서 조금만 걸어 들어가면 보이는 레인보 브리지에 오르면 동방명주를 비롯한 푸둥 풍경을 내려다볼 수 있으며, 강변의 산책로에서는 푸둥과 와이탄 양안의 모습이 한눈에 담기는 더욱 감동적인 모습을 마주할 수 있다. 곳곳에 앉을 수 있는 장소가 마련되어 있으며, 어린이를 위한 정글 짐 놀이터도 있다. 강변을 따라 이어지는 산책로를 따라 걸으면 외백도교를 거쳐 와이탄까지 갈 수 있으며, 녹지 공원 서쪽에 조성된 꽃밭과 매너 커피 건물 2층 옥상 역시 인증 사진 명소로 사랑받는다.

주소 上海市虹口区东大名路558-678 **가는 방법** 지하철 12호선 궈지커윈중신(国际客运中心) 역 3번 출구에서 도보 5분 **검색** bwthhgy 입력 → 北外滩航海公园 선택

매너 커피
Manner Coffee(国客滨江店)

상하이 곳곳에서 만나볼 수 있는 커피 체인점이지만, 베이와이탄에 위치한 매너 커피만은 특별하다. 바로 동방명주가 눈앞에 보이는 명당 자리이기 때문. 실제로 매너 커피의 로고인 역삼각형과 동방명주를 한 컷에 담는 사진이 중국인들 사이에서 필수 인증 사진이 됐을 만큼 베이와이탄에 방문하는 사람들은 꼭 들르는 명소가 되었다. 인증 사진이 아니더라도 산책 중 잠시 휴식을 취하기도, 시원하게 목을 축일 음료를 사기에도 가장 좋은 장소로, 2층으로 올라가면 나오는 탁 트인 옥상 역시 '클릭 상하이' 조형물과 함께 사진 한 컷 찍으며 풍경을 감상하기 좋다.

주소 上海市虹口区国客中心码头海事塔区域 **전화** 130-0318-5954 **홈페이지** www.wearemanner.com **영업** 07:30~22:00 **가는 방법** 지하철 12호선 궈지커윈중신(国际客运中心) 역 3번 출구에서 도보 11분 **검색** manner guoke 입력 → Manner Coffee(国客滨江店) 선택

파울라너 브루하우스
Paulaner Brauhaus 宝莱纳餐厅

독일 밀 맥주의 대명사 파울라너가 운영하는 브루하우스. 세계 최초의 식품법이라는 '맥주순수령(German Law of Purity)'에 따라 주조한 신선한 맥주를 맛볼 수 있다. 베이와이탄의 산책로를 낀 황금 위치에 자리한 곳으로 1층부터 3층까지 이어진 건물에는 강바람이 시원하게 불어오는 야외석도 넓게 마련되어 있다. 파울라너 오리지널 독일식 맥주를 포함해 시즈널 맥주, 월드 와이드 맥주, 맥주와 잘 어울리는 스낵류와 독일식 소시지, 샐러드 등 푸드 메뉴

도 충실하다. 평일 14:30부터 18:00까지는 해피 아워로, 맥주를 포함한 모든 술이 반값이다. 푸둥 빈 강대도에도 오랜 시간 자리를 지키고 있는 지점이 있다.

주소 上海市虹口区东大名路500号滨江绿地公园内 **전화** 021-6523-5757 **홈페이지** www.paulaner-brauhaus-worldwide.com **영업** 11:00~23:00 **가는 방법** 지하철 12호선 궈지커윈중신(国际客运中心) 역 3번 출구에서 도보 10분 **검색** blnct 입력 → 宝莱纳北外滩店 선택

시나 마스 플라자
Sinar Mas Plaza 上海白玉兰广场

궈지커윈중신 역에서 이어지는 쇼핑몰로, 상업 구역과 오피스 구역, W호텔로 구성되어 있다. 여행자들이 들를 만한 상점은 많이 없지만, 베이와이탄 항해공원을 바로 마주하고 위치하기 때문에 간단하게 식사를 하거나 마실 거리를 사러 들르기 좋

다. 지하 1층에 초저가형 편의점 핫 맥스, 지하 2층에 슈퍼마켓 허마 선생 등이 입점해 있고 점도덕, 베이커 & 스파이스, 소양생전, 화부노면, 마기용 등의 음식점도 만나볼 수 있다.

주소 上海市虹口区东大名路501号 **전화** 021-2286-6688 **영업** 10:00~22:00 **가는 방법** 지하철 12호선 궈지커윈중신(国际客运中心) 역 3번 출구에서 바로 연결 **검색** sinar mas 입력 → 上海白玉兰广场购物中心 선택

예원 주변은 명·청 시절에 크게 번성했던 중심가로, 난징둥루·푸동과는 또 다른 올드 시티의 면모를 볼 수 있다. 인파에 휩쓸려 스치듯 지나갈 수도 있지만, 하나하나 자세히 뜯어보면 그만큼 새로운 매력이 툭툭 튀어나오는 곳이다. 중국 내에서도 명원(名園)으로 손꼽히는 정원 예원을 비롯해 기념품 쇼핑과 군것질을 즐기기 좋은 예원상성, 주변에 분포한 많은 절과 유적들까지 둘러보려면 하루도 부족할 정도. 개발이 많이 진행되지 않아 오래된 건물과 향수를 부르는 옛 풍경이 남아 있는데, 특히 골목 사이사이 주민들의 생활 모습을 구경하는 재미도 있다. 특히 해가 지고 불 켜진 예원상성은 야름답기로 유명하니 오후 늦게 찾아 밤 풍경을 감상해도 좋다.

예원 추천 코스

— 총 소요 시간 9시간 30분 —

예원을 비롯한 유적은 위위안(豫园) 역부터 라오시먼(老西門) 역 부근까지 꽤 넓게 분포한다. 많은 곳을 둘러보고 싶으면 시간과 발품을 들여야 하고, 예원과 주변 상가만 돌아보려면 두세 시간으로도 충분하다. 예원에서 일찍 관광을 마치고 신천지 쪽으로 넘어가거나, 라이트 업된 예원상성을 둘러본 뒤 와이탄 쪽으로 이동해 야경을 즐겨도 좋다. 단, 예원상성은 21:00쯤 문을 닫으니 여유롭게 즐기려면 해가 질 무렵부터 찾는 것이 좋다.

❺

≪ 예원상성 내 이동

호심정 P.177
예원의 역사와 함께해 온 찻집. 직접 덖은 고품질 차를 맛볼 수 있다.

❹

≪ 예원상성 내 이동

남상만두점 P.175
샤오룽바오의 원조 격이라 할 수 있는 곳. 주변은 항상 서서 만두를 먹는 사람들로 인산인해를 이룬다.

❻

성황묘 P.172
도시를 지키는 성황신을 모시는 사당. 현지인들과 함께 향을 피우며 소원을 빌 수 있다.

도보 4분 ≫

예원

도보 4분 »

예원 P.162
중국 동남 지방에서 최고로 손꼽히는 강남식 정원. 상하이의 옛 모습을 상상하며 연못 주변에 앉아 한갓진 시간을 보내기 좋다.

도보 1분 »

상하이 노반점 P.174
정통 상하이 요리를 맛볼 수 있는 곳. 전 세계 귀빈을 접대했던 역사 깊은 레스토랑에서 점심 식사를 즐기자.

예원상성 P.169
예원을 둘러싸고 있는 상점가. 허기진 배를 달랠 수 있는 각종 먹거리와 마실 거리, 여행자의 발길을 사로잡는 기념품이 가득하다.

도보 15분 »

상하이 노가 P.172
예원상성에서 이어지는 길. 각종 기념품 숍이 있는데, 예원상성 안쪽보다는 덜 붐비고 물가가 저렴한 편이다.

홍회갑 P.176
상하이에 왔다면 마라룽샤는 꼭 맛봐야 한다. 시원한 맥주를 곁들여 상하이의 밤을 즐겨보자.

예원

상하이를 대표하는 강남식 정원
예원
豫园 위위안

명나라 시절 관료였던 반윤단(潘允端)이 부모의 노후를 위해 지은 정원으로, '부모의 평안을 위한 정원'이라는 뜻을 담고 있다. 당대의 이름난 정원 건축가 장남양(张南阳)이 설계와 시공을 맡았는데, 반윤단이 워낙 완벽주의자였던 탓에 1559년부터 무려 18년에 걸쳐 지었다고 한다. 하지만 안타깝게도 완공한 지 얼마 안 돼 부모도 그도 세상을 떠나고 말았다.

자연석과 물을 교묘히 배치하는 것이 특징인 강남식 정원 중에서도, 예원은 동남 지방 최고의 정원으로 꼽힌다. 안으로 들어갈수록 섬세한 아름다움을 보여주기 때문에 점입가경(渐入佳境, 들어가면 갈수록 아름다워진다)이라는 말의 유래가 되기도 한 곳이다. 축조 당시에는 면적이 지금의 예원상성 구역까지 약 5만㎡에 이르렀다고 하는데, 세월의 풍파를 맞으며 지금은 약 2만㎡만 남게 되었다. 반씨 가문이 몰락한 후 방치되다가 주인이 몇 차례 바뀌고, 아편전쟁과 태평천국 운동을 겪으며 한때는 폐허에 가까운 지경이 되기도 했다. 1956년에 이르러서야 상하이 시정부가 보수를 시작했지만, 또다시 문화 대혁명을 겪으며 파손되기에 이른다. 지금 우리가 보는 건물은 1980년대에 복원한 것이다.

원내는 삼수당 구역, 만화루 구역, 점춘당 구역, 회경루 구역, 옥화당 구역, 내원 구역으로 나뉘어 있다. 내원 구역은 원래 성황묘의 일부였던 것인데 1950년대에 복원하며 예원 구역으로 넣은 것이다. 1982년에는 국가 단위 문화재(중요 유적 보호 단위)로 지정되었다. 참고로 입구에 들어서자마자 반겨주는 비석에 '해상명원(海上名园)'이라는 글귀는 1999년 당시의 국가주석이었던 장쩌민(江泽民)이 건립 440주년 기념으로 쓴 것이다.

지도 P.161-C1 **주소** 上海市黄浦区安仁街218号 **전화** 021-6326-0830 **홈페이지** www.yugarden.com.cn **운영** 09:00~16:30(16:00 입장 마감) **요금** 성수기(4~6월, 9~11월) 40위안, 비수기(7~8월, 12~3월) 30위안 **가는 방법** 지하철 10호선 위위안(豫园) 역 1번 출구에서 도보 9분 **검색** yuyuan 입력 → 上海豫园 선택

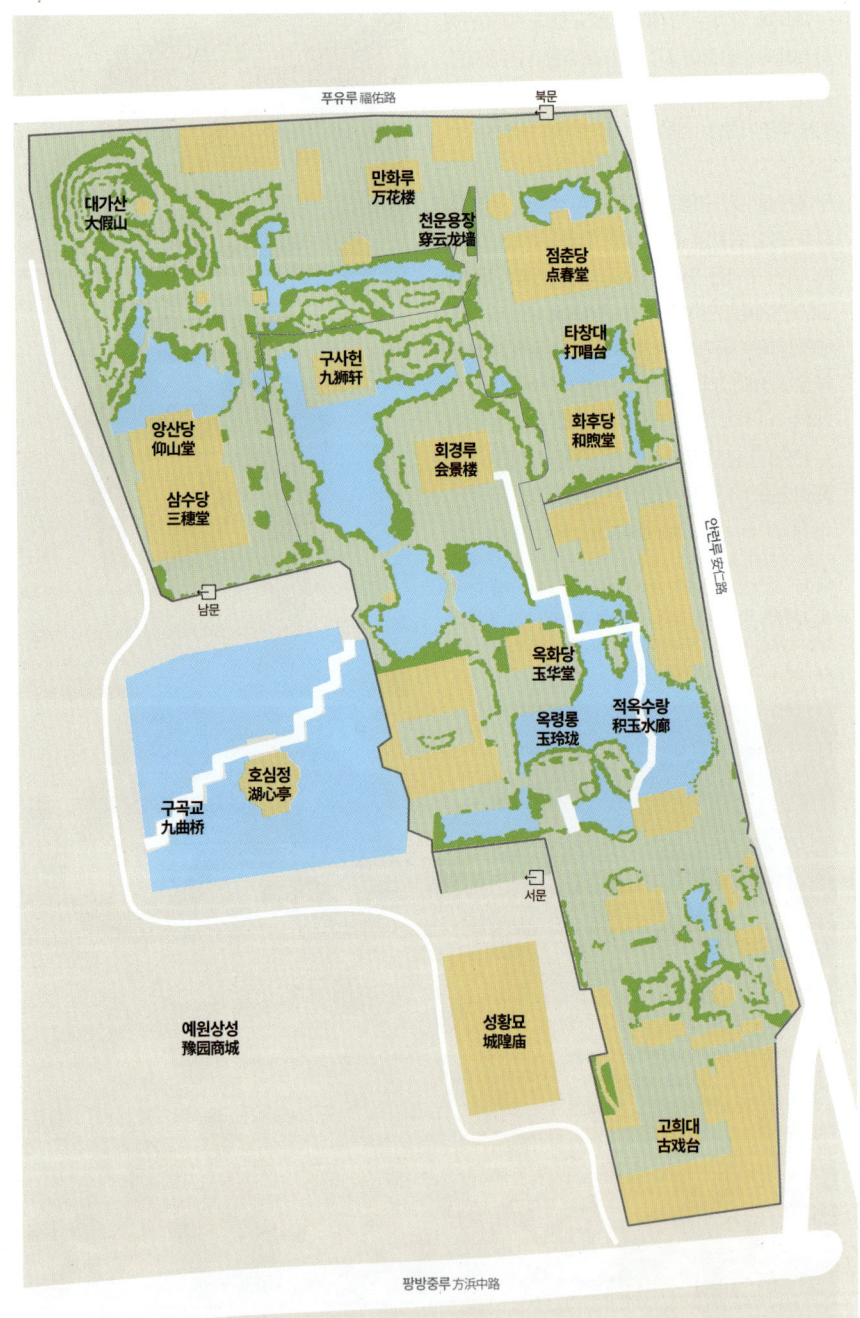

구곡교
九曲桥 주취차오

아홉 번 꺾인 다리라는 뜻이다. 이처럼 여러 번 꺾인 다리는 중국의 명승지에서 꽤 흔한 형태인데, 왜 아홉 번 꺾였는지에 대해서는 많은 설이 있다. 단수 중 가장 큰 수인 9가 상서로운 기운을 나타내기 때문이라는 설과 직진밖에 못하는 귀신을 막기 위함이라는 설 등이 있다. 유료 구역으로 넘어가는 통로이자 포토 스폿이기 때문에 언제나 많은 사람으로 붐빈다.

삼수당
三穗堂 싼쑤이탕

들어가면 처음에 보이는 건물로 1760년에 재건했다고 알려져 있다. 이름의 삼수(三穗)는 후한서 채무전(后汉书 蔡茂传)의 양상삼수(梁上三穗) 고사에서 유래한 것인데, 하나의 벼에 3개의 이삭이 난 것을 가리키는 말로 상서로운 기운을 가리킨다. 청나라 때는 관청의 축하 의식이 열리거나 왕실의 칙령을 발표하던 곳으로, 문인들이 여기 모여 활동하기도 했다. '삼수당(三穗堂)'이라 쓰인 편액(扁額) 위에 2개의 편액이 더 있는 것은 주인이 두 번 바뀌었다는 뜻이다.

원대철사자
위안代铁狮 위안다이테스

삼수당을 지키는 두 마리의 사자는 1290년 제작된 것으로, 왼쪽은 암컷이고 오른쪽은 수컷이다. 암사자는 발로 새끼 사자를 누르고 있는데 이는 자손의 번성을 상징하며, 수사자가 공을 누르는 모습은 우주를 통치하는 권력을 상징한다고 한다.

앙산당
仰山堂 양산탕

연못을 끼고 펼쳐지는 대가산의 모습을 감상하기 가장 좋은 곳이다. 1866년에 지어졌다. 2층은 권우루(卷雨楼)라고 부르는데, 당대 초기의 시인 왕발(王勃)의 시 '등왕각(滕王阁)'의 시구 '주렴모권서산우(珠帘暮卷西山雨, 저녁에 붉은 발 걷어 올리니 서산에 비 내린다)'에서 딴 이름이다.

대가산
大假山 다자산

저장성(浙江省) 우캉(武康)에서 출토한 황석(黃石)으로 조성한 가짜 산. 높이 14m, 너비 60m, 깊이 40m로 예원을 축조한 장남양이 강남의 명산들을 돌아본 후 만들었다고 한다. 지금은 돌무더기 같이 보이지만 건립 당시 예원에서 가장 높은 지점이었으며, 산 정상의 정자 망강정(望江亭)에서는 황푸강의 뱃놀이를 볼 수 있었다.

점입가경
漸入佳境 젠루자징

양산당과 대가산을 잇는 회랑으로, 여기에 앉아서 물과 건물, 산의 풍경을 즐길 수 있다. 가운데에 미녀 허리(美人腰)라 불리던 2.3m 높이의 태호석(太湖石)이 세워져 있다.

만화루
万花楼 완화러우

정교하고 화려한 장식이 특징인 건물이다. 지그재그형 회랑에 둘러싸여 있는데, 마치 구름이 건물을 감싼 듯한 형상이다. 건물벽 4개의 창틀에 사군자(梅蘭菊竹)가 새겨져 있는 것이 볼거리. 만화루 앞에는 수령 400년이 넘은 은행나무가 서 있으며, 높이가 21m에 달한다. 1843년 재건되었다.

천운용장
穿云龙墙 촨윈룽창

점춘당의 서쪽, 만화루와의 경계에 있는 벽. 구름을 뚫고 하늘로 날아오르려는 용의 형상을 하고 있다. 예부터 중국에서 '발톱이 5개인 용'은 왕실을 상징하기 때문에 발가락을 3개만 만들었다고 한다. 용의 침을 받아먹는다는 두꺼비가 턱 밑을 지키고 있는 모습도 볼 수 있다. 예원 내에는 총 5개의 용벽이 있는데, 대가산 뒤에 있는 것은 와룡(卧龙)이며 화조당 서쪽에는 구슬을 바라보는 쌍용(双龙), 내원에는 잠자는 용(睡龙)이 있어 각각 특색이 살아 있다.

점춘당
点春堂 뎬춘탕

1821년에 지어졌으며, 당시 푸젠성(福建省)의 상인들이 제사를 지내고 회의를 하던 곳이었다. 태평천국군에 가담하려던 비밀 조직 소도회(上海小刀会)가 1853년 여기서 설립되었고, 지금은 그들이 주조한 무기와 주화를 비롯한 유물과 태평천국을 표현한 그림 등이 전시되어 있다.

타창대
打唱台 다창타이

'노래를 부르는 무대'라는 뜻의 타창대는 봉무란음(凤舞鸾吟)이라고도 불린다. 정교하고 화려한 조각으로 장식되어 있으며, 무대 주변의 돌기둥에는 사계절의 경치를 묘사한 글귀가 붙어 있다.

화후당
和煦堂 허쉬탕

배산임수(背山臨水)의 배치에, 사면(四面) 개방형 건물로 여름에는 시원하고 겨울에는 따뜻하다. 내부에 전시된 가구는 봉황과 기린 등으로 장식되어 있다.

구사헌
九狮轩 주스쉔

점춘당에서 작은 문을 빠져나가 대숲을 지나면 나오는 건물로, 예원 내에서 경치가 가장 아름다운 곳으로 알려져 있다. 건물 앞으로 연못이 펼쳐지고, 테라스에서는 연못과 헤엄치는 물고기의 모습을 볼 수 있다.

회경루
会景楼 후이징러우

예원의 중앙에 있는 건물로, 2층에 오르면 예원의 전경이 내려다보인다고 한다. 3면이 물로 둘러싸여 있으며, 녹나무, 석류, 백일홍, 단풍나무, 소나무 등의 수목이 푸르러 강남 정원의 진수를 느낄 수 있다. 1870년에 지어졌다.

적옥수랑
积玉水廊 지위수이랑

회경루와 함벽루(涵碧楼)를 잇는 수랑(水廊). 중국에서 가장 긴 강남 정원식 수랑으로, 길이가 무려 100m에 달한다. 구불구불한 복도 주변으로 초록이 무성하고, 연못에서 물고기가 헤엄치는 모습이 정취 있다.

옥령롱
玉玲珑 위링룽

상하이에서 가장 유명한 돌이다. 쑤저우 류원(留园)의 관운봉(冠云峰), 항저우 서호(西湖)의 추운봉(绉云峰)과 함께 '강남 삼대 명석(江南三大名石)'이라 불린다. 약 300만 년의 역사를 지닌 이 기암은 송나라 말기에 처음 발견되었으며 길이는 3.3m, 무게는 500kg에 달한다. 돌에는 72개의 구멍이 있는데, 아래에서 향을 피우면 구멍에서 연기가 피어나오고 위에서 물을 부으면 물줄기가 각 구멍으로 흘러나온다고 한다.

옥화당
玉华堂 위화탕

옥령룽을 바라보고 서 있는 건물로, 반윤단이 서재로 쓰던 곳이다. 명대의 진귀한 가구를 배치해 그 시대 문인들의 서재를 재현했다.

고희대
古戏台 구시타이

19세기 말 지은 것으로, '강남에서 제일가는 고희대(江南第一古戏台)'라 불린다. 기둥에 사자와 봉황, 쌍룡 등의 무늬를 새긴 위에 금박을 입혀 더욱 화려하다. 넓이 7㎡의 무대를 2m 높이의 기둥이 받치고 있다. 특히 천장이 유명한데, 22겹으로 이루어진 20개 나선이 중앙의 거울을 향해 모여드는 모습이다. 이는 심미적 측면뿐 아니라 최고의 음향 효과를 위해 설계된 것이라 한다.

옛 중국으로 들어간 듯한 쇼핑가
예원상성
豫園商城 위위안상청

예원을 둘러싸고 있는 상가. 예원으로 들어가려면 반드시 거치는 곳이다. 기념품과 전통 먹거리 위주로 상권이 형성된 곳으로, 규모가 꽤 크기 때문에 웬만한 쇼핑은 여기서 할 수 있을 정도다. 보석, 골동품, 수공예품, 중국 차, 기념품, 의류, 장난감 등의 소매점과 음식점, 찻집 등 약 1,000개의 점포가 미로처럼 이어지는데, 각각의 상점을 정부에서 관리하다가 1980년대 초에 모든 상점을 통합해 하나의 국유 기업으로 만들었다. 그만큼 정부에서 엄격하게 관리하며 명·청대의 분위기가 살아 있는 고풍스러운 건물 자체만으로도 볼거리. 특히 저녁 시간이 되면 각각의 상점이 등을 밝혀 더욱 황홀한 풍경이 펼쳐진다. 21:00 정도에는 불이 꺼지니 일찍 방문하는 것이 좋다.

지도 P.161-C1 주소 上海市黄浦区福佑路288号 운영 09:00~21:00 가는 방법 지하철 10호선 위위안(豫园) 역 1번 출구에서 도보 7분 검색 yysc 입력 → 豫园商城 선택

모던 레이디

Modern Lady 摩登红人 마오덩훙런

1930년대 상하이 여인들의 모습을 담은 복고풍 케이스가 눈에 띄는 화장품 전문점. 시대를 교차하는 상하이 스타일은 중국인 여행자들에게도 열렬한 지지를 받고 있다. 부담없이 바르기 좋은 핸드 크림이 가장 인기 있는데, 대나무, 작약, 장미 등 싱그러운 중국의 꽃과 나무의 향을 담았다. 다양한 품목이 세트로 구성된 상품은 선물용으로 안성맞춤.

화이트 래빗

WHITE RABBIT 大白兔奶糖 다바이투

1959년 상하이에서 발매된 이래 국민 사탕이자 상하이의 명물로 널리 사랑받아온 누가 사탕. 중화인민공화국 건국 10주년 선물로 지정되었으며, 저우언라이 전 총리가 중국을 방문한 닉슨 전 미국 대통령에게 선물했을 정도로 단순한 사탕 이상의 의미를 지닌 간식이다. 1960~1970년대에는 단백질 등 영양소의 공급원으로도 광고하며 중국인들의 삶의 일부분으로 자리 잡았던 만큼 중장년층의 추억을 불러일으키는 상징이었는데, 중국 내에서도 복고 열풍이 불며 상하이를 방문하면 꼭 사는 기념품이 되었다. 이곳에서는 기념품 가게나 슈퍼마켓에서보다 더 다양한 종류의 맛과 포장을 만나볼 수 있으며, 낱개로 골라서 무게를 달아 살 수도 있다. 기대보다는 맛이 떨어진다는 평이니 먼저 조금 사서 맛볼 것을 권한다. 참고로 사탕을 싸고 있는 속 포장지는 먹을 수 있는 쌀로 만든 것이다. 난징둥루 보행가에도 큰 지점이 있다.

비씨향포
沸氏香铺 페이스샹푸

난징의 특색 여행 기념품으로도 선정된 적 있는 향수 가게. 공자묘 근처에 있던 한약재상에서 출발해 지금은 허브를 다양하게 취급하는 가게가 되었다. 향로, 인센스 스틱, 향낭, 화장품, 디퓨저 등 향에 관

한 거의 모든 상품을 만나볼 수 있으며, 같은 꽃이라도 세분화해 만든 고체 향수는 가벼운 기념품으로도 좋다. 자기의 생일에 가장 가까운 24절기의 향을 담은 고체 향수를 추천해 주기도 한다.

차러티
CHALETEY

온통 오렌지색 컬러로 둘러싸인 이 차 전문점은 중국인들 사이에서 일명 차 세계의 에르메스라 불리며 호평을 받고 있다. 특히 상하이에서 탄생한 브랜드가 창사, 광저우 등에 매장을 내며 타오바오에서도 판매를 전개하는 중이다. 달달한 차와 달지 않은 차 종류로 나뉘어 취향껏 추천받을 수 있으며, 선물용이 아니라면 비닐로 포장된 리필용 차를 구매해도 좋다. 난징동루 모자이크 1층, 정대광장 3층 등에도 지점이 있다.

칭즈
QINGZHI 青稚护手霜

핸드크림을 전문으로 하는 화장품 가게. 밝은 에메랄드빛을 바탕으로 벽에 진열된 어마어마한 핸드크림 양에 압도당하는 느낌이다. 핸드크림은 향의 종류별, 크기별, 포장별로 다양한 상품이 있는데 그중에서도 가장 인기 있는 것은 생일 핸드크림. 365일 날짜별로 나뉘어 있기 때문에 자기의 생일, 지인의 생일 등에 맞춰 사면 특별한 기분을 느낄 수 있다. 다만 핸드크림의 제형이나 향이 모두 다른 것이 아니라 두 종류 중 랜덤이고, 포장만 다르다는 점은 알아두자. 최근 상하이 내 여행자가 갈 만한 곳은 어디에서나 보일 정도로 지점이 많다.

상하이 시민을 지키는 신의 사원
성황묘
城隍庙 청황먀오

성황묘는 도시와 시민을 지키는 신으로 알려진 성황신을 모시는 도교 사원이다. 중국 곳곳의 도시에서 볼 수 있는데, 상하이의 성황묘는 명나라 초의 관료 진유백(秦裕伯)을 모시고 있다. 이곳은 명나라 말기에 세워져 청나라 말기에는 3만 3,000㎡(약 1만 평)에 이르며 전성기를 맞았는데, 문화혁명 때 심하게 파손되어 한때는 보석 가게로 사용되었던 아픈 역사도 지니고 있다. 1994년부터는 재건과 중건을 거쳐 15세기의 원형을 살려 복원되었다. 지금도 참배를 드리러 찾아오는 상하이 사람들의 모습을 볼 수 있으며 특히 춘절 기간 등에는 인산인해를 이룬다. 관광객도 입장할 때 무료로 배부하는 향을 받아 피우며 소원을 빌 수 있다.

지도 P.161-C2 **주소** 上海市黄浦区方浜中路249号 **전화** 021-6328-4494 **운영** 08:30~16:30 **요금** 10위안 **가는 방법** 지하철 10호선 위위안(豫园) 역 1번 출구에서 도보 9분(예원 남문 근처) **검색** chm 입력 → 上海城隍庙 선택

 ### 옛 모습이 남아 있는 서민 거리
상하이 노가
上海老街 상하이라오제

성황묘 남쪽을 동서로 가로지르는 팡방중루(方浜中路)를 따라 이어진 쇼핑가. 명·청 시대부터 중화인민공화국 수립 초기, 서양 문물이 들어온 시기의 분위기가 고루 담겨 있다. 원래는 다기나 골동품 판매점 등이 들어선 복고풍 길이었으나, 지금은 예원상성의 연장처럼 관광객을 위한 기념품점이 늘어나는 추세다. 성황묘를 기점으로 동쪽으로 이어지는 길은 관광객들은 잘 가지 않지만, 현지인들의 삶의 모습을 엿볼 수 있는 소박한 분위기다. 송나라·원나라 때부터 상하이에서 가장 번성했던 마을이자 상하이 정치·경제·문화의 중심이었던 상하이라오성상(上海老城厢)의 동문이 있었던 곳으로 소동문(小东门)이라고도 불린다.

지도 P.161-C2 **주소** 上海市黄浦区方浜中路 **운영** 09:00~20:00(상점에 따라 다름) **가는 방법** 지하철 10호선 위위안(豫园) 역 1번 출구에서 도보 10분 **검색** shlj 입력 → 上海老街 선택

공자의 혼이 살아 숨 쉬는 곳
문묘
文庙 원먀오

중국의 사상가이자 교육자인 공자를 기리는 사원. 오랜 기간 유교 학자를 양성하는 고등교육기관으로도 쓰였다. 1294년에 세워진 이래 여러 번 이전했고, 문화 대혁명 때 크게 손실을 입어 재건을 반복하다 1855년 지금의 자리에 세워졌다. 주 건물인 대성전(大成殿) 앞에는 공자의 동상이 서 있으며, 건물 안쪽 벽에는 논어의 일부가 새겨져 있다. 매주 일요일에는 이 건물 앞에서 헌책 시장이 열리며, 주변 거리는 현지의 학생들이 자주 들르는 오랜 문구점이 곳곳에 자리해 구경하는 재미가 있다.

지도 P.160-B3 주소 上海市黄浦区文庙路215号 전화 021-6377-9101 운영 09:00~17:00(16:30 입장 마감) 요금 10위안 가는 방법 지하철 8·10호선 라오시먼(老西門) 역 7번 출구에서 도보 7분 검색 wenmiao 입력 → 上海文庙 선택

침향 불상을 모신 사원
침향각
沉香阁 천샹거

상하이의 저명한 비구니 사원. 원래 이름은 자운선원(慈云禅院)이지만, '침향'이라는 나무로 만든 관음을 모셔 '침향각'이라 불리게 되었다. 상하이 700년의 역사를 서술한 청나라 때의 역사 기록 〈상해현지(上海县志)〉에 따르면, 회하(淮河)에 떠오른 관음상을 모셔 반윤단이 지은 누각이 시초라 한다. 1600년에 지어졌지만 문화 대혁명 때 파괴되며 한때 공장으로 사용되었고, 1994년에 재건했다. 침향불상은 2층에 있는데, 원래의 것은 역시 문화 대혁명 때 사라지고 지금의 것은 홍콩의 한 신도가 기증한 것이다. 관람하는 데는 추가 요금을 내야 한다.

지도 P.161-C1 주소 上海市黄浦区沉香阁路29号 전화 021-6320-3431 운영 07:00~16:00 요금 5위안(침향불상 별도 2위안) 가는 방법 지하철 10호선 위위안(豫園) 역 1번 출구에서 도보 5분 검색 cxg 입력 → 沉香阁 선택

상하이 본방채(本帮菜)의 대가
상하이 노반점
上海老饭店 상하이라오판덴

1875년에 예원 뒷골목의 작은 식당으로 시작해 지금은 상하이 요리로 정평이 난 곳이다. 원래의 이름은 노영순관(老荣顺馆)이었는데, 손님들이 노반점(오래된 식당)이라 부르던 것을 따라 이름을 바꾸었다. 창업한 후 반 세기 동안 상하이의 역사와 함께해 오며 러시아의 푸틴 대통령, 인도네시아의 메가와티 전 대통령을 비롯한 세계 각국의 귀빈을 접대하기도 했다. 메뉴는 가벼운 가정식부터 고급 특선 요리까지 전반적인 상하이 요리를 낸다. 대표 요리는 밤·돼지고기·은행 등으로 속을 채워 5시간 동안 쪄낸 통오리 바바오야(八宝鸭), 민물새우를 통으로 바삭하게 볶아낸 유바오샤(老上海油爆虾), 8가지 재료를 매콤한 소스로 볶아낸 바바오라장(八宝辣酱) 역시 빼놓을 수 없는 상하이 요리이니 맛보자.

지도 P.161-C1 **주소** 上海市黄浦区老城隍庙福佑路242号 **전화** 021-6355-2275 **홈페이지** www.laofandian.net.cn **영업** 11:00~14:30, 17:00~21:30 **가는 방법** 지하철 10호선 위위안(豫园) 역 1번 출구에서 도보 6분 **지도** p.155-C **검색** shlfd 입력 → 上海老饭店(豫园店) 선택

상하이에서 가장 유명한 샤오룽바오 가게
남상만두점
南翔馒头店 난샹만터우뎬

1900년에 세워진 노포. 샤오룽바오의 창시자라 불리는 황밍셴(黄明贤)의 제자가 창업했다. 미쉐린 가이드에서 선정한 빕 구르망에 여러 번 이름이 오르기도 했다. 1층은 테이크아웃 전문점으로, 샤오룽바오와 관탕바오만 판매한다. 앉을 자리도 없이 길거리에 서서 먹어야 하지만 줄은 줄어들기가 무섭게 다시 이어진다. 2~3층은 레스토랑으로 운영되는데, 가격은 1층보다 비싸지만 한층 다양한 종류의 만두를 편안하게 즐길 수 있다. 징안 케리센터 남관 1층에도 지점이 있다.

지도 P.161-C1 **주소** 上海市黄浦区豫园路85号 **전화** 021-6355-4206 **영업** 08:30~21:00 **홈페이지** nansho-mantouten.createrestaurants.com/en/ **가는 방법** 지하철 10호선 위위안(豫园) 역 1번 출구에서 도보 9분 **검색** nxmtd 입력 → 南翔馒头店(城隍庙店) 선택

중국식 애프터눈 티 즐기기
녹파랑
绿波廊 뤼보랑

구곡교를 바라보며 서 있는 고색창연한 음식점. 원래 예원의 일부였던 것을 개조해 레스토랑으로 사용하고 있다. 주 메뉴는 상하이 요리와 딤섬으로, 그중에서도 게살 샤오룽바오와 게살 파이 등이 특히 인기 있다. 현지인들은 14:00부터 17:00까지 이어지는 중식 애프터눈 티(下午茶)를 즐기러 많이 찾는데, 시기별로 달라지는 세트 메뉴와 단품으로도 주문 가능하다. 그중에서도 계화 찰떡(桂花拉糕), 후추소금 파이(椒盐酥), 백조 모양 파이(天鹅酥) 등이 인기가 많다. 1층 외부에는 고기 월병, 관탕바오 등을 파는 수제 간식 매장도 따로 있다. 특히 막 구워낸 따끈따끈한 고기 월병을 추천.

지도 P.161-C2 **주소** 上海市黄浦区豫园路115号 **전화** 021-6328-0602 **영업** 11:00~14:00, 17:00~20:30 **가는 방법** 지하철 10호선 위위안(豫园) 역 1번 출구에서 도보 10분 **검색** lbl7 입력 → 绿波廊7号(豫园商城店) 선택

마라룽샤를 먹는다면 바로 여기
홍회갑
红盔甲 홍쿠이자

'붉은 투구와 갑옷'이라는 강렬한 이름의 샤오룽샤 전문점. 지금은 전국 체인으로 성장했지만 바로 이곳 상하이가 고향이다. 상하이 출신 답게 최근에는 다자셰를 이요한 게 요리나 중국식 찜닭(鸡煲) 등의 신메뉴를 선보이기도 했다. 샤오룽샤는 다양하게 선택 가능한 양념 중 기본적인 상하이 스타일, 13가지 향신료를 배합해 볶아내는 스싼샹(十三香)과 차갑게 먹는 플레인 빙전(冰镇)이 현지인들에게 인기 있으며, 한국인들의 선택은 단연 마라 맛(经典麻)이다. 떡, 두부, 연근 등의 토핑을 추가할 수 있는데 가재를 다 먹고 난 후 국물에 비벼먹는 면 또한 별미. 양꼬치 등의 구이 요리나 조개볶음 등의 사이드 요리도 다양해 꼭 가재가 아니더라도 식사 겸 맥주 한잔하러 들르는 사람도 많다. 주문이 들어가면 직원이 '35분'이라는 숫자가 적힌 모래시계를 가져다 주는데, 35분 안에 모든 음식을 내오겠다는 약속이다. 만약 늦은 음식이 있으면 그 음식은 값을 받지 않는다. 요리된 가재는 친절한 직원이 속살만 쏙쏙 발라 가지런하게 접시에 담아 주니 껍데기 까기가 어렵다면 부탁하자.

참고로 벽면에 적힌 '유첸주스런싱(有钳就是任性)'은 '집게발이 있으면 제멋대로'라는 뜻으로, 집게발을 뜻하는 첸(钳)과 돈을 뜻하는 첸(钱)의 발음이 같은 것을 노린 언어 유희다. 또한 춘절(구정) 전후에 약 한 달간 '방학'이라는 휴식 기간을 가지니 이 시기에 상하이를 찾는다면 유의할 것.

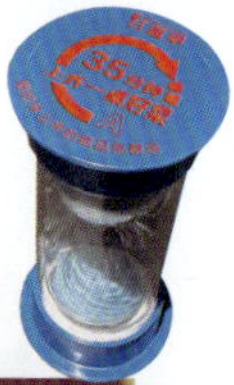

지도 P.160-A1 **주소** 上海市黄浦区金陵东路500号亚龙国际广场2F **전화** 021-6321-6858 **영업** 16:30~02:00 **가는 방법** 지하철 8호선 다스제(大世界) 역 2번 출구에서 바로 **검색** hkj 입력 → 红盔甲·小龙虾(人民广场店) 선택

140년 역사의 쑤저우몐 가게
덕흥관
德兴馆 더싱관

1878년에 오픈해 오래도록 사랑받는 가게로, 쑤저우식 면요리 쑤저우몐(苏州面)과 샤오룽바오를 만나볼 수 있다. 주문은 계산대에서 하는데, 빼곡하게 걸린 나무판에 적힌 메뉴만 수십 가지라 당황할 수 있다. 샤오룽바오, 성젠, 훈툰, 샤오마이 등의 만두와 고명을 달리한 덮밥, 볶음밥, 탕면 등의 메뉴가 줄줄이 늘어서 있다. 그중에서도 수육과 생선살을 올린 국수 먼티얼센다몐(焖蹄二鲜大面)이 대표 메뉴. 개운한 국물 맛이 일품이며, 샤오룽바오는 투박하지만 정성이 담긴 정통에 가까운 맛이다. 상하이 내 여러 곳에 지점이 많이 생겨 예원상성, 난징동루 근처에서도 만나볼 수 있게 되었다.

지도 P.160-A1 주소 上海市黄浦区金陵东路414-416号 전화 021-6328-3838 영업 06:30~22:00 가는 방법 지하철 8호선 다스제(大世界) 역 2번 출구에서 도보 3분 검색 dxg 입력 → 上海德兴馆(中华路店) 선택

예원상성의 전경을 한눈에
호심정
湖心亭 후신팅

상하이를 대표하는 찻집이자 가장 오래된 찻집으로 160년이 넘는 역사를 지닌다. 1층은 차와 다기를 판매하는 매장인데, 운이 좋으면 전통 방식대로 차를 덖는 모습을 볼 수 있다. 찻집은 2층으로, 창가 자리에 앉으면 예원상성의 모습이 조용히 창틀 안에 담긴다. 특히 해 질 무렵 찾으면 석양이 지는 하늘과 라이트 업된 예원상성의 모습을 둘 다 즐길 수 있어 일석이조. 녹차, 우롱차, 백차, 화차 등 다양한 종류의 차가 구비되어 있는데, 차를 주문하면 간단한 전통 과자도 딸려 나온다.

지도 P.161-C1 주소 上海市黄浦区豫园路257号 전화 021-6373-6950 영업 08:30~21:00(금·토요일 ~22:00) 가는 방법 지하철 10호선 위위안(豫园) 역 1번 출구에서 도보 10분 검색 huxinting 입력 → 豫园-湖心亭 선택

곱창이 듬뿍 올라간 명물 국수
대장면
大肠面 다창몐

진정한 상하이의 면요리 맛을 느낄 수 있는 국수 가게. 깔끔한 쇼핑몰 1층으로 자리를 옮기며 환경이 더욱 좋아졌다. 상하이를 대표하는 다양한 면요리 중에서도 인기 메뉴는 단연 곱창국수(大肠面). 주문할 때 탕면과 비빔면 중 하나를 고르면 된다. 먹어도 먹어도 끝없이 나오는 곱창은 달콤 짭짤한 맛에 쫄깃함이 살아 있다. 취향에 따라 고명도 추가 가능한데, 라러우(辣肉, 매콤한 고기), 카오푸(烤麸, 찐 밀기울)가 특히 인기 있다. 면 추가도 가능하며, 매 50g 당 1위안.

 지도 P.160-A3 주소 上海市黄浦西藏南路686号 전화 021-6374-4249 영업 10:00~20:00 가는 방법 지하철 8·10호선 라오시먼(老西门) 역 3번 출구에서 도보 3분 검색 dcm 입력 → 大肠面(南六店) 선택

상하이 가정식의 간판
란정찬청
兰亭餐厅 란팅찬팅

적당한 양과 합리적인 가격의 상하이 가정식 전문점이다. 2018년부터 미쉐린 가이드 빕구르망에도 오를 정도로 인기 있던 식당으로, 코로나19 기간 동안 영업을 중단했다 다시 라오시먼 역 근처에 자리를 잡았다. 이 집에서 꼭 먹어 봐야 할 메뉴는 지구장(鸡骨酱). 뼈까지 잘게 자른 닭에 간장 소스를 넣어 달달하고 찐득하게 조려낸다. 소스 없이 소금 후추를 찍어먹는 탕수육 자오옌파이탸오(椒盐排条)와 조기를 튀겨낸 몐터우황위(面拖黄鱼) 역시 인기 있다. 쉽게 느끼해지니 삭힌 두부 소스를 넣고 볶아낸 공심채나 술을 넣고 볶아낸 콩잎 등 채소 요리를 함께 주문하자.

지도 P.160-A3 주소 上海市黄浦区西藏南路686号南六层108单元 전화 021-5306-9650 영업 11:00~14:00, 16:30~21:30 가는 방법 지하철 8·10호선 라오시먼(老西门) 역 3번 출구에서 도보 3분 검색 ltct 입력 → 兰亭餐厅(南六店) 선택

와이탄 남부에서 바라보는 전경
차르 바
Char Bar 恰酒吧

와이탄 남부에 위치한 루프톱 바. 동방명주와 주변 건물 하나하나가 잘 보이지는 않지만, 한 발짝 멀리서 270° 각도로 펼쳐지는 황푸강의 야경을 한눈에 담을 느낄 수 있다. 가격대는 다른 루프톱 바와 비슷한 수준이며 테라스석에 앉아도 추가 요금이 없어 좋다. 규모가 비교적 작기 때문에 피크 타임에 야외 자리를 얻으려면 기다려야 할 때가 많다.

지도 P.161-D1 주소 上海市黄浦区中山东二路585号上海外滩英迪格酒店30楼 전화 021-3302-9995 영업 17:00~01:00 가는 방법 지하철 10호선 위위안(豫园) 역 1번 출구에서 도보 19분(인디고 호텔 30층) 검색 char bar 입력 → 恰酒吧 선택

올드 시티에 자리 잡은 가장 현대적인 쇼핑몰
BFC 와이탄 금융중심
BFC外滩金融中心 BFC와이탄진룽중신

비교적 최근인 2019년 오픈한 쇼핑센터. 가장 전통적인 올드 타운에서 가장 현대적인 모습으로 과거와 미래가 공존하는 새로운 예원 풍경을 자아낸다. 2024년 말에는 워너브라더스와 손 잡고 해리포터 테마 이벤트를 펼쳐 화제가 되기도 했다. 다 비토리오(DA VITTORIO), 징시후이(菁禧荟), 신룽지(新荣记), 푸티엔(莆田) 등 미쉐린 스타와 중국판 미쉐린이라 불리는 흑진주에 선정된 여러 레스토랑이 입점해 있으며, 푸싱미술관(复星艺术中心) 역시 북쪽 구역에 자리를 잡고 기간별 기획전을 열고 있다. 남쪽 구역과 북쪽 구역의 빌딩 여러 개로 구성되어 있는데, 두 구역을 나누는 길 펑징루(枫泾路)에서는 때때로 크리스마스 마켓이나 세계 빵 축제 등의 이벤트가 열리는 등 시기별로 다른 매력을 만나볼 수 있는 곳이다.

지도 P.161-D1 주소 上海市黄浦区中山东二路600号 전화 021-6333-8878 홈페이지 www.bfcsh.com 영업 10:00~22:00 가는 방법 지하철 10호선 위위안(豫园) 역 2번 출구에서 도보 15분 검색 bfc 입력 → BFC外滩金融中心 선택

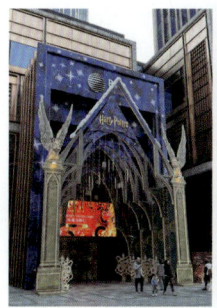

인민광장 & 난징시루
人民广场&南京西路

지하철 1·2·8호선이 교차하는 런민광창(人民广场) 역은 상하이 내 최대 유동 인구가 몰리는 곳이다. 동쪽으로는 난징둥루와 와이탄, 동남쪽으로는 예원과 옛 시가지, 서남쪽으로는 신천지와 옛 프랑스 조계지가 있어 어느 쪽으로 이동하더라도 접근성이 뛰어나다. 상하이 중심지의 지역적 허브의 역할을 하는 곳으로 중심이 되는 인민광장 안에는 인민공원, 상하이 박물관, 상하이 현대예술관, 도시계획 전시관 등의 볼거리가 몰려 있으며 서쪽으로 발걸음을 옮기면 젊은이들이 즐겨 찾는 맛집 거리 우장루와 상하이 최대의 명품 거리도 바로 여기 있다. 인민광장에서 북쪽으로 향하면 상하이의 서민 음식점 격전지 황허루를 지나 1,000개의 나무를 모티프로 만들었다는 최신 쇼핑몰 천안천수, 여러 갤러리가 모여 있는 M50 등을 만나볼 수 있다.

인민광장 & 난징시루 추천 코스

— 총 소요 시간 8시간 —

인민광장은 광장 내에 몰려 있는 볼거리만 돌아봐도 꼬박 하루가 필요할 정도이므로 적절한 시간 안배가 필요하다. 오전 시간을 활용해 상하이 박물관과 상하이 현대예술관이나 도시계획 전시관을 묶어서 둘러보고, 난징시루 쪽으로 이동해 점심 식사를 한 후에 근처를 둘러본다. 장원과 천안천수는 최근 가장 핫플이므로 인증 사진을 찍고 싶은 사람에게 추천하고, 아이와 함께 여행한다면 이 코스 대신 상하이 자연박물관에 들르는 것도 추천한다.

≪ 도보 15분

❻ 스타벅스 리저브 로스터리 P.197
세계 최대 스타벅스 매장. 로스팅부터 그라인딩, 포장 등 커피가 제조되는 과정을 즐기며 갓 볶아낸 신선한 커피를 맛볼 수 있다.

≪ 도보 13분

❺ 남경대패당 P.194
난징의 인기 맛집을 상하이에서 만나볼 수 있다. 명·청시대 거리로 들어온 듯한 분위기도 즐거움 중 하나.

택시 12분 ≫

❼ 장원 P.190
상하이의 전통 가옥 스쿠먼을 활용한 상점가. 신천지의 뒤를 잇는 새로운 스쿠먼 핫플레이스다.

❽ 천안천수 P.201
세계 7대 불가사의 중 하나인 '바빌론의 공중정원'을 모티프로 해 지은 건물. 1,000개의 기둥이 나무처럼 솟아오른 외관이 장관이다.

① 가가탕포 P.193
도보 5분 »

상하이에서 손꼽히는 샤오룽바오 전문점. 주문 직후 빚어 뜨끈하게 쪄 나오는 만두로 아침 속을 뜨끈하게 채워보자.

② 인민공원 P.186

주말이면 '맞선 시장'이 열리는 유명한 공원. 공원 자체도 꽃과 나무가 어우러져 아침 산책을 즐기기 좋다.

도보 5분

« 도보 7분

④ 상하이 박물관 P.187

약 14만 점의 유물을 전시 중인 국립 박물관. 화폐, 조각, 청동, 서예 등 여러 주제별로 전시실이 구성되어 있다.

③ 상하이 도시계획 전시관 P.188

상하이가 대도시로 변해온 모습과 앞으로 발전할 길을 제시하는 전시관. 도심의 건물들을 축소판으로 만든 디오라마가 하이라이트다.

택시 10분 »

저녁 식사는 쇼핑몰 내 음식점에서 가볍게 먹거나, 도보 13분 거리에 있는 홍수방으로 이동해 즐겨도 좋다.

⑨ RT 마트 P.200

상하이에서 꼭 사야 할 간식들을 사러 슈퍼마켓 출동! 21:30에 문을 닫으니 시간 여유를 두고 방문할 것.

상하이의 심장부
인민광장
人民广场 런민광창

관광뿐 아니라 상하이의 정치와 경제, 문화, 교통의 중심지로서의 역할을 톡톡히 하는 곳이다. 옛 조계 시절에는 경마장으로 쓰이던 곳으로, 현재는 약 14만㎡의 드넓은 부지에 인민공원과 상하이 시정부, 상하이 박물관, 상하이 도시계획 전시관, 상하이 대극원, 상하이 현대미술관 등이 들어서 있다. 지하철 런민광창(人民广场) 역은 출구가 20개 이상 있는 상하이 최대 규모 역으로 주변에 온갖 상업 시설이 몰려 있으며 주변에 음식점도 즐비하다.

지도 P.185-D3 **주소** 上海市黄浦区人民大道120号 **가는 방법** 지하철 1·2·8호선 런민광창(人民广场) 역 대부분 출구에서 연결 **검색** 검색 rmgc 입력 → 人民广场 선택

'맞선 시장'으로 유명한 공원
인민공원
人民公园 런민궁위안

인민광장 북쪽에 자리한 공원. 1952년 10월에 개장했다. 규모는 약 10만㎡로, 호수를 중심으로 산책로와 미술관, 음식점 등의 편의시설이 들어서 있으며 푸르른 초목이 공원을 가득 메운다. 공원에는 특색 있는 볼거리가 있다기보다는 여느 공원과 마찬가지로 주민들이 태극권을 연마하거나 사교댄스를 즐기는 모습, 마작이나 카드 게임이 벌어지는 일상 풍경이 대부분이다. 주말에는 샹친거(相亲角)라는 맞선 시장이 열리는 것으로 유명한데, 혼기가 찬 자녀의 프로필을 들고 나와 마음이 맞는 부모끼리 혼담을 나누는 장이다. 자녀의 프로필과 조건이 쓰인 종이가 달린 우산이 줄줄이 서 있는 모습은 하나의 볼거리다.

지도 P.185-C2 **주소** 上海市黄浦区人民大道120号 **운영** 06:00~18:00(4~6월 05:00~, 7~9월 05:00~19:00) **요금** 무료 **검색** rmgy 입력 → 人民公园 선택

📷 테마별로 골라 볼 수 있는 박물관
상하이 박물관(인민광장관)
上海博物馆(人民广场馆) 상하이보우관(런민광창관)

1952년 설립되었으며 1996년 지금의 건물로 이전했다. 현재 박물관 건물은 중국 고대의 청동 가마솥을 본 떠 만든 것으로, 4개 층 10개 전시실에 약 14만 점의 유물을 전시한다. 각 전시실은 시대별이 아닌 주제별로 구성되어 있는데, 역대 화폐관, 조각관, 청동관, 소수 민족 공예관, 명·청 가구관, 고대 옥기관, 회화관, 인장관, 역대 서법관, 고대 도자관 등의 상설 전시와 시기별로 바뀌는 기획전이 열린다. 그중에서도 1층의 청동기와 조각, 2층의 도자기, 3층의 회화 전시가 특히 유명하다. 관람 분위기는 자유로운 편이며, 플래시만 사용하지 않으면 사진 촬영도 얼마든지 자유롭다. 안내문은 중국어, 영어, 일본어로만 되어 있기 때문에 세세히 살펴보고 싶은 사람은 제공되는 QR코드를 위챗으로 스캔해 설명을 볼 수 있다. 입장료는 무료이나, 사전에 홈페이지에서 입장 예약을 해야 한다(7개 시간대로 나누어 입장 / 홈페이지에서 영문으로 언어 변경 후 우측 상단의 'RESERVATION' 선택 후 진행, 실명 예약 및 입장 시 여권 필수 지참). 박물관 굿즈도 인기 있는데, 푸둥 국제공항 1터미널 면세 구역 내에서도 굿즈 숍을 만나볼 수 있다.

지도 P.185-D3 **주소** 上海市黄浦区人民大道201号 **전화** 021-6372-3500 **운영** 09:00~17:00(16:00 입장 마감), 월요일 휴무 **요금** 무료(단, 공식 홈페이지에서 실명 사전 예약 필수) **홈페이지** www.shanghaimuseum.net **가는 방법** 지하철 1·2·8호선 런민광창(人民广场) 역 1번 출구에서 도보 6분 **검색** shbwg 입력 → 上海博物馆(人民广场馆) 선택

따스한 햇살이 스며드는 미술관
상하이 현대예술관
上海当代艺术馆 상하이당다이이수관

2005년에 문을 연 상하이 최초의 비영리 현대미술관으로 인민공원 내에 있다. 이 건물은 원래 온실로 사용하기 위해 지은 것으로, 천장까지 유리창이 이어져 있는 덕분에 자연광이 스며들어 예술 작품을 아름답게 비춘다. 때마다 달라지는 테마 기획 전시로 중국 및 전 세계 현대 예술을 대중에게 소개하며, 전시회뿐만 아니라 세미나와 강연회, 교육 프로그램도 개최된다. 살바토레 페라가모, 샤넬, 픽사 등 예술계 거물의 회고전이 열린 것으로도 유명하다. 비정기 기획 전시로 진행되기 때문에 사전에 꼭 전시 스케줄 확인 후 방문해야 한다(홈페이지 참고).

지도 P.185-C2 **주소** 上海市黄浦区南京西路231号人民公园7号门内 **전화** 021-6327-9900 **운영** 10:00~18:00(17:00 입장 마감) **요금** 50위안(기획전에 따라 변동) **홈페이지** www.mocashanghai.org **가는 방법** 지하철 1·2·8호선 런민광창(人民广场)역 9·10번 출구에서 도보 3분 **검색** shddysg 입력 → 上海当代艺术馆 선택

도시로서의 '상하이'에 대해 알아보는 시간
상하이 도시계획 전시관
上海城市规划展示馆 상하이청스구이화잔스관

세계에서 가장 큰 도시계획 전시관. 도시의 발전적인 측면에서 상하이가 변모해 온 과정과 현재의 모습, 미래 계획을 전시한다. 전시는 사진부터 재현 모형, 영상과 각종 시뮬레이션 등으로 이루어져 상당히 흥미롭다. 하이라이트는 3층의 디오라마. 현재 상하이의 풍경을 미니어처로 재현해 둔 형태로, 푸둥의 고층 건물과 푸시의 유럽풍 건물, 외백도교 등 우리에게도 익숙한 랜드마크를 찾아보는 재미가 있다. 그 밖에 교통, 생태와 환경적 측면에서 살기 좋은 도시로 만들기 위한 노력도 소개하고 있다. 마찬가지로 사전 예약 필수(홈페이지 영문판 하단의 'Reservation'을 선택한 후 나오는 QR 코드를 위챗으로 스캔, 날짜와 시간을 선택해 예약).

지도 P.185-D2 **주소** 上海市黄浦区人民大道100号 **전화** 021-6318-4477 **운영** 09:00~17:00(16:00 입장 마감), 수요일 휴무 **요금** 무료(단, 공식 위챗 계정을 통해 실명 사전 예약 필수) **홈페이지** www.supec.org.cn **가는 방법** 지하철 1·2·8호선 런민광창(人民广场)역 3번 출구에서 바로 **검색** csghzsg 입력 → 上海城市规划展示馆 선택

📷 상하이를 대표하는 명품 거리
난징시루
南京西路

상하이 상업의 중심 거리 난징루(南京路) 중에서도 인민광장이 있는 시장중루(西藏中路)부터 정안사까지 이어지는 서쪽 부분을 가리킨다. 난징둥루가 활기찬 관광의 거리라면, 난징시루는 차분하고 세련된 명품 거리라 할 수 있다. 고급 브랜드의 로드 숍은 물론, 상하이에서도 최고급 쇼핑몰로 꼽히는 플라자 66(Plaza 66), 젊은 분위기의 시틱 스퀘어(CITIC Square), 일본계 백화점인 웨스트게이트 이세탄(Westgate Isetan), 징안 케리센터 등이 길을 따라 줄줄이 늘어서 있다.

지도 P.184 **주소** 上海市静安区南京西路 **가는 방법** 지하철 2호선 난징시루(南京西路) 역 1번 출구에서 바로 / 지하철 2·7호선 징안쓰(静安寺) 역에서 2~6번 출구에서 바로 **검색** njxl 입력 → 南京西路 선택

📷 먹거리로 가득 채워진 거리
우장루
吳江路

난징시루를 따라 나 있는 '먹자골목'. 주로 가볍게 먹을 수 있는 주전부리와 유행하는 먹거리, 체인 음식점 등 젊은이들이 즐겨 찾는 메뉴가 많다. 젊은이가 모여들고 유행이 빠른 만큼 상하이에 론칭하는 음식점이 먼저 공략하는 지역 중 하나이며, 최근에는 음식점 외에 젊은이를 공략한 취미용품 상점도 생겨나고 있다. 버터풀 앤 크리멀러스와 아얌 베이커리 등 최근 상하이에서 유행하는 빵집도 나란히 마주 보고 있어 비교하며 둘러보는 재미가 있다.

지도 P.184-A2·A3 **주소** 上海市静安区吳江路 **가는 방법** 지하철 2호선 난징시루(南京西路) 역 3·4번 출구에서 바로 **검색** wjl 입력 → 吳江路 선택

📷 고급 스쿠먼 박물관에서 인생 사진을
장원
张园 장위안

스쿠먼 건물을 활용한 쇼핑가. 여행자에게 가장 친숙한 스쿠먼 박물관으로 통했던 신천지를 물리치고 가장 뜨고 있는 곳이다. 1882년에 지어진 후 최근까지 주민들이 살던 마을이었으며 가장 완벽하게 보존된 스쿠먼으로 불렸다. 역사적으로도 상하이에서 최초의 조명 시연이 열리고, 최초의 야외 사진관이 있던 것 외에도 반프랑스 집회, 반러시아 집회, 반아편 회의, 쑨원의 연설 등 역사적 사건들이 일어난 의미 깊은 곳이다. 지금은 살던 주민들은 모두 이주하고 대대적인 보수 공사를 거쳐 럭셔리 쇼핑가로 거듭났다. 신천지에 비하면 건물은 보다 웅장하고 높지만, 골목 골목 사람 없는 한적한 곳에서 사진을 찍기 좋다.

지도 P.184-A3 **주소** 上海市静安区茂名北路258号 **가는 방법** 지하철 2·12·13호선 난징시루(南京西路) 역 4번 출구에서 도보 2분 **검색** zhangyuan 입력 → 张园 선택

스쿠먼 건물 속 자리한 화려한 식당가
홍수방
鸿寿坊 훙서우팡

1933년에 지어진 스쿠먼 건축물이 4년간의 대대적인 리노베이션을 통해 상업 시설 & 오피스 단지로 탈바꿈했다. 작은 신천지라 불리는 이곳은 붉은 벽에 푸른 기와, 격자무늬 창살과 같은 스쿠먼 건축물의 독특한 매력을 보존하면서도 현대적인 요소를 결합해 유리 천장을 설치한 개방형 구조를 만들어냈다. 이 책에서 소개한 계만롱, 소소류 수제 딤섬 외에도 베트남 요리, 태국 요리, 일본식 이탈리안 요리, 쓰촨 요리, 후난 요리, 윈난 요리, 저장성 닝보 요리, 광둥성 순더(顺德) 요리, 훠궈, 초밥 등의 음식점이 50개 이상 포진해 음식 선택의 폭

이 넓다. 특히 약 5,000㎡의 면적에 펼쳐진 푸드 마켓(食集)에는 유명 길거리 음식, 인플루언서 브랜드, 신선식품 매장 등이 들어서 있는데, 수많은 수제 주전부리 중에서도 즉석에서 직접 구워내는 에그롤 쿠키는 버터의 풍미가 진하고 신선해 선물용으로 좋다.

지도 P.184-A1 **주소** 上海市普陀区新会路250号 **가는 방법** 지하철 7·13호선 창서우(长寿路) 역 4번 출구에서 도보 3분 **검색** hongshou 입력 → 鸿寿坊 선택

상하이 현대 예술의 지표
M50 창의원
M50 创意园

베이징 798과 함께 중국을 대표하는 예술 지구. 원래는 섬유 공장이 있던 자리였는데, 1999년 섬유 사업이 중단되어 공장도 방치되다가 2001년 화가 쉐숭(薛松)이 여기에 작업실을 연 후 점차 거대한 예술 단지가 형성되었다. 비슷한 방식으로 시작한 전자방(P.214)에 비하면 크게 상업화되지 않은 순수 예술 지향적 공간으로, 50개 이상의 갤러리에서 작가들이 직접 작품 활동을 하는 모습과 다양한 예술품을 만나볼 수 있다. 대부분 월요일은 쉬고, 18:00 전에 문을 닫으니 일찍 찾아가 보자. 천안천수 가까이에 붙어 있어 함께 둘러보기 좋다.

지도 P.85-C1 **주소** 上海市普陀区莫干山路50号 **가는 방법** 지하철 13호선 장닝루(江宁路) 역 1번 출구에서 도보 12분 **검색** m50 입력 → 上海M50创意园 선택

📷 상하이를 대표하는 사찰
옥불선사
玉佛禅寺 위포찬쓰

상하이 최대의 선종 사찰. 고승 혜근(慧根)이 인도 수행을 마치고 중국으로 돌아오던 중, 여기에 절을 세워 미얀마에서 가져온 5개의 옥불 중 2개를 모셨고 나머지 불상 3개는 푸퉈산(普陀山)에 있다. 1882년에 설립되었다가 문화 대혁명 기간에 파괴되고, 지금의 건물은 1928년 재건한 것이다. 옥불루(玉佛楼)에서 높이 1.95m에 달하는 좌불을, 와불당(卧佛堂)에서는 높이 96cm의 와불을 볼 수 있다. 옥불루 내에는 건륭판대장경(乾隆版大藏经) 등 7,000권이 넘는 청대의 진귀한 장경도 보관 중이다.

지도 P.85-C1 **주소** 上海市普陀区安远路170号 **전화** 021-6266-3668 **운영** 08:00~16:30 **요금** 무료(옥불상 별도 10위안) **홈페이지** www.yufotemple.com **가는 방법** 지하철 13호선 장닝루(江宁路) 역 2·3번 출구에서 도보 7분 **검색** yfcs 입력 → 玉佛禅寺 선택

📷 자연과 환경이 변화해온 길
상하이 자연 박물관
上海自然博物馆 상하이쯔란보우관

상하이 과학기술관(上海科技馆)의 분관으로, '자연, 인간, 조화'라는 주제 하에 자연사 유물을 전시한다. 설립 당시 건물의 독특한 디자인과 구성이 화제가 되었는데, 앵무조개의 형상에서 영감을 얻었다고 한다. 앵무조개는 자연에서 발견된 가장 기하학적인 구조를 띤 생물 중 하나다. 소장품은 29만여 점인데, 15만 점의 식물 표본과 4,000점의 포유류, 5,000점의 지질 표본과 8,000점의 고생물 등을 포함한다. 상하이가 속한 화동 지방을 포함해 중국 전역, 세계 각지에서 채취한 것이다. 시청각 영상 자료, 체험 전시 등이 풍부하게 이뤄지기 때문에 중국어를 몰라도 충분히 즐길 수 있으며, 어린이를 동반한 여행객은 특히 만족스러운 시간이 될 것이다.

지도 P.184-A1 **주소** 上海市静安区北京西路510号 **전화** 021-6862-2000 **운영** 09:00~17:00(16:00 입장 마감), 월요일 휴무 **요금** 30위안 **홈페이지** www.snhm.org.cn **가는 방법** 지하철 13호선 쯔란보우관(自然博物馆) 역 1번 출구에서 바로 **검색** zrbwg 입력 → 上海自然博物馆 선택

인기 최고의 샤오룽바오 가게
가가탕포
佳家汤包 자자탕바오

상하이에서 가장 인기 있다 해도 과언이 아닌 샤오룽바오 전문점. 주문한 즉시 만두를 빚는데, 주방과 연결된 창 너머로 만두를 빚는 모습을 볼 수 있다. 인기 메뉴는 게살과 돼지고기를 1:9 비율로 넣은 셰펀센러우탕바오(蟹粉鲜肉汤包)다. 특히 게가 제철인 10~11월은 생물을 사용하기 때문에 더욱 감칠맛이 난다. 돼지고기만 사용한 춘셴러우탕바오(纯鲜肉汤包)와 고기에 달걀노른자를 섞은 단황셴러우탕바오(蛋黄鲜肉汤包) 역시 인기가 좋다. 생강채(生姜丝)는 느끼함을 덜어주니 꼭 주문할 것. 늦게 갈수록 만두의 종류가 적어지기 때문에 최대한 일찍 가도록 하자. 항상 줄이 길게 늘어서고 주문이 들어오면 음식을 만들기 때문에 테이블 회전도 조금 느린 편이다.

지도 P.185-C1 **주소** 上海市黄浦区黄河路90号 **전화** 021-6327-6878 **영업** 07:30~21:00 **가는 방법** 지하철 1·2·8호선 런민광창(人民广场) 역 8번 출구에서 도보 4분 **검색** jjtb 입력 → 佳家汤包(黄河路店) 선택

깔끔한 분위기의 마라샹궈 전문점
초과과 마라샹궈
椒锅锅麻辣香锅 자오궈궈마라샹궈

마라샹궈(麻辣香锅)는 입안이 얼얼해지는 매운맛, 마라 맛의 볶음 요리다. 주로 밥반찬으로 먹지만, 짭짤하고 매콤해 술안주로도 제격이다. 초과과는 상하이에서 약 30개 매장을 운영 중인 체인으로, 우리나라의 마라탕·마라샹궈 전문점처럼 직접 원하는 재료와 맛을 골라서 주문할 수 있는 곳이다. 가격은 채소와 버섯 등을 포함한 A구역은 50g당 4위안, 육류와 해산물류는 50g당 8위안으로 인당 50~70위안이면 넉넉하게 먹을 수 있다. 매운맛은 조절 가능하며, 특히 마라 맛 외에도 간장, 카레, 두시(豆豉, 발효 콩) 등의 맛을 선택할 수 있는 것도 독특하다. 간이 짭짤하니 밥도 잊지 말고 시키자.

지도 P.184-A1 **주소** 上海市静安区吴江路178号2楼 **전화** 166-2123-3326 **영업** 10:30~21:00 **가는 방법** 지하철 2호선 난징시루(南京西路) 역 3번 출구에서 도보 3분

난징의 옛 시장을 재현한 음식점
남경대패당
南京大牌档 난징다파이당

1994년 난징에서 시작해 현재는 상하이, 베이징, 톈진, 선전, 우한 등 중국 각지에 지점을 운영 중인 음식점이다. '대패당'은 포장마차를 가리키는 말로, 이름에 걸맞게 가게의 콘셉트는 '난징의 옛날 시장 음식'. 청나라 때의 야시장 풍경을 재현한 인테리어와 앤티크 가구, 직원들이 갖춰 입은 옛 복식에서 진짜 과거의 난징 거리에 와 있는 듯한 기분이 든다. 각각의 가게는 실제로 각 메뉴를 조리하는 주방으로, 조리되는 과정을 직접 보는 재미까지 더한다. 홀 역시 예스러운 테이블이 늘어선 북적북적한 분위기인데, 가운데 마련된 무대에서는 중국 전통 악기 공연도 열려 더욱 흥을 돋운다. 대표 메뉴는 찹쌀밥에 조린 삼겹살을 올린 장미커우러우(江米扣肉), 베이징 덕을 소로 넣은 샤오롱바오 톈왕카오야바오(天王烤鸭包)와 간장 육수에 소박하게 말아내는 국수 라오파이양춘몐(老牌阳春面) 역시 인기가 있다.

지도 P.185-C2 **주소** 上海市黄浦区南京西路258号世茂商都3楼 **전화** 021-3953-9777
영업 월~금요일 11:00~14:30, 17:00~21:30 **가는 방법** 지하철 1·2·8호선 런민광창(人民广场) 역 9번 출구에서 도보 3분 **검색** njdpd 입력 → 南京大牌档(人民广场店) 선택

※ 현재 공사 중으로 영업 중단, 룽지몽 도시생활중심(p.255), 훙커우 룽지몽(p.285) 내 지점 이용 가능.

계화향의 찹쌀떡, 구이화라가오(桂花拉糕)

🍴 청고추를 메인으로 하는 후난 요리 전문점
웍맨
WOKMAN 胡子大厨 후쯔다추

2020년에 창업해 역사는 길지 않지만, 상하이 내에 20여 개 지점을 운영할 정도로 성장 중인 기업이다. 기존 후난 요리는 붉고 매운맛이 강했던 것에 비해 이 집의 요리는 피망의 생생한 맛을 살린 깔끔한 매운맛이 도드라진다. 신선한 식재료 선정에도 중점을 두고 있는데, 당일 도축한 신선한 고기를 매일 공급받아 사용하며 조리 과정을 지켜볼 수 있게 전면 창으로 이루어진 오픈 키친으로 구성되어 있다. 대표 메뉴는 차오지샤오차오러우(超级小炒肉). 피망의 아삭한 식감에 소고기인지 돼지고기인지 모를 정도로 부드럽게 볶아낸 흑돼지고기, 발효 콩이 어우러진 매콤하면서 짭짤한 요리다. 그 밖에도 한국인들이 중국 식당에서 먹어본 듯 익숙한 맛을 내기 때문에 웬만한 요리는 다 시켜도 실패가 없다. 토마토달걀볶음, 매콤하고 새콤한 맛의 감자채 볶음, 마파두부 등의 평이 모두 좋고 특히 가격 면에서도 음식의 질에 비해 저렴한 편이라 가성비가 높기로 유명하다.

지도 P.184-A1 **주소** 上海市普陀区莫干山路600号B1-22单위안 **전화** 181-1726-8950 **영업** 10:00~21:30 **가는 방법** 지하철 13호선 장닝루(江宁路) 역 1번 출구에서 도보 8분(천안천수 지하 1층) **검색** hzdc 입력 → 胡子大厨·超级小炒肉(大洋千树店) 선택

🍴 상하이 버터플라이 파이의 원조
국제호텔 베이커리
国际饭店西饼屋 궈지판덴시빙우

황허루 초입, 인민공원 건너편까지 기다란 줄이 늘어서 있어 지나가다가도 눈길이 가는 가게다. '상하이에 오직 여기 한 곳뿐 다른 지점은 없다'고 써 붙인 문구에서부터 강렬한 원조의 향기가 느껴진다. 바로 상하이 시내 기념품 가게라면 어디서든 흔히 볼 수 있는 버터플라이 파이(蝴蝶酥)를 처음 개발해 판매한 국제호텔 베이커리. 1934년 호텔이 개장하면서 서양인 제빵사들을 초빙해 만들어 팔기 시작한 것이 오늘날까지 이어져 오고 있다. 256겹으로 이루어진 바삭한 파이는 풍부한 우유와 버터 향 덕분에 후발 주자들이 따라잡을 수 없는 큰 사랑을 받고 있다. 상하이의 오래된 상표, 상하이 여행 특산품으로 인정받았으며, 제조 기술은 상하이시 무형문화재로 등록되어 있다. 파이는 달콤한 기본 맛 외에 짭짤한 치즈 맛도 있다.

지도 P.185-C2 **주소** 上海市黄浦区黄河路28号 **전화** 021-6327-5225 **영업** 08:00~20:00 **가는 방법** 지하철 1·2·8호선 런민광창(人民广场) 역 9번 출구에서 도보 2분 **검색** gjfdfsbw 입력 → 国际饭店帆声饼屋(黄河路国际饭店) 선택

고정관념을 탈피한 샤오룽바오 맛집
소소류 수제딤섬
苏小柳手工点心 쑤샤오류뎬신

중국의 맛집 평가 사이트 다종뎬핀(大众点评)에서 2018~2022년 5년 연속 '필수 방문 맛집'으로 꼽혔으며 아직까지 그 인기가 현재진행형인 곳이다. 1mm의 얇은 피를 25번 접어 만든 수제 샤오룽바오는 노랑, 분홍, 초록 등 보기만 해도 군침이 도는 예쁜 빛깔을 띤다. 정통 돼지고기로 속을 채운 것 외에도 냉이와 소고기, 죽엽 산초와 닭고기, 참기름과 죽순, 참깨와 양고기 등 기존의 샤오룽바오에서 발상을 달리한 새로운 스타일을 선보인다. 특히 게살 샤오룽바오는 찌지 않고 군만두로 내는 것도 독특한 이 집만의 방식. 그중에서도 가장 추천하는 만두는 채식주의자에게도 훌륭한 선택이 되어줄 버섯 샤오룽바오. 향긋한 표고버섯 향이 입안에서 코끝까지 부드럽게 퍼지고, 버섯과 나물, 무의 식감이 기분 좋게 어우러진다. 건새우와 조개살, 오징어, 해삼을 넣어 끓인 해산물 죽밥(小海鲜泡饭) 역시 테이블마다 하나씩 꼭 시키는 메뉴. 특별한 맛은 아니지만 한국의 누룽지탕과 꼭 닮아 여행 내내 매운맛, 기름진 음식을 즐긴 사람이라면 속을 풀어 주기 좋다. 특히 한국인이 부담스러워하는 향채나 향신료가 들어가지 않기 때문에 어린이를 포함해 누구나 편안하게 먹을 수 있는 음식이다. 그 밖에도 동파육, 떡과 돈가스, 닭발, 갈비, 고기완자, 편육 등의 강남 요리 역시 딤섬이라는 가게 이름에 걸맞게 적은 양, 10~20위안대의 부담없는 가격으로 구성한 것 역시 이 집만의 특색이다. 드링크 바(8위안)를 주문하면 중국식 음료와 탄산음료, 아이스크림까지 무제한으로 이용할 수 있다(티백은 드링크 바 주문 여부에 관계없이 모두 무료). 신세계 다이마루 백화점, 조이 시티, 센추리 링크 몰, 일월광중심, 홍수방을 비롯해 반룡천지에도 지점이 있다.

지도 P.185-D1 **주소** 上海市黄浦区南京西路2-68号南楼新世界城B1F **전화** 021-6333-8707 **영업** 10:00~21:30 **가는 방법** 지하철 1·2·8호선 런민광창(人民广场) 역 19·20번 출구에서 바로 연결(신세계성 지하 1층) **검색** xsjc 입력 → 新世界城 선택

커피가 만들어지는 과정이 한눈에
스타벅스 리저브 로스터리
Starbucks Reserve Roastery 星巴克臻选咖啡烘焙工坊

스타벅스의 프리미엄 브랜드 '리저브 로스터리' 매장. 시애틀에 이은 두 번째 로스터리 카페로, 미국 외 국가에는 처음으로 세워진 것이다. 영업 당시 세계 최대 규모로 화제가 되었는데, 면적이 2,700㎡(약 850평)로 축구장의 절반 크기이자 일반적인 커피 매장의 300배쯤 된다. 구리로 만든 커피 저장고는 높이가 8m, 무게 40t으로 시애틀의 2배 크기이며, 전 세계 스타벅스에서 가장 긴 1층의 메인 바는 길이가 27m에 달한다. 즉석에서 로스팅한 원두는 매장을 가로지르는 투명한 파이프를 통해 바리스타에게 전달되고, 이 원두로 만든 신선한 음료가 고객에게 서브된다. 차를 사랑하는 중국의 문화를 고려해 대형 티바나(Teavana) 섹션도 설치되어 오리지널 티 베이스 음료도 20여 종 만나볼 수 있다. 셰프들이 즉석에서 구워내는 수십 가지 베이커리 메뉴도 이곳만의 자랑. 이곳의 또 다른 특징은 스타벅스 최초로 증강현실 기술(VR)을 접목했다는 것이다. 타오바오나 스타벅스 자체 애플리케이션을 이용하면 매장 곳곳에서 커피에 대한 정보 획득과 문화 체험이 가능하다. 여기서만 만나볼 수 있는 특별한 굿즈도 놓치지 말자.

지도 P.184-B3 **주소** 上海市静安区南京西路789号兴业太古汇N110-N201 **영업** 08:00~23:00 **홈페이지** www.starbucks.com.cn **가는 방법** 지하철 2·12·13호선 난징시루(南京西路) 역 11번 출구에서 도보 2분 **검색** starbucks reserve 입력 → STARBUCKS RESERVE ROASTERY(兴业太古汇店) 선택

합리적인 가격의 럭셔리 베이커리
버터풀 앤 크리멀러스
BUTTERFUL&CREAMOROUS
黄油与面包

중국 인플루언서들 사이에서 화제가 된 한국발 베이커리로 어느 지점을 가든 30분 이상 줄 서야 하는 것으로 유명하다. 지금은 상하이 시내에도 지점이 늘어남에 따라 대기 시간은 비교적 줄었지만, 우장루에 있는 플래그십 스토어는 여전히 상하이 내 가장 인기 있는 빵집이라 해도 과언이 아니다. 배색을 활용한 고급스러운 분위기의 매장 안은 2층과 테라스에 좌석을 갖추었으며, 특유의 세련된 쇼핑백은 중고 마켓에서 거래되기까지 할 정도로 인기에 한몫했다. 큼직한 소고기 덩어리를 파이로 감싼 비프 웰링턴을 필두로 피스타치오 크림을 올

린 크루아상 등이 특히 인기 메뉴. 특히 한국 매장은 기본적인 페이스트리가 주를 이루는 데 반해 독특한 메뉴가 많아 우장루에 갔다면 들러볼 만하다. 신천지 스타일 내에도 매장이 있다.

지도 P.184-A3 **주소** 上海市静安区吴江路289号 **전화** 193-7097-5236 **영업** 11:00~22:00 **가는 방법** 지하철 2호선 난징시루(南京西路) 역 4번 출구에서 도보 1분 **검색** butterful 입력 → BUTTERFUL&CREAMOROUS 黄油与面包(上海旗舰店) 선택

정통 포르투갈식 에그 타르트
릴리안 베이커리
Lillian Bakery 莉莲蛋挞 류렌단타

상하이를 대표하는 베이커리로, 1800년대 리스본에서 만들던 방식 그대로 만드는 에그 타르트로 정평이 나 있다. 특히 바삭한 크러스트와 달걀의 풍미가 살아 있는 촉촉한 크림에 대한 만족도가 높다. 기본 에그 타르트 외에 두리안 타르트, 치즈 타르트 등 선택의 폭도 넓어 다양하게 맛보기 좋다. 상하이 시내 곳곳에 지점이 있다.

지도 P.185-D1 **주소** 上海市黄浦区西藏中路268号上海来福士广场B1楼 **전화** 021-6333-0035 **영업** 10:00~22:00 **가는 방법** 지하철 1·2·8호선 런민광창(人民广场) 역 14·15번 출구에서 도보 1분(신스제청 지하 1층) **검색** lldt 입력 → 莉莲蛋挞(新世界城店) 선택

레트로 감성이 느껴지는 영국식 빵집
아맘 론베이커리
AMAM LONBAKERY TOWN
伦敦烘焙小镇

양손 가득 빵을 든 커다란 강아지 요리사가 반겨주는 곳. 붉은 벽돌의 외관과 이름에서부터 영국 분위기가 물씬 느껴지는 이곳은 2024년 연말에 오픈한 최신 빵집으로, 바로 앞에 자리한 버터풀 앤 크리멀러스와 경쟁하듯 대기 행렬이 늘어선다. 안으로 들어서면 천장에 주렁주렁 매달린 광주리와 냄비, 나무 선반 가득 늘어선 형형색색의 빵들이 마치 오래전 영국의 주방에 들어온 듯한 느낌을 준다. 아맘 베이커리의 주력 메뉴는 캐러멜, 피스타치오, 초콜릿 등으로 다양하게 변주를 준 에그 타르트. 마치 쿠키처럼 바삭한 크러스트에 두툼한 층으로 이루어진 달걀 크림은 흘러내릴 듯 부드러운 식감을 자랑한다. 그 밖에 시즌 과일을 올린 타르트와 영국식 미트파이, 케이크류 역시 인기가 좋다. 신천지 스타일 내에도 버터풀 앤 크리멀러스와 마주하는 곳에 매장이 있다.

지도 P.184-A3 **주소** 上海市静安区吴江路269号 **전화** 180-1979-7795 **영업** 11:00~22:00 **가는 방법** 지하철 2호선 난징시루(南京西路) 역 4번 출구에서 도보 1분 **검색** amam 입력 → AMAMLONBAKERYTOWN伦敦烘焙小镇(上海吴江路旗舰店) 선택

수건 케이크의 또다른 강자
드렁크 베이커
DRUNK BAKER

상하이 내에만 30여 개의 매장을 운영 중인 카페 겸 베이커리. 최근 급격히 늘어나고 있는 빵집이다. 자체 로스팅한 원두를 사용할 뿐만 아니라, 빵 종류도 담백한 식사빵부터 달콤한 디저트까지 다양해 대중들의 호응을 얻고 있다. 특히 홀리랜드 외에 또 다른 수건 케이크를 맛볼 수 있는 곳으로 중국 인플루언서들의 먹방에도 종종 등장하곤 했다. 현지인들이 입을 모아 추천하는 빵은 바나나가 통째로 들어간 바나나케이크로, 달콤한 슈거 코팅까지 어우러져 커피와 찰떡궁합이다.

지도 P.184-A1 **주소** 上海市普陀区莫干山路600号1F **전화** 181-1649-4050 **영업** 07:00~22:00 **가는 방법** 지하철 13호선 장닝루(江宁路) 역 1번 출구에서 도보 8분 **검색** drunk baker 입력 → DRUNK BAKER(大洋晶典·天安千树1期店) 선택

전형적인 중국식 백화점
신세계성
新世界城 신스제청

런민광창 역과 연결되는 백화점으로, 고급 쇼핑몰이 즐비한 난징시루에서 가장 대중적인 분위기다. 1층은 화장품과 주얼리, 2~3층은 여성 의류와 패션 잡화, 4층은 남성복, 5층은 캐주얼 의류, 6층은 스포츠, 7층은 가구와 침구, 8층은 유아·어린이 매장으로 구성되어 있다. 지하 1~2층에는 가벼운 먹거리와 패스트푸드 전문점이 자리하는데, 에그 타르트로 이미 유명한 릴리안 베이커리 외에도 다양한 디저트 & 음료 전문점, 국숫집 등이 많이 있어 가볍게 식사를 즐기기 좋다. 10층에는 유명 인사를 본뜬 밀랍인형과 사진 촬영을 즐길 수 있는 '마담 투소의 밀랍인형관'이 있다.

지도 P.185-D1 **주소** 上海市黃浦区南京西路2-88号 **전화** 021-6358-8888 **영업** 09:30~22:00 **가는 방법** 지하철 1·2·8호선 런민광창(人民广场) 역 19·20번 출구에서 도보 1분 / 지하철 2·10호선 난징둥루(南京东路) 역 1번 출구에서 도보 12분 **검색** xsjc 입력 → 新世界城 선택

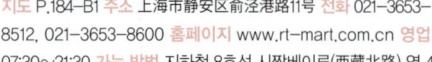

여행자들의 슈퍼마켓 쇼핑 성지
RT 마트
大润发 다룬파

시내 곳곳에서 허마 선생이나 올레, 시티 슈퍼 등의 슈퍼마켓을 만나볼 수는 있지만 여행자들이 살 만한 품목은 적기 때문에 큰 대형 마트에서 가방을 꽉 채워오고 싶다면 무조건 가야 하는 곳이다. 상하이 명주(名酒)로 알려진 황주와 고량주 등의 술, 각종 과자, 현지에서 맛볼 만한 과일 등 원하는 대부분의 것을 만나볼 수 있다. 숙소의 위치에 따라 달라지겠지만 난징둥루 & 난징시루를 기점으로 핑장관점(平型关店)이 가장 가까우며, 지하철 8호선 시짱베이루(西藏北路) 역에서 도보 거리라 지하철로도 접근성이 좋은 편이다.

지도 P.184-B1 **주소** 上海市静安区俞泾港路1号 **전화** 021-3653-8512, 021-3653-8600 **홈페이지** www.rt-mart.com.cn **영업** 07:30~21:30 **가는 방법** 지하철 8호선 시짱베이루(西藏北路) 역 4번 출구에서 도보 7분 **검색** drfpxg 입력 → 大润发(平型关店) 선택

상하이의 새로운 랜드마크
천안천수
天安千树 톈안첸수

영국의 레오나르도 다 빈치라 불리는 디자이너 토머스 헤더윅(Thomas Alexander Heatherwick)이 설계를 맡은 건물. 세계 7대 불가사의 중 하나로 꼽히는 '바빌론의 공중정원'과 중국의 황산을 모티프로 했으며, 그 규모만 30만㎡에 달한다. 이름처럼 옥상 정원에 1,000그루에 달하는 녹나무가 심겼으며, 동관과 서관의 두 동을 합하면 거대한 2개의 산을 만들어낼 예정이다(2025년 현재 동관은 공사 진행 중). 남쪽 벽면은 세계 각지의 예술가의 그림 작품들로 채웠고, 건물 내 엘리베이터를 타고 오르내릴 때에는 투명한 유리창 뒤로 거대한 예술 작품을 감상할 수 있도록 한 등 예술적인 측면에서도 M50의 도시 예술과 융합하려는 노력이 돋보인다. 쑤저우허(苏州河)를 따라 마련된 산책로에서는 건물의 외관과 함께 곳곳에 전시된 작품을 만나볼 수 있으며, 특히 봄이면 약 900m 길이의 산책로 가득 벚꽃이 피어나 아름다움을 더한다. 쑤저우허를 가로지르는 다리 위는 천안천수를 배경으로 사진 찍는 가장 좋은 포토 스폿으로 언제나 사람들이 붐비며, 앉아서 쉴 수 있는 벤치도 마련되어 있다.

지도 P.184-A1 주소 上海市普陀区莫干山路600号 전화 021-6327-3535 영업 10:00~22:00(상점마다 영업 시간 다름) 가는 방법 지하철 13호선 장닝루(江宁路)역 1번 출구에서 도보 8분 검색 taqs 입력 → 大洋晶典·天安千树 선택

SPECIAL PAGE

라멘도 중국이 원조!
상하이 누들 로드

아침이나 점심에 가볍게 먹고 넘기고 싶을 때는 면 요리만큼 좋은 것이 없다. 양꼬치나 돈가스 등 최근 들어 더욱 다양한 사이드 메뉴를 선보이고 있는 추세라, 단순히 가볍고 밋밋하기만 한 국수 한 그릇이 아니라는 것!

송학루 소식탕면
松鹤楼 苏式汤面
쑹허러우 쑤스탕몐

쑤저우식 면요리 전문점. 직경 1.5mm 정도의 가느다란 면발을 사용하는데, 술술 넘어가는 부드러운 식감을 자랑한다. 이 집의 대표 메뉴는 홍탕면에 삶은 고기를 올린 구파먼러우몐(古法焖肉面). 국물은 진한 홍색~갈색의 맑은 간장 베이스의 탕으로, 장어 뼈, 돼지 뼈, 닭뼈 등 수많은 재료를 넣고 64시간 동안 우려내 풍부한 향이 살아있다. 살코기와 비계가 적당히 어우러진 부위를 부드럽게 삶아낸 토핑은 깔끔한 그 자체인 국수와 매우 잘 어울린다. 식전에 가볍게 먹을 수 있는 주전부리 셀프 서비스 코너가 마련되어 있으며 저장성의 다양한 요리도 함께 판매한다.

위치 천안천수 지하 1층, 훙이 플라자 지하 1층, 예원상성 내, BFC 와이탄 금융중심 남쪽 구역 2층, 상하이 타워 지하 1층, 푸둥 국제공항 T2 4층 **검색** songhelou 입력 → 松鹤楼 선택

화부노면
和府捞面 허푸라오몐

'몸과 마음을 건강하게'라는 콘셉트로 꾸민 북 레스토랑으로, 콘셉트에 맞게 매장 곳곳에 비치된 책이 눈에 띈다. 카페테리아 형태로 입구에서부터 원하는 사이드 메뉴를 담을 수 있는데, 닭날개튀김, 돈가스, 두부튀김, 닭발, 족발, 양꼬치 등 종류가 무척 다양해 면 요리와 곁들여 먹기 좋다. 그중에서도 중국식 반숙달걀조림은 특히 인기가 좋으니 꼭 추가하자. 가장 인기 있는 메뉴는 뽀얀 사골 국물에 돼지 갈비나 연골을 얹은 탕면. 중국식 돌솥밥이나 비빔면 등의 메뉴도 있다.

위치 신세계성 지하 1층, 훙이 플라자 지하 1층, 조이 시티 지하 1층, 훙커우 룽즈멍 지하 1층, 시나 마스 플라자 지하 2층, 메트로 시티 3층, 반룽천지 **검색** hefulaomian 입력 → 和府捞面 선택

진향귀 란저우 우육면
陈香贵蘭州牛肉面 천샹구이 란저우뉴러우몐

중국의 면요리 중에서 가장 유명하고 보편적이라고 할 수 있는 란저우 우육면은 중국 어디에서나 흔히 찾아볼 수 있는 음식이다. 소고기 육수의 국물에 얇은 고기와 무, 파와 고수 등을 올린 소박한 국수지만 이 국수의 진가는 그 자리에서 직접 뽑아 만드는 수타면. 국물은 심심한 맛이기 때문에 보통 고추기름을 넣어 먹는데, 이 집에서는 기본적으로 고추기름을 살짝 넣어서 주기 때문에 적절한 간을 즐길 수 있다. 부족하다면 테이블에 있는 양념을 추가하면 된다. 사이드 메뉴가 다양하지는 않지만 곁들여 먹기 좋은 조그만 양꼬치는 의외로 맛이 좋으며 슴슴한 맛의 면과 최고의 궁합을 이룬다.

위치 모자이크 지하 1층, 조이 시티 지하 1층, 천안천수 지하 1층, 상하이 타워 지하 2층, 메트로 시티 3층, 번룽천지, 푸둥 국제공항 T1&T2 사이 **검색** cxglznrm 입력 → 陈香贵·蘭州牛肉面 선택

우견소면
遇见小面 위젠샤오몐

2014년 창업해 코로나19 때도 지속적인 성장을 이루어내, 2023년 중국에서 충칭샤오몐과 쏸라펀 등의 소비량 1위를 달성한 곳. 이름에서 드러나는 가게의 주력 메뉴는 충칭샤오몐(重庆小面). 쓰촨성을 대표하는 면요리 중 하나로 고추기름으로 뒤덮인 새빨간 국물에 담겨 있는 면이다. 시큼한 맛이 매력적인 쏸라펀(酸辣粉), 콩과 돼지고기를 매콤하게 볶아낸 소스를 비벼먹는 완짜몐(豌杂面), 쓰촨식 훈툰 차오서우(抄手), 쓰촨식 마라탕 마오차이(冒菜)까지 쓰촨을 대표하는 국수와 만두까지 모두 갖추고 있다. 먹고 난 후에 얼얼한 입을 달래는 데는 쓰촨식 푸딩 빙펀(冰粉)이 제격이다. 화부노면과 마찬가지로 곁들여 먹을 돈가스, 족발, 양꼬치 등 곁들여 먹을 사이드 메뉴가 다양하다.

위치 래플스 시티 지하 1층, 훙이 플라자 지하 1층, 일월광중심 지하 2층, 메트로 시티 4층 **검색** yjxm 입력 → 遇见小面 선택

신천지
新天地

새로운 세계'라는 뜻의 신천지는 상하이 내에서 가장 먼저 개발된 지역 중 하나다. 근처에 대한민국 임시정부 유적지가 있기 때문에 한국인들이 꼭 찾는 지역이기도 하다. 스쿠먼 건물을 활용한 노천 카페와 음식점이 늘어서 있어 마치 유럽에 온 듯한 느낌을 주는데, 이 지역이 재개발될 당시에는 수천 가구가 이곳을 떠나야 했던 슬픈 이면도 있다. 상하이 최고급 상권 중 하나로 물가는 비싼 편이지만, 낮이든 밤이든 언제나 붐비는 인기 구역이다.

신천지 추천 코스

총 소요 시간 8시간

거리 산책과 맛집 투어, 노천 카페에서 여유로운 시간을 보내는 것이 신천지 여행의 주요 일정이다. 핵심은 역시 대한민국 임시정부라 할 수 있는데, 점심시간에는 문을 닫고 운영 시간을 칼같이 지키기 때문에 시간을 잘 맞춰 가야 한다. 체력이 된다면 사남공관과 전자방까지 걸어서 둘러보기 좋으며, 앞서 소개한 예원(豫园) 역시 신천지에서 가까우니 하루 일정으로 묶어서 돌아봐도 좋다.

≪ 택시 10분 또는 도보 15분　　≪ 신천지 내 이동

구동화원 P.220
과거 쑨원이 살았던 서양식 가옥에 자리한 앤티크 카페. 크고 작은 골동품이 빼곡히 들어선, 마치 하나의 작은 박물관 같은 곳.

채란 P.218
신천지 스타일 내에 있는 딤섬 전문점으로, 중국에서 즐겨 먹는 과일 중 하나인 산자 열매를 활용한 독특한 만두로 상까지 받았다.

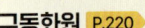

택시 10분 또는 도보 15분 ≫

사남공관 P.213
서양식 가옥을 개조한 고급 호텔 & 상점가. 건물을 구경하며 한가로이 거닐다가 상하이에서 가장 유명한 서점 중 하나인 사남서원에도 들러보자.

도보 5분

1 대한민국 임시정부 유적 P.210
일제 치하 기간, 상하이에서 수립된 대한민국 임시정부가 약 6년간 청사로 사용했던 곳. 독립투사들의 애국정신이 서려 있다.

2 신천지 P.211
일명 상하이의 유럽. 상하이의 전통 주거용 건축물 스쿠먼을 리모델링해 사용하는 세련된 동네로, 상하이에서도 손꼽히는 고급 미식·쇼핑가다.

도보 1분

6 전자방 P.214
한때 예술가들의 거리였지만 지금은 아기자기한 기념품과 먹거리가 집합한 필수 관광지다.

7 일월광중심 P.224
전자방 바로 앞에 있는 대형 쇼핑몰. 지하 2층부터 지상 5층까지 가득 들어선 음식점 중 하나를 골라 저녁 식사를 즐겨도 좋다.

대한민국 독립 투쟁의 역사가 담긴 곳
대한민국 임시정부 유적
大韩民国临时政府 다한민궈린스정푸쥐즈

신천지에 위치한 빨간색 벽돌의 스쿠먼 건물. 3·1운동 이후 상하이에 수립된 대한민국 임시정부가 1926년 7월부터 1932년 4월까지 사용하던 본거지다. 임시정부가 9개의 도시를 이동하며 사용했던 본부 중 상하이와 항저우, 충칭 이렇게 세 곳만 아직까지 남아 있는데, 상하이 유적지는 그중에서도 가장 오랫동안 사용된 곳이다. 김구 선생이 이곳에서 〈백범일지〉를 집필하고 윤봉길 의거를 계획하는 등 활발한 투쟁 활동을 지휘하던 곳으로 역사성 역시 깊다. 한·중 수교가 이루어지기 전에는 방치되었고 재개발로 인해 철거될 위기에 처했지만, 수교 이후 대한민국 정부의 요청으로 1993년 개방되었고 2001년 12월 건축물을 전면 보수, 전시 시설을 확장했다. 관람은 1층에서 임시정부의 활약에 관한 비디오를 시청한 후 시작된다. 2~3층의 전시실에서는 집무실과 침실, 당시 사용하던 태극기와 가구 등을 볼 수 있으며 임시정부의 활동에 대한 자료도 전시되어 있다.

지도 P.209-C2 **주소** 上海市卢湾区马当路302-304号 **전화** 021-5382-4554 **운영** 09:00~11:00, 13:30~16:30 **요금** 20위안 **가는 방법** 지하철 10·13호선 신톈디(新天地) 역 6번 출구에서 도보 2분 **검색** dhmglszf 입력 → 大韩民国临时政府旧址 선택

전통 건축물과 현대식 시설이 이루는 조화
신천지
新天地 신천지

황피난루(黃陂南路)와 마당루(马当路) 사이에 위치한 복합 상업 단지다. 원래는 스쿠먼 건물이 밀집된 공동 주택 단지였는데, 재개발 프로젝트를 통해 고급 쇼핑·미식 거리로 변모했다. 오래된 스쿠먼 건물의 외양과 아름다움을 보존하면서 현대적인 감성으로 꾸민 상점가는 이제 장원이나 사남공관 등에서도 볼 수 있지만, 가히 신천지가 그 원조라 할 수 있다. 고급스러운 스쿠먼 주택 앞 햇살 잘 드는 곳에 테이블을 깔아둔 노천 카페에서 차 한 잔 마시다 보면, 유럽에 온 기분까지 든다. 신천지가 여전히 사랑받는 이유다. 이곳은 싱예루(兴业路)를 기점으로 크게 두 블록, 북쪽 구역과 남쪽 구역으로 나뉘어 있다. 북쪽 구역은 음식점과 카페 등이 주를 이루고 남쪽 구역은 쇼핑몰 신천지 스타일을 중심으로 부티크 숍과 편집숍, 잡화점 등이 모여 있다. 이 구역뿐만 아니라 주변 일대는 수많은 파인 다이닝과 나이트 라이프 스폿이 밀집한 대규모 상권이다. 특히 화이하이중루(淮海中路)를 따라 늘어선 상점들은 상하이 트렌드를 반영하는 유행의 산실로 한국의 선글라스 브랜드 젠틀 몬스터 플래그십 스토어는 물론 중국의 다양한 브랜드 매장이 몰려 있다.

지도 P.209—C1·C2 **주소** 上海市卢湾区太仓路181弄 **홈페이지** xintiandi.com **가는 방법** 지하철 1·14호선 이다후이즈·황피난루(一大会址·黃陂南路) 역 2번 출구에서 도보 3분 **검색** xtd 입력 → 上海新天地 선택

중국 공산당의 역사적인 장소
중공일대회지
中共一大会址 중궁이다후이즈

1921년 7월 23일, 중국 공산당의 첫 번째 전국 대회가 열린 장소. 지금은 중국 공산당의 기초와 역사에 관한 자료를 전시하는 박물관이 되었다. 전시의 하이라이트는 단연 첫 전당 대회의 모습을 복제한 그림으로, 마오쩌둥 외 초기 공산당 주요 인사들의 모습을 찾아볼 수 있다. 전반적으로 사진 촬영 및 관람이 자유로우며, '인민의 승리'라 적힌 대형 동상은 꽤 신선하게 다가온다. 기념품 가게에서는 중국 공산당과 관련된 기념품을 구할 수 있다.

지도 P.209-C2 **주소** 上海市黃浦区黄陂南路374号 **전화** 021-5383-2171 **홈페이지** www.zgyd1921.com **운영** 09:00~17:00(16:00 입장 마감), 월요일 휴무 **요금** 무료 **가는 방법** 지하철 1·14호선 이다후이즈·황피난루(一大会址·黄陂南路) 역 2번 출구에서 도보 5분 **검색** zggcddyc 입력 → 中国共产党第一次全国代表大会会址纪念馆 선택

공화제 창시자 쑨원의 옛집
쑨원 고거
孙中山故居 쑨중산구쥐

중국 민족주의를 대변하는 인물이라고도 할 수 있는 쑨원은 중국의 대표적인 정치가이자 사상가로 민족, 정치, 사회적 자유와 평등을 주장하는 삼민주의(三民主義; 민족주의, 민권주의, 민생주의)를 내세우며 지금까지도 중국과 타이완 모두에게서 존경받고 있다. 대한민국 임시정부를 승인한 첫 중국 지도층으로 대한민국 독립유공자로 인정받기도 했다. 이 집은 쑨원과 그의 아내 쑹칭링이 1918년부터 살던 집으로, 부부가 함께 살았던 유일한 거주지다. 입구로 들어서면 쑨원 조각상 뒤에 문물관이 있고, 그 뒤로 쑨원의 집이 이어진다. 정원이 딸린 유럽풍 2층 집 내부에서는 거실과 식당, 침실과 서재 등을 볼 수 있으며 쑹칭링 여사가 살던 당시 직접 꾸민 모습을 재현했다. 쑨원의 초상화와 부부의 결혼식 사진, 중화민국 임시 대총통 취임 당시의 사진도 볼 수 있다. 집 안에서의 사진 촬영은 엄격하게 금지된다.

지도 P.208-B3 **주소** 上海市卢湾区香山路7号 **전화** 021-5306-3361 **홈페이지** www.sunyat-sen.org **운영** 09:00~17:00(16:30 입장 마감) **요금** 무료 **가는 방법** 지하철 1·10·12호선 산시난루(陕西南路) 역 4번 출구에서 도보 13분 **검색** szsgj 입력 → 上海孙中山故居纪念馆 선택

최고급 주거 공간 속 상점
사남공관
思南公館 쓰난궁관

1920년대에 건축된 서양식 가옥을 개조해 사용하는 고급 상점가. 1999년부터 10년 동안 복원한 건물들은 각각 독립식, 연립식, 안뜰을 갖춘 독립식, 복도식, 빌라 등 크기나 건축 양식에 있어 고유한 개성이 살아 있다. 쓰난루(思南路)를 사이에 두고 동서로 넓게 조성된 건물들은 상점, 음식점, 호텔과 고급 주거 공간 등으로 이루어져 있다. 그중에서도 전 객실 독채로 이루어진 최고급 호텔 마세넷(Massenet)은 외부인들의 통행이 제한되어 있고, 몇몇 음식점과 더불어 시를 주제로 하는 서점이자 카페, 사남서점(思南书局)도 들러볼 만하다. 바로 옆에는 저우언라이(周恩來)의 옛집이자 한때 공산당의 활동 장소로도 쓰인 주공관(周公館)이 있다.

지도 P.208-B3 **주소** 上海市卢湾区思南路55号 **홈페이지** www.sinanmansions.com **가는 방법** 지하철 10·13호선 신톈디(新天地) 역 4·5번 출구에서 도보 13분 **검색** sngg 입력 → 思南公馆 선택

새로운 나이트 라이프의 중심
파운드158
Found158 158坊

융캉루(永康路)는 2000년대만 해도 각종 바와 펍이 몰려 있던, 좁디좁은 골목에 다닥다닥 모여 앉아 떠들썩하게 밤을 즐기던 상하이 음주 문화의 중심이었다. 그런 융캉루가 시민들의 항의와 시정부 정책에 의해 평범한 골목으로 전락하자 그를 대체할 만한 새로운 시설이 여기저기서 등장하게 되었고, 그중 하나인 파운드158은 젊은 세대와 외국인들이 몰려드는 나이트 라이프 스폿으로 자리 잡았다. 세계 각국의 레스토랑, 펍, 재즈 바, 클럽 등이 몰려 있고, 몇몇 가게들은 세대 교체를 겪었지만 여전히 밤이 되면 문전성시를 이룬다. 지하에 있지만 천장이 없는 야외 공간이라 개방감이 느껴지며, 밝은 분위기라 여자 혼자 찾아도 부담 없다. 보통 22:00 이후부터 사람들이 몰려들기 시작하니 늦은 밤 방문할 것.

지도 P.208-A1 **주소** 上海市黄浦区巨鹿路158号 **가는 방법** 지하철 13호선 화이하이중루(淮海中路) 역 3번 출구에서 도보 8분 **검색** anyangmian 입력 → 安阳面馆 선택

📷 예술가의 거리로 알려진 아기자기한 골목
전자방
田子坊 텐쯔팡

공장으로 쓰이던 부지가 1990년대 후반 재개발되면서 젊은 예술가들이 하나둘 모여들며 예술가의 거리로 이름을 날리게 되었다. 스쿠먼 건물을 보존해 활용하기 때문에 '제2의 신천지'라고도 불리기도 했지만 신천지의 화려함과는 상반된 아기자기한 분위기이며 여전히 주민들의 삶의 터전이라는 점에서 큰 차이를 띤다. 가로세로 골목이 얽힌 모습이 밭 '전(田)' 자를 닮아 이런 이름을 얻었는데, 좁은 거리에 갤러리, 카페, 음식점, 기념품 가게 등 수백 개의 상점이 이어진다. 다만 한때 저렴한 월세 덕에 자리 잡았던 예술가들은 거의 자취를 감추고 예원상성이나 다른 관광지와 비슷한 숍들이 늘어서면서 여느 관광지와 비슷해진 모습에 아쉬움도 크다. 기대를 하고 찾는다면 실망할 수도 있으니 이곳에만 있는 가게를 찾는다는 기분으로 가볍게 들러 보자.

지도 P.208-A3 **주소** 上海市黃浦区泰康路210弄 **운영** 09:00~21:00(상점마다 조금씩 다름) **가는 방법** 지하철 9호선 다푸차오(打浦桥) 역 1번 출구에서 도보 2분 **검색** tianzifang 입력 → 上海田子坊 선택

경선자

京扇子 징산쯔

베이징을 기반으로 하는 중국의 부채 브랜드다. 여타 기념품 가게에서 볼 수 있는 비슷한 모양의 부채와는 달리, 개성 있는 디자인과 문양이 두드러진다. 가격은 합리적인 데 비해 세공이 정교하며 포장도 잘 되어 있기 때문에 선물로도 좋다.

 www.jingshanzi.com

블랜버니

BLANBUNNY

귀여운 토끼가 마스코트인 차 전문점. 과일이 첨가된 상큼하고 달달한 차와 달지 않은 기본 녹차, 재스민차, 홍차 등을 살 수 있다. 차의 품질보다도 귀여운 케이스와 포장 덕에 인기가 많은데, 찻잎을 담아 우리는 기구나 예쁜 찻잔 등 인테리어 소품으로도 좋은 액세서리 역시 다양하다. 시음 차의 종류가 많아 이것저것 먹어보고 고를 수 있다는 것 역시 장점. 반룡천지에도 지점이 있다.

 www.blanbunny.com

담목장

譚木匠 탄무장

무소의 뿔이나 고급 목자재로 만든 빗과 목공예품을 취급한다. 브랜드 명은 탄씨 성을 가진 목공 장인이라는 뜻인데, 이름과 같이 설립자인 탄찬화(譚傳華)는 장인의 마음으로 빗을 만들어 유통하고 있다고 한다. 고급 목재를 사용한 빗은 장애인 직원들이 하나하나 손으로 깎아 만든 것으로, 가격대는 조금 높지만 오래 사용해도 얼룩이 지지 않아 평생 사용하기 좋은 빗이라는 콘셉트에 잘 어울린다. 또한 천연 재료를 사용했기 때문에 남녀노소 누구나 사용하기 좋고, 머리를 빗으며 두피를 마사지하면 혈액순환을 촉진하고 머리카락 빠짐도 방지하는 효과가 있다.

홈페이지 www.ctans.com

유리 본연의 아름다움
유리 예술 박물관
琉璃艺术博物馆 류리이수보우관

아시아 최초의 유리 박물관으로, 2006년에 설립되었다. 2층에서는 중국 고대 유리 작품과 세계적인 거장들의 걸작, 현대 아티스트 10인의 신작을 만나볼 수 있으며 3층에서는 박물관의 설립자이면서 예술가인 양후이산(杨惠姍)의 주요 작품을 전시한다. 유리로 된 건물 자체만으로도 볼거리인데, 화려하게 외관을 장식한 모란은 5,025개의 스테인리스 꽃잎을 달아 만든 것이다. 이 역시 설립자 양후이산이 설계한 작품으로, 총 중량 12t, 폭 54m에 달하며 꽃잎 장식을 만드는 데만 3개월, 붙이는 데 3개월이 걸렸다고 한다. 건물 1층에서는 카페와 기념품 숍을 만나볼 수 있다.

지도 P.208-A3 주소 上海市黄浦区泰康路25号 전화 021-6467-2268 운영 10:00~17:00(16:30 입장 마감), 월요일 휴무 요금 60위안 홈페이지 www.liulichinamuseum.com 가는 방법 지하철 9호선 다푸차오(打浦桥) 역 1번 출구에서 도보 3분 검색 llysbwg 입력 → 上海琉璃艺术博物馆 선택

신선하고 건강한 식사
그린 & 세이프
Green & Safe

유기농 슈퍼마켓이자 카페 겸 레스토랑. 육류, 과일, 채소, 소스 등 유기농 식재료를 판매하는 마켓과 베이커리, 디저트, 본격적인 식사를 즐길 수 있는 레스토랑으로 구성되어 있다. 몇 년 새에도 수많은 가게가 생겼다 없어지는 신천지에서 이제는 나름 터줏대감이라 할 만큼 오랫동안 자리를 지켜온 만큼 팬층도 두텁다. 특히 와인, 맥주는 물론 칵테일, 위스키, 그 밖의 리큐어도 종류가 다양하며 평일 19:00 전에는 칵테일을 30% 할인해 주어 식사와 함께 한잔 즐기려는 사람들도 많이 찾는다. 피자와 샐러드, 스테이크 등 다양한 메뉴 중에서도 가장 사랑받는 것은 유기농의 건강한 샐러드. 특히 원하는 3종류의 스몰 샐러드를 조합할 수 있는 샐러드 콤보는 가벼운 런치로도 안성맞춤이고 사이드로 나눠 먹기에도 좋아 테이블마다 시키는 필수 메뉴다. 당근 케이크나 치즈 타르트 등의 디저트류도 호평을 받고 있다.

지도 P.209-C **주소** 上海徐汇区东平路6号 **전화** 021-6386-0140 **홈페이지** www.green-n-safe.com **영업** 11:00~22:00 **가는 방법** 지하철 1·14호선 이다후이즈·황피난루(一大会址·黄陂南路) 역 2번 출구에서 도보 3분 **검색** green & safe 입력 → GREEN & SAFE(上海新天地南北里店) 선택

전혀 새로운 딤섬을 만나고 싶다면
채란
蔡澜 차이란

홍콩의 유명 미식가이자 작가인 차이란(蔡澜)이 론칭한 동명의 광둥식 딤섬 전문점. 전통 광둥 음식점과 다르게 혁신에 중점을 두고 새로운 딤섬을 개발해 왔다. 시그니처 딤섬은 그가 직접 개발한 돼지고기 찐빵 쑤피산자차사오바오(酥皮山楂叉烧包). 파인애플 번의 바삭한 겉면 식감, 돼지고기 찐빵, 새콤달콤한 산자 열매 소스까지 세 가지 맛의 새로운 결합으로, 1년에 800만 개가 팔리는 이곳에서만 맛볼 수 있는 별미다. 튀긴 딤섬과 찐 딤섬을 각각 하나씩 맛볼 수 있는 샘플러도 있으니 여러 가지를 맛보고 싶다면 추천한다. 직접 우려낸 홍차에 아이스크림을 꽂아 마시는 밀크티 역시 현지인들에게 사랑받는 메뉴이니 달달한 마무리로 맛보자.

지도 P.209-C2 **주소** 上海市黄浦区马当路185号 **전화** 021-6333-5789 **홈페이지** www.chualamdimsum.com **영업** 11:00~22:00 **가는 방법** 지하철 1·14호선 이다후이즈·황피난루(一大会址·黄陂南路) 역 2번 출구에서 도보 8분(신천지 스타일 1층) **검색** cailan 입력 → 蔡澜点心(新天地店) 선택

와인과 함께 즐기는 시난(西南) 요리
산야판찰
山野板扎 云贵川bistro 산예반자 윈구이찬 비스트로

2023년에 새롭게 등장한 윈난 & 구이저우 & 쓰촨 요리 비스트로. 중국 서남부에 위치한 세 개 성(省, 우리로 따지면 도)의 시고 매운맛을 결합하고 상하이 풍미에 맞게 변형해 선보인다. 비스트로라는 이름을 붙인 만큼 와인과 칵테일을 비롯한 주류에도 신경을 쓴 모양새다. 가장 호평을 받는 요리는 윈난식 유먼지(油焖鸡). 우리네 간장 닭볶음탕처럼 익숙한 양념으로 닭고기 조각과 적당히 으깨진 감자, 쫄깃한 떡이 구리 냄비에 풍성히 담겨 나오는 부드러운 요리다. 그 밖에 다양한 버섯을 볶아내 사워도우에 얹어먹는 자쥔쌴멘바오(杂菌配酸面包), 항정살을 고추, 마늘쫑과 함께 볶아낸 쑹반러우(松板肉), 쫀득 바삭 달콤함이 한데 모인 옥수수 디저트(包谷粑) 등이 인기가 많다. 참고로 이름에 붙은 '반자(板扎)'는 '아주 훌륭하다'라고 칭찬하는 뜻의 윈난 사투리다.

지도 P.209-C1 **주소** 上海市黄浦区淮海中路300号L4楼 **전화** 180-1916-8351 **영업** 10:30~14:00, 16:30~21:00(주말 브레이크 타임 없음) **가는 방법** 지하철 1·14호선 이다후이즈·황피난루(一大会址·黄陂南路) 역 3번 출구에서 바로(K11 4층) **검색** sybz 입력 → 山野板扎·云贵川Bistro(K11店) 선택

화이하이중루의 터줏대감
광명촌대주가
光明邨大酒家 광밍춘다쥬자

1956년에 처음 시작해 지금까지 이어지는 유서 깊은 레스토랑. 식사 내내 상하이 사투리가 곳곳에서 들려올 만큼 나이 지긋한 지역 주민들의 지지를 받는 곳이다. 볶은 채소를 곁들인 돼지 막창 조림, 간장에 조린 오리, 뱀장어 볶음, 새우 볶음, 게살 셩젠 등 메뉴 대부분이 호평을 받는데, 가장 사랑받는 것은 바로 1층에서 판매하는 고기 월병. 월병 소로 고기를 넣는 것은 상하이를 포함한 강남 지방 특유의 스타일로, 매장에서 직접 만드는 광명촌대주가의 고기 월병(鮮肉月饼), 게살 고기 월병(蟹粉鮮肉月饼)은 상하이에서 첫째로 꼽혀 중추절 전후로는 몇 시간을 기다려야 살 수 있을 정도다. 1층의 테이크아웃 매대와 2~4층의 레스토랑 줄이 따로 구분되어 있으며, 음식점에서는 월병을 따로 판매하지 않으므로 맛보고 싶다면 1층에서 사서 올라갈 것.

지도 P.208-A2 **주소** 上海市黄浦区淮海中路588号 **전화** 021-5306-1200, 021-5306-7878 **영업** 11:00~14:00, 17:00~20:30(1층 테이크아웃 08:00~21:00) **가는 방법** 지하철 1·14호선 이다후이즈·황피난루(一大会址·黄陂南路) 역 1번 출구에서 도보 8분 / 지하철 13호선 화이하이중루(淮海中路) 역 1번 출구에서 도보 4분 **검색** gmcdjj 입력 → 光明邨大酒家(淮海中路总店) 선택

진정한 밀크티 맛집을 찾는면
아마수작
阿嬤手作 아마서우쥐

'할머니가 손수 만든'이라는 뜻을 가진 아마수작. 실제로 창립자인 덩(邓) 할머니는 자신만의 비밀 레시피를 담아 광시성 난닝(南宁)에 첫 매장을 열었고 이제는 전국에서 가장 핫한 밀크티 브랜드가 되었다. 현장에서 천연 재료와 전통적인 제조 방식으로 밀크티를 만들어 내며 우유 역시 광시성에서 공수한 유기농 유유만 사용한다. 메뉴 명에 찌다(蒸), 달이다(熬), 치대다(打) 등의 글자가 들어가 있는 점이 특색 있다. 꼭 맛봐야 할 메뉴는 진한 밀크티 속에 쫄깃한 찹쌀떡이 들어있는 다미수(打米麻薯). 베이스가 되는 차는 스리랑카 밀크티, 재스민 녹차, 재스민 말차 중에 선택할 수 있으며 떡 역시 순쌀, 타로 중에서 고를 수 있다. 그 밖에도 치즈의 종류와 유무, 당도 등 취향대로 선택할 수 있는 옵션이 다양하다는 점. 6가지 맛의 젤라토 중 감주 맛은 추천 메뉴 중 하나다. 푸둥 IFC몰, 예원상성, 래플스 시티, 그랜드 게이트웨이 66 등에도 지점이 생겼다.

지도 P.209-C3 **주소** 上海市黄浦区兴业路128弄6号楼01/02单元 **전화** 021-6323-3822 **홈페이지** www.ahmahandmade.com **영업** 10:00~21:00 **가는 방법** 지하철 10·13호선 신톈디(新天地) 역 4·5번 출구에서 도보 13분 **검색** amsz 입력 → 阿嬤手作·珍藏(上海新天地店) 선택

빈티지한 감성이 살아있는 카페
구동화원
古董花园 구둥화위안

한적한 쓰난루에 위치한 앤티크 카페. 마치 작은 박물관처럼 주인이 직접 수집한 램프, 도자기, 그림책, 장난감까지 온갖 골동품이 곳곳에 빼곡히 들어차 있다. 곳곳을 밝혀주는 따스한 노란 전등과 오래된 소품들에 둘러싸이면 마치 시간이 멈춘 듯, 혹은 드라마 속 옛 상하이 풍경으로 들어간 듯한 기분마저 든다. 2019년 중국에서 엄청나게 인기를 얻은 드라마 〈친애적, 열애적〉과 2021년 방영된 〈니시아적영요: 너는 내 영광〉 등 여러 드라마를 촬영한 곳으로도 잘 알려져 있다. 커피 가격이 우리돈 만 원에 육박할 만큼 다소 비싼 편이지만, 가벼운 샌드위치와 식사류, 애프터눈 티 세트도 판매하며 저녁에는 풍성한 안줏거리와 함께 칵테일 바로 변신한다.

지도 P.208-A3 **주소** 上海市黄浦区思南路44号 **전화** 021-5382-1055 **영업** 11:00~02:00 **가는 방법** 지하철 10·13호선 신톈디(新天地) 역 4·5번 출구에서 도보 13분 **검색** gdhy 입력 → 古董花园(思南路42弄小区店) 선택

상하이에서 만나는 이탈리아 고급 초콜릿
벤치
Venchi 闻绮

전 세계 70여 개국에서 150개 이상의 매장을 운영 중인 초콜릿 브랜드로, 1878년 이탈리아 피에몬테에서 시작되어 100년 이상의 역사를 지니고 있다. 최근 한국의 현대백화점 판교점에도 입점하며 젤라토를 만나볼 수 있게 되었지만, 상하이에서는 보다 많은 지점에서 훨씬 다양한 디저트를 만날 수 있다. 특히 햇살이 내리쬐는 신천지만큼 상큼하고 쫀득한 젤라토가 잘 어울리는 곳이 없다. 가격은 미니 사이즈가 1만 2,000원 수준으로 한국보다 훨씬 비싸지만, 스쿠먼 가옥을 배경으로 아이스크림 콘을 들고 인증 사진을 찍는 재미는 느낄 수 있다. 젤라토 중에서는 피스타치오가 가장 인기가 많고, 딸기와 망고 등 상큼한 과일 맛도 젤라토 특유의 질감과 잘 어울려 추천한다. 선물용 초콜릿도 개수별 포장으로 다양하게 구비되어 있다.

지도 P.209-C2 **주소** 上海市黄浦区太仓路181弄25号一层01C单元 **전화** 150-0191-7056 **영업** 11:00~23:00 **가는 방법** 지하철 10·13호선 신톈디(新天地) 역 6번 출구에서 도보 5분 **검색** venchi 입력 → Venchi闻绮(新天地店) 선택

홍콩식 레스토랑의 대표 주자
비펑탕
避风塘 피풍당

밝은 분위기와 독창적인 메뉴로 상하이 시민들의 전폭적인 지지를 받는 홍콩식 레스토랑. 수많은 딤섬 전문점이 생겨나고 인기를 끌고 있는 와중에도 여전히 상하이에만 40개 이상의 지점을 보유하고 있는 전통 강자. 금메달이라 이름 붙인 이 지점은 여전히 03:00까지 영업하기 때문에 늦은 밤 찾기도 좋다. 20여 가지 딤섬 중 인기로 순위를 매기자면 1등은 투명하고 쫀득한 피 속에 통 새우가 가득 찬 딤섬의 정석 비펑탕샤자오황(避风塘虾饺皇). 넙적한 당면을 소고기와 함께 달콤짭잘하게 볶아낸 간차오뉴허(干炒牛河)나 홍콩식 완탕면 역시 인기가 좋다. 진한 홍콩식 밀크티도 함께 맛볼 것.

지도 P.208-A3 **주소** 上海市黄浦区打浦路1号 **전화** 021-5396-1328 **영업** 10:00~03:00 **가는 방법** 지하철 9호선 다푸차오(打浦桥) 역 2번 출구에서 도보 2분 **검색** jylgc 입력 → 金玉兹广场 선택

개운한 국물의 조기국수
아랑면
阿娘面 아냥몐

아냥(阿娘)은 우리말로 '아주머니'를 뜻한다. 이곳은 닝보(宁波) 출신 아주머니가 운영하던 국숫집으로, 오랜 시간 동안 가게를 운영하던 아주머니가 세상을 떠나자 문을 닫게 되었다가, 몇 년 후 주인아주머니 생전에 비법을 전수받은 손자가 다시 문을 열었다. 이 집을 유명세에 오르게 한 메뉴는 단연 황위몐(黄鱼面, 조기국수). 조기 머리와 뼈를 우려내 뽀얀 우윳빛깔을 띠는 국물은 마치 사골 국물처럼 깊은 맛을 낸다. 면발이 가늘어 간이 잘 배어있고, 탱글탱글한 조기 살은 비린 맛 없이 국수와 잘 어울린다. 간장으로 맛을 낸 국물도 있다. 게살을 올려 비벼먹는 셰펀반몐(蟹粉拌面) 역시 인기에 한몫했다. 매콤한 감자 반찬 라장자오터우(辣酱浇头)와 고기와 장아찌의 조합 셴차이러우쓰(咸菜肉丝)는 꼭 곁들여서 먹어 보자.

지도 P.208-A2 **주소** 上海市黄浦区思南路36-2号 **전화** 021-5306-6604 **영업** 11:00~20:00 **가는 방법** 지하철 1·13호선 화이하이중루(淮海中路) 역 1번 출구에서 도보 5분 **검색** anyangmian 입력 → 安阳面馆 선택

단짠이 매력인 중국 베이커리계의 스타
바오스 페이스트리
BAO'S PASTRY 鲍师傅糕点 바오스푸가오뎬

러우쑹샤오베이(肉松小贝)라 하는 동그란 크림빵을 처음 개발한 빵집. 기존에 서양식 빵을 위주로 하던 빵집에서 벗어나 중국만의 맛과 정체성을 담은 제과점으로, 가격까지 저렴해 학생을 비롯한 현지인들에게 크게 사랑받고 있다. 러우쑹(肉松)은 푹 삶은 고기를 말려서 만든 가루로, 부드럽고 포슬포슬한 식감에 쥐포처럼 짭짤한 맛과 향이 어우러진 식재료다. 보통 음식이나 빵의 고명 또는 토핑으로 사용하는데, 이 러우쑹샤오베이는 달달한 크림을 가득 채운 빵 겉면에 러우쑹을 듬뿍 묻혀내 그야말로 단짠의 정석을 느낄 수 있는 빵이다. 그중에서도 김 맛은 해초향까지 더해진 최고 인기 주인공. 그 밖에 겉면에 크림이나 코코아 가루를 뿌린 크림빵이나 두유 타르트, 마치 컵처럼 세로로 길쭉한 타르트 안에 에그 크림이 듬뿍 든 판타(盘挞) 역시 인기가 많다. 샤오베이 종류는 무게를 달아 근 단위로 가격을 책정하는데, 1근(500g)에 우리돈 몇천 원꼴로 저렴하기 때문에 가격 부담도 적다.

지도 P.208-A1 **주소** 上海市黃浦区淮海中路576号 **전화** 130-5236-0705 **홈페이지** www.baosfpastry.com **가는 방법** 지하철 13호선 화이하이중루(淮海中路) 역 1번 출구에서 도보 5분 **검색** bsfgd 입력 → 鲍师傅糕点(淮海中路店) 선택

김 맛 러우쑹샤오베이

버터향이 풍부한 쫄깃한 식감의 빵, 황여우녠가오(黄油年糕)

🛍️ 예술과 쇼핑의 컬래버레이션
K11 아트 몰
K11 Art Mall K11购物艺术中心

9층 높이에서 떨어지는 커다란 인공 폭포가 인상적인 건물. 쇼핑몰 곳곳에 무료로 관람할 수 있는 예술 작품이 전시되어 있으며, 지하 3층의 미술에서는 폭넓은 기획 전시를 개최한다(유료). 브랜드와 합작으로 펼치는 테마별 상품 전시와 지하 1~2층에 자리한 젊은 감각의 잡화 편집숍도 볼 만하다. 3층에는 작게나마 실내 화원이 마련되어 있는데, 계절별로 다른 꽃, 동물과 주제로 꾸며진다.

지도 P.209-C1 **주소** 上海市黄浦区淮海中路300号 **전화** 021-2310-3188 **영업** 10:00~22:00 **가는 방법** 지하철 1·14호선 이다후이즈·황피난루(一大会址·黄陂南路) 역 3번 출구에서 바로 **검색** k11 입력 → 上海k11购物艺术中心 선택

🛍️ K11에 대적할 신감각 쇼핑몰
신천지 플라자
Xintiandi Plaza 新天地广场

K11을 마주하고 화이하이중루(淮海中路)에 위치한 쇼핑몰. 1층과 2층에 걸쳐 한국 브랜드와 일본 브랜드를 포함해 50여 개 브랜드를 셀렉트한 홍콩의 편집 숍 i.t blue block이 있으며, 중국에서 두 번째이자 상하이 최초의 저널 스탠더드 푸디, 항저우 요리 전문점 계만롱에서 선보이는 해산물 전문 레스토랑 계만롱 블랙 골드 등 새롭고 트렌디한 매장들이 자리하고 있다. 지하 1~2층에 음식점과 디저트 전문점이 많이 들어서 있기 때문에 신천지 관광 후 식사나 휴식을 즐기기 좋다.

지도 P.209-C1 **주소** 上海市黄浦区淮海中路333号 **전화** 021-6333-0066 **영업** 10:00~22:00 **가는 방법** 지하철 1·14호선 이다후이즈·황피난루(一大会址·黄陂南路) 역 2번 출구에서 바로 **검색** xtdgc 입력 → 新天地广场 선택

상하이의 미식 천국 쇼핑몰
일월광중심
日月光中心 르웨광중신

다푸차오 역을 끼고 있는 쇼핑몰로, 지하철에 상업 시설을 결합한 중국 최초의 쇼핑몰이다. 전자방의 인기와 더불어 하루 약 10만 명이 방문하는 상하이 사람들의 만남의 장소인데, 특히 미식 부문에서는 양과 질 모두 손에 꼽힌다. 지하 2층부터 지상 5층까지 약 165개의 음식점이 들어선 가운데, 지하 2층에는 푸드 코트와 음식점, 테이크아웃 전문점들이 꽉 차 있다. 쉬자후이구(徐家汇区), 타이캉구(泰康区), 루이진구(瑞金区), 야저우구(亚洲区), 중정화원(中庭花园)으로 구역이 나뉘어 있는데, 면적이 15만㎡(약 4만 5,000평)에 달하고 건물이 도넛 형태이기 때문에 꽤 복잡하다. 지하철역과 전자방을 기준으로 방향을 잡으면 좋다. 지하 1층에는 슈퍼마켓 하마선생도 들어서 있다.

지도 P.208-A3 **주소** 上海市黄浦区徐家汇路618号 **전화** 021-6087-8888 **홈페이지** www.shsmlcenter.com **영업** 10:00~22:00 **가는 방법** 지하철 9호선 다푸차오(打浦桥) 역 연결 **검색** riyueguang 입력 → 日月光中心 선택

랏소와 함께 인증샷까지
미니소 핑크
MINISO PINK

중국의 다이소라 불리는 생활용품 전문점 미니소의 플래그십 스토어. 미니소 핑크라는 이름을 붙인 만큼 외관부터 내부, 사방이 핑크빛으로 물들어 있다. 특히 입구에서 반겨주는 초대형 랏소 베어 앞은 포토 스폿으로도 인기가 좋다. 시내 곳곳에서 만나볼 수 있는 미니소와 상품군은 크게 다르지 않지만, 매장 규모가 큰 만큼 단순한 캐릭터 컬래버레이션 상품 외에도 생활에 필요한 갖가지 상품들을 구비하고 있다. 일부러 찾아가기보다는 신천지와 화이하이중루를 관광하며 들러보자.

지도 P.208-A2 **주소** 上海市黄浦区淮海中路688号 **영업** 09:00~23:00 **가는 방법** 지하철 13호선 화이하이중루(淮海中路) 역 1번 출구에서 도보 1분 **검색** miniso pink 입력 → 名创优品(上海旗舰店) 선택

고급스러운 분위기의 마사지 숍
그린 마사지
Green Massage 青籁养身

신천지 한복판에 위치한 지리적 이점과, 깔끔한 환경 덕에 상하이 내 마사지 숍 중에서도 단연 인기가 좋은 곳. 발마사지와 정통 중국 마사지 외에도 오일을 이용한 아로마 세러피, 일본식 시아쓰, 귀마사지 등 다채로운 프로그램이 준비되어 있다. 가격대가 높은 만큼 세련되고 깔끔한 서비스를 제공하며 외국인이 주 고객층이기 때문에 간단한 영어 응대도 가능한 편이다. 대부분 예약제로 운영되는데, 전화나 방문으로만 예약할 수 있으니 유의하자.

지도 P.209-D1 **주소** 上海市黄浦区太仓路58号 **전화** 021-5386-0222 **홈페이지** www.greenmassage.com.cn **영업** 10:30~01:00 **요금** 중국식 마사지 288위안~, 오일 마사지 498위안~ **가는 방법** 지하철 1·14호선 이다후이즈·황피난루(一大会址·黄陂南路) 역 2번 출구에서 도보 6분 **검색** green massage 입력 → Green Massage青籁养身(新天地二店) 선택

정안사 주변을 포함해 서남쪽으로 펼쳐지는 넓은 구역으로, 개항 후 프랑스인들이 모여 살던 곳이다. 지금도 상하이에 거주하는 외국인들이 가장 사랑하는 지역이자 지금 뜨는 핫 플레이스는 대부분 여기 있다고 해도 과언이 아닐 정도로 현지인들과 여행자 모두에게 인기 있다. 울창한 가로수와 유럽식 건물들이 반겨주는 길은 특별한 목적 없이 산책하기에 안성맞춤이다. 특히 한국의 연남동, 성수동처럼 자그마한 숍이 계속 생겨나는 덕분에 거리 곳곳에 숨은 아담한 가게와 음식점, 바를 찾는 재미도 있다.

징안 &
옛 프랑스 조계지
静安&旧法租界

징안 & 옛 프랑스 조계지 추천 코스

총 소요 시간 9시간

옛 프랑스 조계지가 인기를 얻기 시작하면서 붐이 되어 여전히 가장 핫한 우캉루부터 원조 카페 거리 안 푸루, 트렌디한 카페가 몰려 있는 위위안루, 술집들이 몰려 있는 쥐루루 등 하나하나 걷다 보면 하루가 부족할 지경이다. 적절히 교통편을 활용해 이동하고, 구간별로 걷는 것이 좋다. 한여름에는 너무 더워 걷기 어려우니 아래 소개한 코스에서 적절히 스폿을 줄여 중간중간 쉬어 가는 것을 추천한다.

≪ 도보 6분　　　　　　　　　　≪ 바로

⑤ 우캉루 P.235
우캉루를 따라 안푸루까지 쭉 걸어 보자. 곳곳에 자리한 아기자기한 가게들을 구경하다 보면 오후 시간이 금방 지나간다.

≪ 택시 20분

택시 20분 ≫

⑥ 융캉루 P.246
우캉루를 걸은 뒤 시간이 남는다면 융캉루 길가의 작은 의자에 앉아 커피나 맥주로 한숨 돌려 보자. 대부분의 카페는 저녁 6~7시면 닫으니 너무 늦었다면 바로 다음 코스로 이동할 것.

① 징안 공원 P.232
쇼핑센터가 줄줄이 늘어선 가운데서 만나는 녹색 공원. 호수와 수풀이 어우러진 시민의 휴식 공간이다.

도보 2분 »

② 정안사 P.232
도심 한복판에 있는 화려한 사찰. 상하이의 역사 깊은 주요 사찰 중 하나로, 현지인들이 향을 피우러 즐겨 찾는 곳이다.

택시 20분 »

« 도보 2분

④ 우캉맨션 P.237
르네상스 스타일로 독특하게 생긴 건물을 건너편에서 바라보며 인증샷 찍기. 우캉루 시티 워크 여행의 시작이다.

③ 제시 레스토랑 P.252
고(故) 장국영, 양조위 등 홍콩 유명 배우들의 단골집. 쫀득한 식감과 달콤한 맛이 일품인 훙사오러우를 꼭 즐겨보자.

택시 10분 »

⑦ 적수동상채 P.249
점심에는 쓰촨식 매운 꼬치를 즐겼다면, 저녁에는 후난식 매운 요리를 먹어 보자. 한 자리에서 오래도록 사랑받는 역사 깊은 집.

⑧ JZ 클럽 P.253
상하이에서 가장 유명하고 영향력 있는 재즈 바. 상하이에서 단 한 번 재즈를 즐길 여유가 있다면 망설이지 말고 이곳으로 가자.

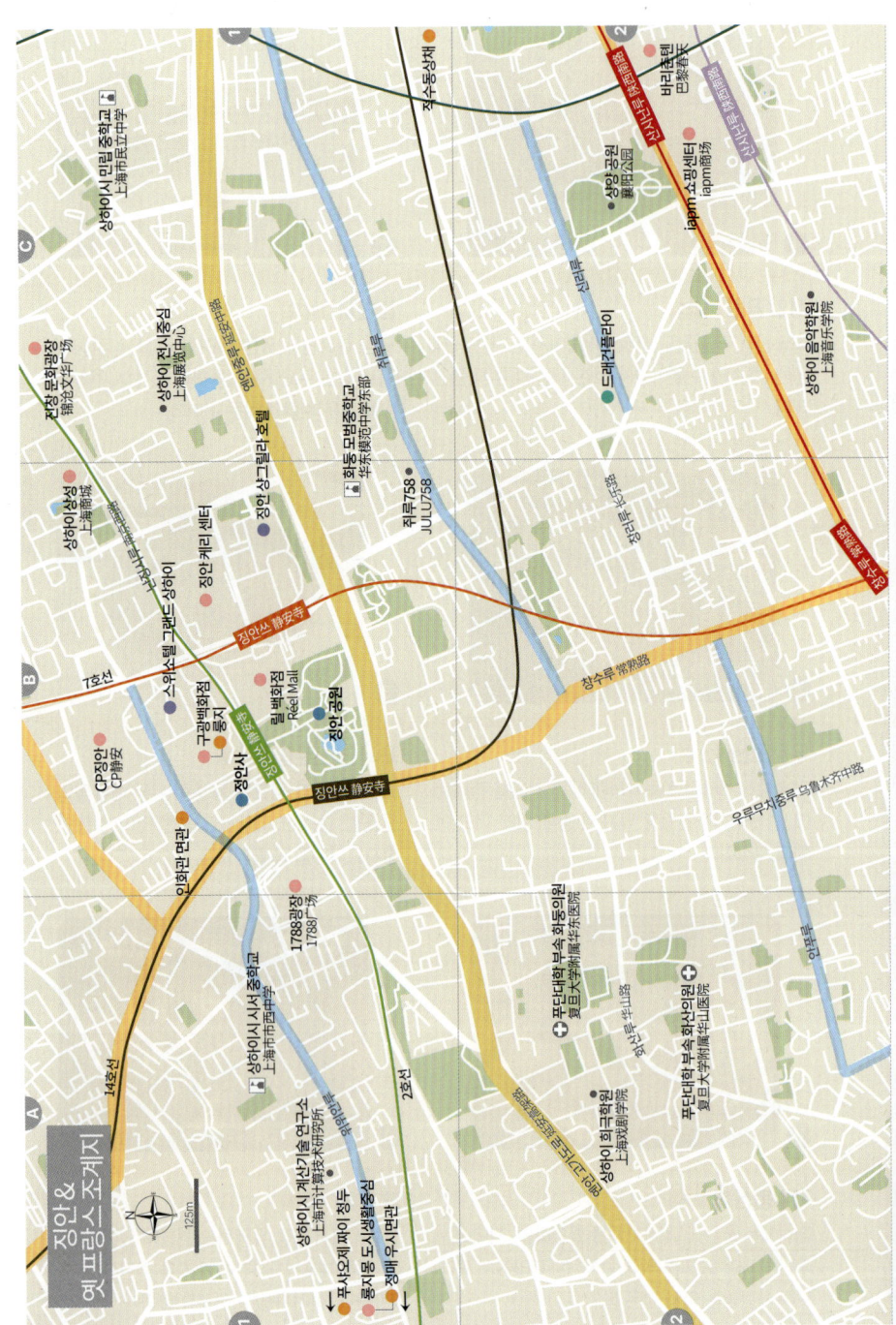

징안 & 옛 프랑스 조계지

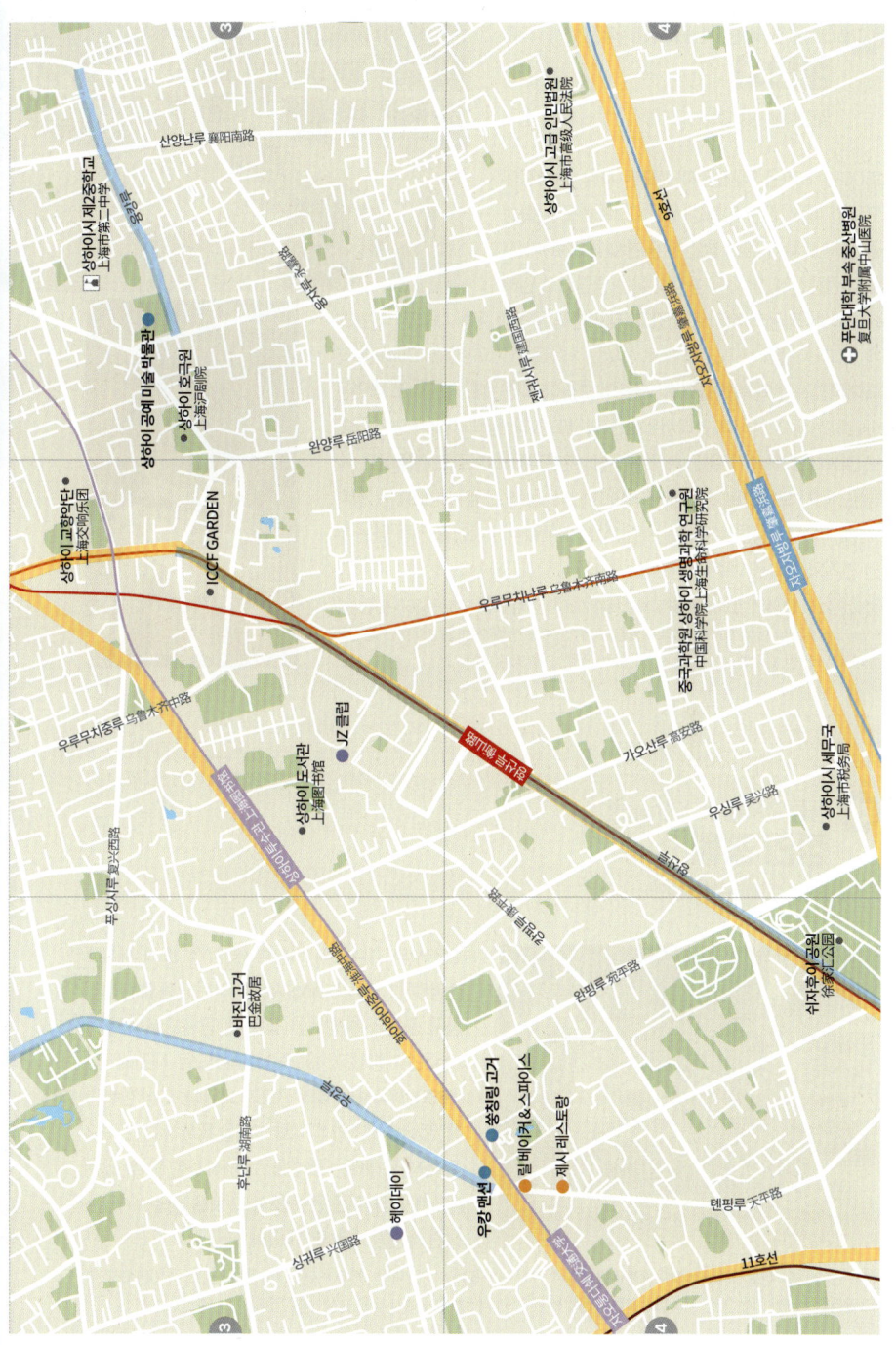

도심 한복판에 위치한 사찰
정안사
静安寺 징안쓰

1800년 가까운 역사를 지닌 오랜 사찰. 삼국시대 오나라 때(247년) 우쑹강(吳淞江)에 떠오른 불상을 건져 모시기 위해 창건한 중현사(重玄寺)가 시초라 전해진다. 당시 우쑹강의 잦은 범람으로 인해 송나라 때 지금의 자리로 옮겼고, 태평천국 운동과 문화 대혁명 때는 크게 파괴되어 플라스틱 공장으로 쓰이는 치욕을 겪기도 했다. 1984년부터 대대적인 보수와 복원을 거쳐 지금의 모습이 되었는데, 시멘트로 벽면을 마감하는 등의 방식에 안타까워하는 의견도 있다. 금색 기와가 덮인 대웅보전(大雄宝殿)과 천왕전(天王殿), 삼성전(三圣殿)이 주요 건물이고, 사찰은 'ㄷ'자 모양으로 경내를 둘러싸고 있다. 음력 초하루와 보름은 '샹치(香期)'라 하여 향을 피우는 날로 입장료가 무료지만 사찰을 가득 덮는 뿌연 연기와 인파를 마주해야 한다.

지도 P.230-B1 **주소** 上海市静安区南京西路1686号 **전화** 021-6256-6366 **홈페이지** www.shjas.org **운영** 07:30~17:00 **요금** 50위안 **가는 방법** 지하철 2·7호선 징안쓰(静安寺)역 1번 출구에서 바로 **검색** jingansi 입력 → 静安寺 선택

공동묘지를 개조한 공원
징안 공원
静安公园 징안궁위안

정안사의 건너편에 위치한 공원. 옛 조계 시절에는 버블링 웰(Bubbling Well)이라는 공동묘지였다. 중국 공산당이 정권을 잡은 후 공원으로 바뀌어 1953년 개방했고, 1998년 대대적으로 재건해 3만 3,600㎡(약 1만 평)의 규모가 되었다. 도심 한복판에 위치해 시민의 휴식처 역할을 톡톡히 하는 곳으로, 한가운데에는 호수를 보며 식사를 할 수 있는 레스토랑과 작은 연못을 끼고 차를 즐길 수 있는 정원 팔경원(八景园)이 있다.

지도 P.230-B1 **주소** 上海市静安区南京西路1649号 **전화** 021-6248-3238 **운영** 06:00~21:00(팔경원 08:30~17:00) **요금** 무료(팔경원 3위안) **가는 방법** 지하철 2·7호선 징안쓰(静安寺)역 5번 출구에서 바로 **검색** jagy 입력 → 静安公园 선택

쑹칭링이 가장 오래 살았던 집
쑹칭링 고거
宋庆龄故居 쑹칭링구쥐

쑹칭링은 쑨원의 아내이자 중국의 명예 주석을 지낸 사상·정치가로, 중국에서 가장 훌륭한 20세기 여성으로 추앙받는 인물이다. 이곳은 일본이 패망한 후 상하이로 돌아온 그녀가 1948년부터 1963년까지 살던 옛집으로, 지금은 기념관이 되었다. 넓게 펼쳐진 잔디와 하늘 높이 뻗은 나무 사이로 보이는 새하얀 3층 건물이 평화로운 분위기를 선사한다. 먼저 문물관을 관람한 후 집 안을 둘러보게 되는데, 1층에서는 응접실과 식당, 2층에서는 침실과 가정부의 침실 등을 볼 수 있다. 가구의 배치 등은 모두 당시의 모습을 재현한 것이며, 쑹칭링이 쓴 편지와 문서, 각국에서 받은 선물과 직접 사용했던 소품 등의 유물이 전시되어 있다.

지도 P.230-A4 주소 上海市徐汇区淮海中路1843号 전화 021-6474-7183 홈페이지 www.shsoong-chingling.com 운영 09:00~17:00(16:30 입장 마감) 요금 20위안 가는 방법 지하철 10·11호선 자오퉁다쉐(交通大学) 역 1번 출구에서 도보 7분 검색 sqlgj 입력 → 上海宋庆龄故居纪念馆 선택

다양한 수공예품이 한 자리에
상하이 공예 미술 박물관
上海工艺美术博物馆 상하이공이메이수보우관

2002년 10월 개관한 박물관. 1,000여 점의 작품을 소장하고 있다. 1층에서는 회화와 골동품 등의 민간 공예 작품을, 2층에서는 옥과 나무를 사용한 조각품을, 3층에서는 직물과 자수 작품을 만나볼 수 있다. 단순한 작품 전시장이 아닌 예술가들의 실제 작업장으로도 사용되고 있어 작품 제작 과정을 볼 수 있고 작품 구매도 가능하다. 건물은 프랑스 조계 시절 공상국장을 맡았던 프랑스인의 저택이었던 것으로, 프랑스식 건축미와 인테리어가 살아 있다.

지도 P.231-C3 주소 上海市徐汇区汾阳路79号 전화 021-6474-1383 운영 09:00~11:30, 13:00~16:30(폐관 30분 전 입장 마감) 요금 8위안 가는 방법 지하철 1·7호선 창수루(常熟路) 역 2번 출구에서 도보 15분 검색 gymsbwg 입력 → 上海工艺美术博物馆 선택

옛 프랑스 조계지의 원조 거리
헝산루
衡山路

쉬자후이와 화이하이중루를 잇는 2.3km의 길. 울창한 플라타너스가 늘어서고 1920~1930년대에 주로 세워진 유럽식 건축물이 번성했던 당시의 모습을 간직하고 있다. 한때는 상하이에서 제일가는 바 거리로 이름을 날렸으며, 지금은 예전만은 못하지만 둥핑루(东平路), 우루무치난루(乌鲁木齐南路) 등으로 이어지는 골목마다 음식점과 술집이 모여 있다. 쉬자후이 근처의 헝산팡(衡山坊), 창수루(常熟路) 근처의 ICCF 가든(ICCF GARDEN)에는 센스 넘치는 부티크 숍이 몰려 있다.

지도 P.231-B3·B4·A4 가는 방법 지하철 1호선 헝산루(衡山路) 역에서 바로 연결 검색 hengshanlu 입력 → 衡山路 선택

중국 MZ세대들의 술집 거리
쥐루루
巨鹿路

꽃잎 모양의 가로등 불빛이 바닥을 비추는 독특한 거리. 2.3km에 달하는 긴 거리를 따라 가정집과 상점, 음식점이 들어서 있는데, 특히 창수루(常熟路)와 푸민루(富民路) 사이에 작은 바가 많이 몰려 있다. 특히 거대 지하 공간에 레스토랑, 바, 클럽, 펍들이 모여 있는 파운드158(P.213) 덕분에 현지인은 물론 외국인들이 많이 찾는 거리이기도 하다. 쥐루루 758호에 자리한 JULU758는 발전소 부지의 건물들을 개조한 복합문화 공간으로, 중국 본토 내 유일한 프라이탁(FREITAG) 매장과 여러 음식점이 한 자리에 모인 신식 푸드코트 모어 댄 이츠(MORE THAN EATS) 등 편집숍과 카페, 레스토랑이 자리한다.

지도 P.230-B1·C1·B2 가는 방법 지하철 13호선 화이하이중루(淮海中路) 역 3번 출구에서 도보 5분 / 신천지에서 차로 약 10분(파운드158 기준) 검색 jululu 입력 → 巨鹿路 선택

📷 중국 패션 트렌드를 한눈에 둘러볼 수 있는 곳
신러루
新乐路

젊은 감각이 느껴지는 패션 스트리트. 500m 남짓한 짧은 길에 아담한 의류·패션 잡화점이 늘어서 있다. 중국의 신진 디자이너의 작품을 다수 만나볼 수 있고 최근 중국 젊은이들의 패션 트렌드를 둘러보는 재미가 있다. 둥후루(东湖路)와 만나는 서쪽 끝에서는 상하이 테마 현대 아트를 기념품과 접목시킨 숍, 정이랑(钲艺廊)을 만나볼 수 있다.

지도 P.230-C2 **가는 방법** 지하철 1·10·12호선 산시난루(陕西南路) 역 10번 출구에서 도보 8분 **검색** xinlelu 입력 → 新乐路 선택

📷 이제는 필수 명소가 된 조계지 핫플
우캉루 & 안푸루
武康路 & 安福路

우캉루는 쑹칭링 옛집이 있는 화이하이중루에서 동북쪽으로 이어지는 1.2km의 거리. 영국·프랑스·지중해식 건물 37채가 역사적인 유적으로 보호받는 거리이자, 소설가 바진(巴金)을 포함한 유명인의 저택이 남아 있는 곳이기도 하다. 1897년 미국인 교육자 존 캘빈 퍼거슨(John Calvin Ferguson)이 사비를 털어 만든 길로 '루트 퍼거슨(Route Ferguson)'이라고 불리기도 했다. 타이안루(泰安路)와 만나는 퍼거슨 레인(Ferguson Lane)에서는 세련된 음식점과 카페를 만나볼 수 있다.

우캉루 북쪽 끝은 안푸루와 이어지며, 900m 정도 이어지는 안푸루를 따라 동쪽으로 걸으면 지하철 창수루(常熟路) 역과 만난다. 안푸루는 거리의 랜드마크 격인 베이커리 '선 플라워(Sunflour)'를 비롯해 수많은 카페와 서양식 베이커리, 음식점 등이 모여 있는 원조 카페 거리라 할 수 있는 곳이다.

지도 [우캉루] P.231-A3·A4 [안푸루] P.230-A2·B2 **가는 방법** 지하철 10·11호선 자오퉁다쉐(交通大学) 역 7번 출구에서 도보 6분(우캉 맨션 기준) **검색** [우캉루] wukanglu 입력 → 武康路 선택 / [안푸루] anfulu 입력 → 安福路 선택

우캉루 & 안푸루 둘러보기

ZOOM IN

🏠 투 서머 to summer 观夏 관샤

중국산 원료를 활용해 동양의 아름다움을 담은 향기 전문 브랜드. 한국인 디자이너도 브랜드 개발에 참여한 것으로 알려져 있다. 향을 중시하는 국내 뷰티 브랜드 논픽션, 탬버린즈와 주로 비견되며 세련된 디자인과 흔하지 않은 향으로 값비싼 가격임에도 점차 인기가 높아지고 있는 브랜드다. 특히 용기 면에서도 옥을 사용한 각기 다른 뚜껑을 사용해 향수마다 개성을 입혔고, 이름 면에서도 대부분 한자 한 글자로 간결하게 표현해 멋을 살려 2020년대 중국에서 가장 핫 트렌드로 꼽히는 궈차오를 잘 반영한 것이 인기에 한몫한다. 액체 향수는 다양한 원료를 조합한 향으로 각각의 한자에 정체성이 담겨 있는데, 고체 향수나 핸드크림에는 한 가지 꽃 향을 사용한 것들이 두드러진다. 그중에서도 가장 인기 있는 계화(오스만투스)는 중국에서 2,000년 이상의 재배 역사를 가지고 있는 꽃으로 중국인들에게 폭넓게 사랑받아 온 꽃이다. 후베이, 광시, 구이린 등에서 생산된 최고급 꽃은 1,000kg당 단지 1kg의 에센셜 오일만 생산되는 귀한 향을 담았다고 한다. '새 책을 펼칠 때'의 느낌을 담은 향수 149는 상하이에서만 만날 수 있는 한정판이라 더욱 의미있다.

주소 上海市徐汇区湖南路111号 **전화** 021-6447-3188 **영업** 11:00~20:00 **검색** guanxia 입력 →观夏tosummer 선택

📷 우캉 맨션 武康大楼 우캉다러우

1924년에 지어진 건축물로, 우캉루와 화이하이중루가 만들어 내는 30° 각도의 부지의 모양을 따른 독특한 외형의 건물이다. 프랑스식 르네상스풍 건물이며 상하이 최초의 외부식 복도 건물인데, 초기에는 외국인들이 주로 모여 살며 이름도 노르망디 건물이었다. 1953년 상하이시 정부가 소유권을 갖게 되며 이름도 우캉 맨션으로 바뀌었다. 1~2층에는 상점이 있으며 3층부터 8층은 여전히 주거 공간으로 이용된다. 영화 〈색, 계〉의 촬영지로도 잘 알려져 있다.

주소 上海市徐汇区上海市湖南路街道淮海中路1850号 **가는 방법** 지하철 10·11호선 자오퉁다쉐(交通大学) 역 7번 출구에서 도보 6분 **검색** wukanglu 입력 → 武康路 선택

🏠 개더링 gathering 集雅咖啡 지야카페이

수제 도자기 판매점과 카페. 도자기 가격은 높은 편이지만 1인용 머그잔부터 여러 명이 함께 즐길 수 있는 다기 세트도 종류가 다양하고, 특히 수제품만이 낼 수 있는 오묘한 색과 형태의 제품이 많아서 꼭 사지 않더라도 구경하는 재미가 있다. 카페에는 햇살이 따사롭게 내리쬐는 작은 정원 공간도 마련되어 번잡한 거리와 단절된 여유로운 시간을 보낼 수 있고, 기본적인 커피 외에 허브 티도 다양하게 마련되어 추운 날에는 몸을 따뜻하게 데우기 좋다. 안푸루와 교차하는 우루무치중루(乌鲁木齐中路)에도 도자기 매장이 있다.

주소 上海市徐汇区湖南路街道武康路135~137号 **전화** 138-1887-4372 **영업** 09:00~19:00(판매점 10:30~18:30) **검색** gathering 입력 → 集雅GATHERING咖啡(武康路店) 선택

브랜디 멜빌 Brandy Melville

일명 '44사이즈 브랜드'라 불리는 이탈리아의 여성 의류 브랜드. 엑스스몰~스몰 사이즈만 판매하는 것으로 유명하다. 한때 미국 10대들 사이에서는 이 브랜드의 옷이 맞는지 확인하는 '브랜디 멜빌 챌린지'가 유행할 정도로 선풍적인 인기를 끌었는데, 선망의 대상인 동시에 마른 체형을 강요하고 외모 지상주의를 부추긴다는 논란의 대상이 되기도 했다. 한국에서도 유명 연예인들이 즐겨 입는 것으로 알려져 인지도가 높아졌으며 최근 서울 성수동에도 팝업 매장을 오픈했다. 매장은 2~3층으로 이루어져 있고 높은 환율을 감안해도 한국보다 10% 정도 저렴하게 쇼핑 가능하다.

주소 上海市徐汇区安福路308号 **전화** 186-2093-4908 **영업** 월~목요일 11:00~20:00, 금요일 11:00~21:00, 토~일요일 09:00~21:00 **검색** brandy 입력 → brandy melville(安福路店) 선택

타기 Tagi.

2019년 상하이에서 설립된 라이프스타일 브랜드. 밝고 부드러운 색상과 귀여운 캐릭터를 결합한 디자인 소품으로 사랑받았으며 특히 스마트링과 결합된 휴대 전화 케이스는 온라인 쇼핑몰 타오바오(淘宝)에서만 2만 개 이상 팔릴 정도로 인기를 끌었다. 은은한 빛깔과 무늬가 살아있는 자연석으로 만든 그립 톡은 한국인들 사이에서도 알음알음 소문난 인기 상품. 그 밖에 텀블러, 도시락, 가방, 애견소품 등을 만나볼 수 있다.

주소 上海市徐汇区乌鲁木齐路247-5 **영업** 10:00~21:00 **검색** tagi 입력 → Tagi. (乌鲁木齐中路店) 선택

하메이 HARMAY

서구권 뷰티 브랜드를 다루는 창고형 화장품 편집 숍. 샘플처럼 작은 용량부터 정품 용량의 스킨케어, 색조 화장품, 바디&헤어 제품, 향수가 있는데, 특히 미니어처 상품이 많기 때문에 구매하길 망설였던 제품이라면 체험해볼 수 있는 기회다. 테스터나 도움 주는 직원도 없고 깔끔한 진열 대신 무더기로 쌓여 있는 그야말로 창고형 매장이라서 보물찾기 하는 심정으로 골라야 하지만, 발망 헤어(Balmain Hair), 아이코닉 런던(Iconic London) 등의 브랜드를 독점 유통하고 라 메르 등 몇몇 고가 브랜드는 한국보다 저렴한 것으로 알려져 있다. 노란색 가격표가 붙은 것은 세일 상품으로 보다 저렴한 가격에 구매할 수 있으니 세일 상품 위주로 골라보는 것도 방법이다. 다만 한국에서 더 저렴하게 구매할 수 있는 제품도 많기 때문에 가격 비교는 필수! 건너편에는 중국제 디퓨저와 향수 전문 매장 하메이 마켓도 있다.

주소 上海市徐汇区武康路55号 **전화** 130-5200-0941 **홈페이지** www.harmay.com **영업** 10:00~23:00 **검색** harmay 입력 → HARMAY 話梅(上海武康路店) 선택

섭듀드 subdued

역시 이탈리아의 여성 의류 브랜드로 2024년 상하이 우캉루에 아시아 첫 매장을 냈다. 브랜디 멜빌과 유사한 분위기를 풍기는 패스트 패션 브랜드지만, 사이즈와 스타일이 보다 다양하고 가격대는 조금 더 높은 편이다. 유럽 현지에서 구매하는 것보다는 가격이 꽤 비싼 편이지만, 아시아에 유일한 매장이기 때문에 관심 있다면 들러볼 만하다.

주소 上海市徐汇区武康路378号 **영업** 10:00~21:00 **검색** subdued 입력 → subdued 선택

데자뷔 리사이클 스토어 dejavu recycle store 多抓鱼循环商店 뒤좌위쉰환상뎬

'진짜 좋은 물건은 두 번 팔릴 가치가 있다'라는 순환 경제 이념을 내세운 온라인 서적 거래 플랫폼. 최근 온라인에서 오프라인으로, 서적에서 패션을 포함한 기타 영역으로 사업을 확장했다. 상하이에 처음 생긴 안푸루 매장은 중고책, 자체 제작 신간 도서를 다루는 2층의 서점과 3층의 중고 의류 및 패션 소품 매장으로 나뉘어 있다. 흔히 생각하는 낡은 중고품이 아닌 젊고 깔끔한 분위기와 상품, 디스플레이 덕분에 일반 라이프스타일 브랜드 매장 같은 느낌을 준다. 모바일 애플리케이션으로 중고 의류 가격을 검색할 수 있는데, 태그를 스캔하면 제품의 원래 가격과 판매 가격을 함께 볼 수 있는 것도 재미있다.

주소 上海市徐汇区安福路300号 **전화** 021-5465-3266 **영업** 10:00~22:00 **검색** dzyxhsd 입력 → 多抓鱼循环商店 선택

트라이플 커피 trifle 揣福 추아이푸

우캉루와 교차하는 타이안루(泰安路)에 위치하는 작은 베이커리 카페. 편안한 분위기와 특유의 감성적인 외부 벤치 덕분에 SNS 사진 성지가 되며 많은 사람이 찾게 되었다. 하지만 단순히 외관만 인기 있는 것이 아니라, 수많은 서양식 빵집이 자리하는 중국 제일의 국제 도시 상하이에서도 손에 꼽히는 빵 맛집으로 인정받고 있다. 매일매일 판매하는 빵 종류만 20여 가지, 매장에서도 주방이 반 이상의 공간을 차지할 정도로 빵에 진심이다. 특히 사워도우 계열과 시나몬 롤 등의 데니시 계열이 인기가 좋다.

주소 上海市徐汇区泰安路27弄5号 **전화** 181-2107-2705 **영업** 08:00~21:00 **검색** trifle 입력 → TRIFLE揣福(泰安路店) 선택

🍴 베이커 & 스파이스 Baker & Spice

서양 요리를 중심으로 하는 와가스(Wagas) 그룹의 베이커리 카페. 원래 와가스에 신선한 빵을 공급하기 위해 세워진 브랜드이지만 오히려 더 큰 인기를 끌고 있다. 덴마크 사람이 창업한 만큼 덴마크산 호밀빵, 사워도우 등 다양한 종류의 빵과 샐러드, 파스타, 브런치 플레이트, 커리, 쌀국수, 그릴 메뉴 등 가벼운 식사 메뉴 또한 다양하다. 그중에서도 아몬드 크루아상, 당근 케이크가 시그니처. 안푸루에 1호점이 있으며 이 우캉 맨션 건너편에 있는 릴 매장은 보다 간단한 메뉴를 제공한다.

주소 上海市徐汇区淮海中路1877 **전화** 021-6237-1797 **홈페이지** www.bakerandspice.com.cn **영업** 08:00~21:00 **검색** lille 입력 → lille BAKER&SPICE(淮海武康路店) 선택

🍴 랙 커피 RAC Coffee

안푸루에서 가장 핫한 카페 겸 바로, 올데이 브런치와 프랑스식 갈레트 & 크레페가 대표 메뉴. 갈레트는 바삭한 크러스트에 소시지, 연어, 고등어, 베이컨, 버섯, 반숙 달걀 등의 선택 재료가 들어가 풍부한 풍미를 자랑한다. 으깬 아보카도와 아보카도 슬라이스가 듬뿍 올라간 아보카도 토스트, 애플 크레페 역시 인기가 좋다. 저녁 6시 이후에는 바로 변신하며, 건물 중정으로 통하는 옛 경비실 자리에는 테이크아웃 커피 전문점이 따로 있다.

주소 上海市徐汇区安福路322号14幢一楼(武康路与安福路交口) **전화** 136-3659-5172 **영업** 월~토요일 08:00~22:30, 일요일 08:00~17:00 **검색** rac 입력 → RACBAR 선택

🍴 13데 마르소 13DE MARZO

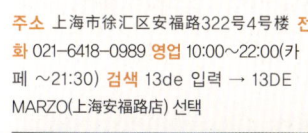

중국인 디자이너가 프랑스에서 설립한 의류 브랜드. 13데 마르조는 스페인어로 3월 13일을 의미하는데, 브랜드가 창립된 날이기도 하다. 2~3층은 의류 매장, 1층은 브랜드 아이덴티티를 살린 카페로 운영 중이다. 얼핏 평범한 옷 가게와 카페인 듯한 이곳이 연일 화제인 이유는 브랜드 마스코트인 작은 곰인형을 음료에 올려 주기 때문이다. 브랜드의 마스코트인 우주 곰은 13광년 떨어진 '마르소'라는 도시에서 온 설정이라고 한다. 음료에 따라 곰이 매달려 있는 형태가 다르기 때문에 비교해 보는 재미도 있다. 보통 주문 후에 음료 수령까지 몇십 분씩 걸리기 때문에 시간 여유를 넉넉히 갖고 찾는 것이 좋다.

주소 上海市徐汇区安福路322号4号楼 **전화** 021-6418-0989 **영업** 10:00~22:00(카페 ~21:30) **검색** 13de 입력 → 13DE MARZO(上海安福路店) 선택

📷 누구나 인정하는 상하이 No.1 카페 거리
위위안루
愚园路 위원로

1911년에 강을 메워 만든 100년 넘는 역사를 지켜온 도로로 수많은 유명인사가 살았던 역사적인 거리지만, 2020년대 들어 새로운 카페 거리로 급부상 중이다. 꼭 음식을 즐기지 않더라도 개성 넘치는 카페와 식당, 베이커리에서 사진을 찍기 위해 매일 수많은 사람이 몰려든다. 약 2.7km로 이어지는 긴 거리는 동쪽으로는 징안쓰 역, 서쪽으로는 중산궁위안(中山公园) 역, 중간 지점의 장쑤루(江苏路) 역에서 접근할 수 있다. 장쑤루 역 부근에 비교적 상점들이 몰려 있고 인파가 붐비는 편이다.

지도 P.230–A1·B1 검색 yuyuanlu 입력 → 愚园路 선택

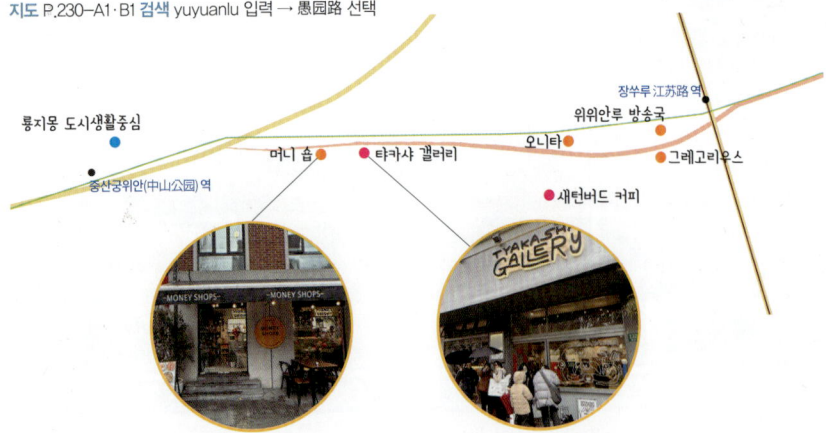

ZOOM IN
위위안루 둘러보기

🔴 타카샤 갤러리 TYAKASHA GALLERY 塔卡沙

상하이에서 만들어진 디자인 브랜드. 귀엽고 순수한 패턴에 장난기 가득한 캐릭터를 담은 상품이 인기가 많다. 의류부터 패션잡화, 캐릭터 굿즈, 문구까지 매우 다양한 카테고리의 상품을 취급하는데, 상하이가 고향인 만큼 때마다 열리는 각종 오프라인 이벤트에도 참여하며 다른 브랜드와의 컬래버레이션도 활발하게 진행한다. 반룽천지에는 화장품 편집 숍 하메이(HARMAY)와 타카샤(TYAKASHA)가 컬래버레이션한 오프라인 매장이 있다.

주소 上海市长宁区愚园路1329号 **영업** 10:00~22:00 **검색** tyakasha 입력 → TYAKASHA GALLERY 선택

🔴 새턴버드 커피 SATURNBIRD coffee 三顿半空间 싼둔반콩젠

새턴버드는 중국 최초로 네슬레를 앞지른 브랜드로 2020년 정상에 오른 후 지금까지도 인스턴트커피 시장에서 선두를 달리고 있다. 레드닷 어워드에서도 수상한 컬러풀한 플라스틱 캡슐은 기존의 비닐 포장의 인스턴트커피에서 벗어나 보다 차별화된 커피를 제공한다. 각각의 숫자는 로스팅 정도를 나타내며, 높은 숫자로 올라갈수록 로스팅 강도가 높아진다. 이곳은 싼둔반의 첫 번째 플래그십 스토어로, 1층의 판매점과 1~2층의 카페로 이루어져 있다. 매장에서는 커피의 제품화 과정과 제품별 커피의 산지·품종 등을 알아볼 수 있고, 직원의 안내와 더불어 커피를 시음해볼 수 있기 때문에 취향에 맞는 커피를 고를 수 있다. 특히 일반 번호 커피가 아닌 한정판 알파벳 컬렉션을 판매하며 커피와 어울리는 각종 스낵도 만나볼 수 있다. 2층에는 브랜드의 자원 순환 캠페인의 일환인 공방 '프로젝트 리턴'이 위치한다.

주소 上海市长宁区愚园路1107号A106 **전화** 131-6211-1735 **영업** 10:00~20:00 **검색** sandunban 입력 → 三顿半空间 선택

🍴 위위안루 방송국 愚园路电台咖啡 위위안루뎬타이

카페인 동시에 방송국인 독특한 공간. 상하이 타워 52층에 타운서원을 운영 중인 세기타운 그룹과 아르키메데스 미디어가 합작해 만든 곳이다. 1층 한쪽에 마련된 아담한 방은 실제로 라디오를 진행하는 곳으로, 직접 들어가볼 수는 없지만 거리를 향해 난 통창을 통해 실제로 방송이 진행되는 모습을 지켜볼 수 있다. 1~2층의 카페 공간은 고풍스러운 가구와 책들로 채워져 있으며 담소를 나누기도, 조용히 책을 읽으며 쉬어 가기에도 좋다.

주소 上海市长宁区愚园路984号 **전화** 183-2138-0902 **영업** 월~금요일 08:00~20:00, 토·일요일 09:00~20:00 **검색** yyldt 입력 → 愚园路电台咖啡 선택

🍴 머니숍 MONEY SHOPS

상하이에서 가장 유명한 브런치 가게 중 하나. 타이위안루(太原路)의 작은 가게에서 시작해 인기를 얻으며 위위안루의 2층 건물로 이전했다. 브런치 메뉴, 식사 메뉴 외에 디저트 메뉴도 충실하기 때문에 식사를 즐기기에도, 달콤한 디저트를 곁들여 차 한잔하기에도 좋은 장소다. 스페셜 메뉴 중 샐먼 베네딕트, 시푸드 오브 머니숍이 인기 메뉴. 안푸루와 만나는 우루무치중루(乌鲁木齐中路), 융캉루에도 지점이 있다.

주소 上海市长宁区愚园路1381-2号 **전화** 021-6212-5002 **영업** 08:00~21:30 **검색** money shops 입력 → Money Shops(愚园路店) 선택

🍴 오니타 Onita

위위안루에서 손에 꼽히는 브런치 및 양식 레스토랑. SNS용 사진을 찍는 사람들로 언제나 붐비는 곳이다. 벽면을 가득 채운 와인병이 말해 주듯 스파클링, 레드, 화이트 와인에 칵테일, 목테일까지 두루 갖추고 있어 오붓한 디너를 즐기기 좋다. 리소토, 파스타, 닭구이, 샐러드 등 메뉴 두루두루 호평을 받지만 곰 얼굴과 꼭 닮은 귀여운 티라미수는 테이블마다 꼭 시키는 인기 메뉴다. 평일 점심에는 런치 메뉴도 제공한다.

주소 上海市长宁区愚园路1088弄48号A号楼103室 **전화** 185-2137-6615 **영업** 11:00~22:00 **검색** onita 입력 → Onita(愚园路店) 선택

🍴 그레고리우스 gregorius 航迹

위위안루를 지금의 카페 거리 반열에 오르게 한 선발 주자. 상하이를 대표하는 레트로풍 카페이기도 한 이곳은 작은 규모의 매장 안 곳곳에 주인이 전 세계를 다니면 수집한 빈티지 컬렉션으로 가득 차 있다. 가게의 이름인 그레고리우스는 영화 '리스본행 야간 열차'의 주인공 이름에서 따왔다. 커피는 찬 우유에 에스프레소를 부어 주는 더티 커피 계열, 그중에서도 럼을 베이스로 한 크라켄(Kraken)과 버터 풍미의 주피터(Jupiter)가 시그니처다. 안푸루에 레트로 스타일을 한층 더 업그레이드한 그레고리우스 셰이드(gregorius SHADE)도 생겼다.

주소 上海市长宁区愚园路991号 **전화** 133-8620-4898 **영업** 월~금요일 08:00~18:00, 토·일요일 10:00~18:00 **검색** gregorius 입력 → Gregorius航迹 선택

지나간 바 스트리트이지만 여전히 핫플!
융캉루
永康路

채소 노점이 늘어서 있던 거리가 2010년대에 주변에 외국인 거주자들이 늘어나면서 바 스트리트로 이름을 날렸다. 그러다 밤마다 계속되는 소음으로 인한 주민들과의 마찰로 2016년 대부분의 술집이 문을 닫고, 그 빛을 잃은 듯하다가 하나둘 카페들이 문을 열며 다시 예전의 명성을 되찾게 되었다. 거리 길이는 약 600m로 매우 짧지만 어느 거리보다 집중된 상권으로 카페와 바, 디저트 가게들이 거리를 채우고 있다.

지도 P.231-C3 가는 방법 지하철 1·10·12호선 산시난루(陕西南路) 역 7번 출구에서 도보 8분

ZOOM IN
융캉루 둘러보기

🍽 상산허차 上山喝茶

쿤밍(昆明)에서 시작해 2025년 초에 막 상하이에 상륙한 차 전문점. 윈난성 밖에 생긴 첫 지점이다. 윈난성 5대 차 생산지라 불리는 시솽반나(西双版纳), 쓰마오(思茅), 린창(临沧), 더훙(德宏), 바오산(保山)의 찻잎을 베이스로 기본 차부터 차 라테 등의 음료까지 준비되어 있다. 판매용 차도 다양하게 있으며, 특히 낱개 포장된 찻잎은 선물용으로 제격이다.

주소 上海市徐汇区永康路21号 **전화** 153-0196-8273 **영업** 09:00~19:00 **검색** sshc 입력 → 上山喝茶(永康路店) 선택

🍽 카페 델 볼칸 Cafe del Volcan

융캉루 카페의 시조 격이라 할 수 있는 오래된 카페. 로스팅 머신이 가게 면적의 대부분을 차지할 만큼 로스팅에 진심인 곳으로, 중국은 물론 영국의 'Big 7 인조이 트래블' 등 세계적인 여행 채널에서도 여러 번 소개된 곳이다.

주소 上海市徐汇区永康路25号 **전화** 156-1866-9291 **영업** 09:00~19:00 **검색** volcan 입력 → Cafe del Volcan 선택

🍴 북엽두부 北叶豆腐 베이예더우푸

'싱런더우푸(杏仁豆腐)'라는 이름의 아몬드 푸딩은 중국의 전통 디저트로, 두부가 들어가지 않지만 모양이 비슷해 두부라는 이름이 붙었다. 우리에게는 비교적 생소하지만 일본에서는 '안닌도후'라는 이름으로 크게 사랑받는 간식이기도 하다. 북엽두부에서는 시그니처 기본 아몬드 푸딩은 물론 치즈, 말차, 호박 등의 맛을 더한 다양한 배리에이션과 두부, 아몬드 맛 젤라토를 맛볼 수 있다.

주소 上海市徐汇区永康路31号 **전화** 185-2136-8850 **영업** 10:00~21:00 **검색** beiye 입력 → 茶是一北叶豆腐 선택

🍴 곰발 카페 熊爪咖啡 슝좌카페이

사회로부터 단절된 사람들이 세상으로 나올 수 있게 한다는 취지로 만들어진 카페. 취지와 운영 방식 등에서 사회적으로 크게 주목받아 싱가포르, 일본, 한국에도 유사한 가게들이 생겼다. 바리스타 교육을 받은 장애인들이 많다는 것을 알게 된 창업자가 장애인들도 마음 편하게 일할 수 있는 장소를 만들고 싶다는 취지로 시작하게 되었으며, 청각·시각·지체장애인들을 고용하여 사회로 나아갈 발판을 제공하고 있다. 이 독특한 카페와 세상과의 연결구는 커피 잔이 나올 수 있을 정도의 작은 구멍 하나. 문이나 창구가 따로 없이 QR 코드를 통해 주문을 넣으면 구멍에서 곰발이 음료를 전달해 준다. 장미라테, 리치라테, 코코넛커피 등이 가장 인기 있는 메뉴다.

주소 上海市徐汇区永康路68号 **전화** 137-0191-6789 **영업** 월~금요일 09:00~14:00, 토·일요일 10:00~19:00 **검색** xzkf 입력 → 熊爪咖啡give&take(永康路店) 선택

옛 조계지에서 즐기는 정통 후난 요리
적수동상채
久久·滴水洞湘菜馆 주주·디수이둥

체인점들이 넘쳐나는 상하이에서 20년 이상 가까이 터줏대감 역할을 하고 있는 후난(湖南) 요리 전문점. 합리적인 가격과 넉넉한 양으로 호평을 받는다. 가장 인기 있는 음식은 마른 고추를 듬뿍 넣고 매콤하게 볶아내는 간궈(干锅). 주재료에 따라 이름이 바뀌는데, 닭고기·소고기·내장 등에서 고를 수 있다. 황소개구리는 중국인들에게 가장 사랑받는 재료이니 거부감이 없다면 도전해 보자. 등갈비를 튀겨 커민(cumin)으로 버무린 쯔란파이구(孜然排骨) 역시 인기 메뉴. 꼬치에 끼워 매콤 짭짤하게 구워낸 새우 샹웨이촨사오샤(湘味串烧虾)는 한국인 입맛에 잘 맞는다.

지도 P.230-C1 **주소** 上海市黄浦区茂名南路56号2F **전화** 021-6218-1476 **영업** 11:00~00:30 **가는 방법** 지하철 1호선 산시난루(陕西南路) 역 3번 출구에서 도보 6분 **검색** jjdsd 입력 → 久久滴水洞(进贤老公寓店) 선택

소 내장을 볶아낸
간궈페이창(干锅肥肠)

쯔란파이구

TRAVEL TIP
매운맛의 강자, 후난 요리와 쓰촨 요리

'쓰촨 사람은 매울까 봐 걱정하지 않고, 구이저우 사람은 매워도 걱정하지 않고, 후난 사람은 맵지 않을까 봐 걱정한다(四川人不怕辣, 贵州人辣不怕, 湖南人怕不辣)'라는 말이 있다. 최근 중국 내에서도 매운 음식에 대한 관심이 고조되며 후난과 쓰촨의 요리가 인기몰이 중인데, 그렇다면 이 두 지역 요리의 가장 큰 차이는 무엇일까?
'샹차이(湘菜)'라고 불리는 후난 요리의 매운맛은 '춘라(纯辣)', 말 그대로 순수한 매운맛으로 주로 고추를 듬뿍 넣어 맛을 내는 것이 특징이다. '촨차이(川菜)'라 불리는 쓰촨 요리 역시 매운맛이 주를 이루는 것은 맞지만, '화자오(花椒)'라는 산초 열매를 넣어 입이 얼얼해지는 맛이 강하다. 쉽게 말해 쓰촨 요리의 대표 주자는 '마라(麻辣)'인 셈. 이 외에도 쓰촨 요리는 위샹(鱼香, 매콤 달콤한 맛), 쏸라(酸辣, 시고 매운맛) 등의 맛이 주를 이룬다.

겉바속촉 구운 오리의 대가
룽지
龙记香港茶餐厅 룽지샹강차찬팅

2004년 구광백화점 지하에 문을 연 이래 20년 넘게 꾸준히 자리를 지켜오고 있는 홍콩식 티 레스토랑. 접근성이 뛰어나면서도 제대로 된 오리지널 홍콩 스타일 요리를 내는 것이 꾸준한 인기의 비결이다. 특히 구운 오리는 홍콩 정통의 맛으로 유명하며, 항상 포장을 위한 줄이 길게 늘어서 있는 것을 볼 수 있다. 메뉴가 약 200가지나 되며 세트 구성으로 조합도 가능하기 때문에 선택의 폭이 매우 넓으며 홍콩식 메뉴는 무엇이든 원하는 것을 맛볼 수 있을 정도다. 단품이든 덮밥이든 오리구이는 꼭 맛보길 추천.

지도 P.230-B1 **주소** 上海市静安区愚园路108号愚园108F1层 **전화** 021-6209-7789 **홈페이지** www.fuxiaojie.cn **영업** 11:00~01:30 **가는 방법** 지하철 2·7호선 징안쓰(静安寺) 역 2번 출구에서 연결(구광백화점 지하 1층) **검색** jgbh 입력 → 久光百货 선택

미쉐린 원스타를 받은 상하이 요리집의 국수
인화관 면관
人和馆面馆 런허관 몐관

상하이 요리 전문점 인화관에서 운영하는 면관. 게살국수, 조기국수, 파기름 국수, 돼지간 국수, 곱창국수 등 상하이에서 유명한 면 요리가 모두 모여 있는 곳이다. 특히 매운 돼지고기 조림, 라장 소스, 돼지 간, 곱창 등을 사이드로 주문해 면 위에 부어먹을 수 있어 취향껏 변형시킬 수도 있다. 인도의 사모사를 중국식으로 재해석한 카레빵 역시 인기가 많아 금세 매진되기 일쑤다. 국숫집은 1층에 위치하며, 본격적인 상하이 요리는 2층의 전문점에서 즐길 수 있다.

지도 P.230-B1 **주소** 上海市静安区愚园路142号 **전화** 021-6266-8003 **영업** 11:00~21:00 **가는 방법** 지하철 2·7호선 징안쓰(静安寺) 역 2번 출구에서 도보 3분 **검색** renheguan 입력 → 人和馆(静安寺店) 선택

청두까지 갈 필요 없어요
푸샤오제 짜이 청두
付小姐在成都 부소저재 청두

찬찬샹(串串香)은 재료를 꼬치에 꽂아 뜨거운 국물에 데쳐 매운 소스에 담가 먹는 일종의 샤부샤부로, 훠궈와 형제 격인 음식이라 할 수 있다. 원래는 쓰촨 지방의 먹거리인데, 중국 내 크고 작은 도시에서 유행하며 중국 젊은이들에게 가장 사랑받는 간식 중 하나가 되었다. 청두 출신인 푸씨 여성이 상하이에서 창업해 역으로 청두에까지 지점을 내게 된 이 독특한 이력의 가게는 10년 가까이 사랑받으면서도 여전히 화제의 중심에 있다. 찬찬샹의 양념은 마라 맛을 기본으로 하지만, 기본 소기름 마라, 더 매운 고추 마라, 국물 없이 양념한 버전으로 나뉘며 추천은 소기름이 들어간 마라뉴유궈디(麻辣牛油锅底). 꼬치가 작은 편이므로 인당 10개 이상은 시키는 것이 좋고, 그 밖에 끓여낸 훠궈와 비슷한 마오차이(冒菜) 역시 소고기, 돼지고기, 천엽, 오리 내장, 돼지 뇌(!) 등 재료별로 다양하게 맛볼 수 있다. 마라 맛 양념 감자와 달달한 흑당 떡은 필수로 주문할 사이드 메뉴. 징안 지점은 영업 시간도 길어 늦은 시간 찾기도 좋다.

국물 없는 꼬치

소기름 국물 꼬치

쏸라펀

지도 P.230-A1 **주소** 上海市长宁区愚园路1355弄1-73号 **전화** 021-6212-7568 **홈페이지** www.fuxiaojie.cn **영업** 11:00~01:00 **가는 방법** 지하철 2·3·4호선 중산공원(中山公园) 역 8번 출구에서 도보 4분 **검색** fxjzcd 입력 → 付小姐在成都(中山公园店) 선택

홍콩 스타들의 단골집에서 한 끼
제시 레스토랑
JESSE RESTAURANT 老吉士 라오지스

고(故) 장궈룽(장국영) 배우가 살아 생전 상하이에 오면 꼭 들렀다고 알려진 음식점. 장궈룽 외에도 량차오웨이(양조위), 류자링(유가령), 수치(서기), 리밍(여명) 등 당대 최고의 홍콩 배우들이 찾은 곳으로 2019년 미쉐린 빕구르망에도 선정된 적이 있다. 상하이 번방차이를 중심으로 하는 곳으로 가격대는 꽤 높은 편이지만, 부드러우면서 쫀득한 홍사오러우는 적당히 느끼하고 달콤해 상하이 요리 본연의 맛에 가깝다고 호평을 받는다. 테이블 수가 적어 식사 시간에 찾는다면 꽤 오래 기다릴 확률이 높고 직원의 서비스가 뛰어난 편은 아니니 참고할 것. 구광백화점을 비롯한 시내 쇼핑몰 곳곳에도 지점이 있다.

지도 P.231-A4 **주소** 上海市徐汇区天平路41号 **전화** 021-6282-9260 **영업** 11:00~14:30, 17:00~21:30 **가는 방법** 지하철 10·11호선 자오퉁다쉐(交通大学) 역 1번 출구에서 도보 6분 **검색** jesse 또는 laojishi 입력 → 老吉士饭馆(天平路店) 선택

달콤한 돼지갈비와 깔끔한 국수의 조화
정매 우시면관
井梅无锡面馆 징메이 우시몐관

2024~2025년 2년 연속 미쉐린 빕구르망에 선정되며 급상승하고 있는 국수 전문점. 장쑤성에 속하는 우시(无锡)시는 소상하이(小上海)라고도 불리는 곳으로, 기본적으로 음식에 설탕을 많이 사용하는 장쑤성에서도 특히 음식을 달게 먹기로 유명하다. 그런 만큼 이 집의 대표 메뉴는 달게 졸여낸 돼지갈비. 간장을 베이스로 한 갖가지 양념에 설탕을 듬뿍 넣고 푹 삶아내 살이 잘 발라지며 양념이 푹 배어 있다. 깔끔한 육수의 기본 면과 잘 어울리기 때문에 함께 주문해 먹는 것이 정석. 간장 베이스의 비빔 훈툰 역시 대표 메뉴이며 양이 많지 않은 편이므로 두루두루 시켜서 맛볼 것을 추천한다. 본점은 옌핑루(延平路)에 있다.

지도 P.230-A1 **주소** 上海市长宁区长宁路1018号B2 **전화** 191-0218-0020 **영업** 10:00~22:00 **가는 방법** 지하철 2·3·4호선 중산공원(中山公园) 역 5번 출구에서 연결(룽지몽 지하 2층) **검색** jmwxmg 입력 → 井梅无锡面馆·私房面(龙之梦城市生活中心店) 선택

1930년대로 돌아간 듯한 복고풍 재즈 바
헤이데이
Heyday

무대라는 단어가 무색할 정도로 테이블 바로 가까이에서 라이브 공연이 펼쳐지는 재즈 바. 좁은 공간이기 때문에 더더욱 뮤지션의 호흡이 그대로 느껴진다. 복고풍 인테리어와 종업원의 복장이 1930년대 재즈가 가장 흥했던 프랑스 조계 시절의 재즈 클럽 풍경을 재현한다. 매일 다른 뮤지션의 공연이 펼쳐지는데, 라이브의 수준도 꽤 높은 편. 매일 밤 9시 30분부터 11시 30분까지 공연이 열리며, 입장료 100위안을 따로 받는다. 무대 앞 테이블석에 앉으려면 1인당 500위안 이상 주문해야 한다.

지도 P.231-A3 **주소** 上海市长宁区泰安路50-1号 **전화** 021-6236-6075 **홈페이지** www.heydayjazz.cn **영업** 19:00~02:00 **가는 방법** 지하철 10·11호선 자오퉁다쉐(交通大学) 역 7번 출구에서 도보 8분 **검색** heyday 입력 → Heyday Jazz Bar 선택

 고품격 공연을 즐길 수 있는 재즈 클럽
JZ 클럽
JZ Club

중국에서 가장 유명하면서 영향력 있는 재즈 클럽. 2003년 상하이에 첫선을 보인 후, 재즈 스쿨 설립부터 중국에서 가장 큰 재즈 페스티벌을 개최하면서 항저우와 선전에도 지점을 운영할 만큼 화려한 경력을 지닌 곳이다. 평일은 하루 1회, 금~일요일은 하루 2~3회 공연이 열리며 공연 시각은 요일마다 다르다. 간혹 무료입장인 공연도 있으나 대부분 1인 128위안~, 2인 원탁 248위안~ 의 입장료가 있는데, 자세한 스케줄과 입장료는 위챗 미니 프로그램 'JZ Club' 공식 계정에서 확인할 수 있다.

지도 P.231-B3 **주소** 上海市徐汇区衡山路8号水塔广场 **전화** 021-6431-0269 **영업** 19:00~00:30 **가는 방법** 지하철 1호선 헝산루(衡山路) 역 3번 출구에서 도보 5분 **검색** jz club 입력 → JZ Club(上海店) 선택

징안 상업 지구의 중심
구광백화점
久光百货 주광바이훠

지하철 징안쓰(静安寺) 역과 연결된 좋은 입지 덕에 언제나 붐비는 백화점. 쇼핑몰이 백화점을 품고 있는 형태로, 홍콩 소고(Sogo) 백화점 계열이기 때문에 일본 브랜드도 다수 입점해 있다. 1층에는 화장품과 명품 브랜드, 2층에는 주얼리, 3층에는 여성복, 4층에는 캐주얼, 5층에는 남성복, 6층에는 스포츠 브랜드, 7층에는 유명 브랜드 아웃렛이 자리한다. 지하 1층의 테이크아웃 푸드 매장이 특히 인기인데, 상하이 최초로 일본식 백화점 식품 매장 스타일을 도입했다.

지도 P.230-B1 주소 上海市静安区南京西路1618号 전화 021-3217-4838 홈페이지 www.jiu-guang.com/shanghai 영업 10:00~22:00 가는 방법 지하철 2·7호선 징안쓰(静安寺) 역 2번 출구에서 연결 검색 jgbh 입력 → 久光百货 선택

넓고 쾌적한 쇼핑몰
징안 케리 센터
Jingan Kerry Center 静安嘉里中心 징안자리중신

쇼핑과 미식, 휴식이 골고루 조화를 이루는 쇼핑센터. 우리에게도 친숙한 브랜드의 부티크 숍 외에도 음식점, 카페, 와인 숍, 은행, 네일 숍, 마사지 숍 등 다양한 시설이 입점해 있다. 사무동과 함께 이루어진 건물로 북관과 남관으로 이루어져 있으며, 공관 활용이 널찍하고 앉아서 쉴 공간도 많아 보다 편안하게 쇼핑을 즐길 수 있다. 주변 난징시루의 쇼핑몰에 비해 초고급 브랜드보다 친숙한 브랜드가 많이 들어서 있고, 지하 1층에는 깔끔하게 정비된 푸드코트가 있다.

지도 P.230-B1 주소 上海市静安区南京西路1515号 전화 021-6025-7511 홈페이지 www.jingankerrycentre.com 영업 10:00~22:00 가는 방법 지하철 2·7호선 징안쓰(静安寺) 역 6번 출구에서 연결 지도 p.194-B 검색 jajlzx 입력 → 静安嘉里中心 선택

진정한 쇼핑, 미식, 휴식이 가능한 원스톱 쇼핑몰
롱지몽 도시생활중심
龙之梦城市生活中心 룽즈멍 청스성훠중신

2호선과 3호선, 4호선이 교차하는 중심 상권 중 하나인 중산공원(中山公园) 역에 세워진 대형 쇼핑몰. 메리어트 계열 르네상스 호텔을 품고 있으며 500개 이상의 브랜드가 입점해 있다. 2005년에 오픈해 시간은 꽤 흘렀지만 끊임없는 리뉴얼을 통해 지속적으로 사랑받는 곳으로, 중국 최초의 허마 프리미어 슈퍼마켓, 중국 최초의 포켓몬 스토어를 포함해 수많은 브랜드 스토어와 음식점 역시 중국 최초, 상하이 최초 매장들이 200개 이상 들어서며 여전히 상하이에서 가장 트렌디한 쇼핑몰로 손꼽힌다. 특히 식음료점은 먹고 싶은 것은 뭐든 다 있다고 할 수 있을 정도로 200개 가까이 입점해 있으며 특히 지하철 출구와 연결된 지하 2층에는 옛 거리 분위기, 시장 테마 등 구역별로 다채롭게 꾸며진 먹자 골목 시티 마켓 '우퉁(梧桐)'이 들어서 있다.

지도 P.230-A1 **주소** 上海市长宁区长宁路1018号 **전화** 021-6115-5555 **영업** 10:00~22:00 **가는 방법** 지하철 2·3·4호선 중산공원(中山公园) 역 5번 출구에서 연결 **검색** cnlzm 입력 → 龙之梦城市生活中心(长宁店) 선택

정중한 마사지 서비스
드래건플라이
Dragonfly 悠庭保健会所

현지인들과 여행객 모두에게 인기 있는 고급 마사지 체인점. 2003년에 창업해 서비스 품질에 비해 저렴한 가격으로 점차 이름을 알리며 상하이에서 가장 인기 있는 마사지 숍 중 하나가 되었다. 1호점이자 플래그십 스토어인 신러루(新乐路) 지점은 특히 숙련되고 정중한 서비스를 제공한다. 중국식 안마에 일본식, 태국식, 인도네시아식 마사지를 결합한 퓨전 마사지와 페이셜 케어, 네일 케어, 속눈썹 연장, 왁싱 등 뷰티 프로그램도 다채롭다. 징안 케리 센터, 푸둥 IFC몰 내에도 지점이 있으며, 예약은 홈페이지에서 가능하다.

지도 P.230-C2 **주소** 上海市徐汇区新乐路206号 **전화** 021-5403-9982 **홈페이지** www.dragonfly.net.cn **영업** 10:00~23:00 **가는 방법** 지하철 1·10·12호선 산시난루(陕西南路) 역 10번 출구에서 도보 10분 **검색** dragonfly 입력 → Dragonfly悠庭(新乐店) 선택

상하이 도심 서남쪽에 위치하는 쉬자후이는 서광계(徐光启, 쉬광취)를 비롯한 서(徐) 씨 집안 사람들이 모여 살던 곳이라 이렇게 이름 붙었다. 오랜 역사를 자랑하는 쉬자후이 천주교당과 쉬자후이 공원, 서광계 기념관 등의 볼거리가 있는데, 외국인 관광객은 비교적 적은 편이기 때문에 현지인들의 라이프스타일을 체험하기 좋다. 쉬자후이 역은 1·9·11호선이 교차하며 런민광창 역 못지않은 유동 인구를 자랑하는 교통의 요지다. 역을 중심으로 대형 쇼핑몰이 다수 들어서 있으며, 주변에 상하이 교통대학(上海交通大学)과 오피스 건물이 밀집해 대학생·직장인 등 젊은이가 특히 많다. 동서남북으로 옛 프랑스 조계지와 훙차오 등의 지역으로 이어지며 음식점도 넓게 산재한다.

쉬자후이 추천 코스

――― 총 소요 시간 7시간 ―――

쉬자후이는 비교적 넓은 지역에 관광지가 분포하기 때문에 어디서부터 어디까지 볼지에 따라 일정이 크게 달라진다. 용화사와 용화열사능원은 붙어 있기 때문에 한 번에 두 곳을 묶어서 보는 것이 좋고, 쉬자후이 천주교당과 공원, 서광계 기념관 등 쉬자후이 역 근처의 볼거리만 둘러본다면 한나절만 투자하고 북동쪽으로 이어지는 징안, 옛 프랑스 조계지와 묶어 돌아보는 것이 효율적이다. 쉬자후이 천주교당은 미사가 열리는 시간에는 입장할 수 없기 때문에, 운영 시간을 잘 맞춰서 방문하는 것이 좋다.

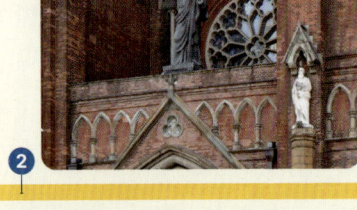

≪ 택시 15분 ≫

❶ 쑹칭링 능원 P.262
20세기 중국 여성 중 가장 훌륭한 인물로 추앙받는 쑹칭링이 묻힌 곳. 외국인 공동묘지에는 한국인 독립운동가의 묘도 남아 있다.

❷ 쉬자후이 천주교당 P.260
상하이에서 가장 크고 오래된 성당. 중세 유럽 고딕 양식의 아름다움이 두드러지며, 웅장한 쌍둥이 첨탑 역시 볼거리.

≪ 도보 6분 ≫   ≪ 도보 11분 ≫

❹ 쉬자후이 공원 P.261
복잡한 쉬자후이에서 여유롭게 쉴 수 있는 공원. 공원을 가로지르는 나무 데크를 따라 짧은 산책을 즐겨 보자.

❸ 크레이지 윈 P.265
스페인 현지에 와 있는 듯한 레스토랑. 타파스와 파에야에 가볍게 상그리아를 곁들여도 좋다.

≪ 택시 15분 ≫   ≪ 도보 3분 ≫

❺ 용화사 P.263
삼국시대에 지었다고 전해지는 절. 7층 8각의 용화탑에는 송나라 당시의 건축 양식이 살아 있다.

❻ 용화열사능원 P.263
공산당원을 가둔 교도소와 처형장으로 쓰였다가, 지금은 약 1,700명의 유골이 안장된 묘지로 이용되는 곳.

📷 **상하이의 바티칸**
쉬자후이 천주교당
徐家汇天主教堂 쉬자후이톈주자오탕

공식 명칭은 성 이냐시오(St. Ignatius) 대성당이다. 상하이에서 가장 처음 세워진 성당이자 가장 큰 성당으로 약 3,000명까지 수용 가능하다. 1608년 상하이교구 1호 신자 서광계(徐光启)가 세운 성당인데, 천주교가 금지된 후에는 관우(关羽)의 사당으로 쓰이기도 했다. 아편전쟁 이후 재건을 시작해 1910년에 완공되었고, 문화 대혁명 기간에 심각하게 파손되었다가 1980년대 들어 다시 일반에게 개방했다.

성당 건물은 전형적인 중세 고딕 양식으로, 붉은 벽돌이 강렬한 인상을 준다. 위에서 내려다보면 동쪽을 향한 십자가 모양을 하고 있으며, 건물 양쪽에는 높이 57m에 달하는 종루 2개가 쌍둥이처럼 우뚝 솟아 있다. 내부에는 총 64개의 기둥이 있는데, 각각의 기둥을 작은 기둥 10개가 감싸고 있어 더욱 아름다운 모습이다. 19개의 제단 중 중앙에 있는 것은 1919년 부활절에 파리에서 옮겨온 것으로 제단에는 성인 8명의 조각이 정교하게 새겨져 있다. 성당 참관은 정해진 시간에만 가능하며, 민소매, 모자, 샌들 착용 등은 금지되니 복장을 단정히 하고 관람 예절을 지키자.

성당 옆에는 프리츠커 상을 수상하기도 한 영국의 건축가 데이비드 치퍼필드가 설계한 쉬자후이 도서관이 있다. 마치 미술관 같은 건물 자체로도 볼거리지만, 2층 테라스로 나가면 성당과 성당 앞 공원이 한눈에 내려다보이는 기분 좋은 공간이 있으니 한번 들러보자.

지도 P.259-A3 **주소** 上海市徐汇区浦西路158 **운영** 화~토요일 09:00~16:00, 일·월요일 휴무 **요금** 무료 **가는 방법** 지하철 1·9·11호선 쉬자후이(徐家汇) 역 3번 출구에서 도보 3분 **검색** tzjshjq 입력 → 天主教上海教区徐家汇圣依纳爵主教座堂 선택

복잡한 도심 한복판의 녹지 광장
쉬자후이 공원
徐家汇公园 쉬자후이궁위안

2000년 건립된 쉬자후이 공원은 사람과 건물, 자동차가 얽힌 중심가에서 벗어나 여유를 즐길 수 있는 곳이다. 원래 벽돌 공장이 있었던 곳으로 약 84만 7,000㎡의 면적에 자연 친화적으로 설계되었다. 중심에 황푸강을 본떠 만든 작은 시냇물이 있으며, 공원 풍경을 내려다보기 좋은 약 200m 길이의 육교가 공원을 가로지른다. 플라타너스, 녹나무, 대나무, 목련, 은행나무 등 130종 이상의 식물이 공원을 가득 채우며, 다채로운 꽃이 피어나는 봄이 되면 더욱 아름다운 풍경을 선사한다. 공원 내에는 중국 국가 '의용군 행진곡(义勇军进行曲)'을 녹음하고 수많은 중국의 음악가들이 발자취를 남긴 EMI 빌딩도 남아 있다.

지도 P.259-B1 주소 上海市徐汇区肇嘉浜路986号 전화 021-6483-3541 가는 방법 지하철 1·9·11호선 쉬자후이(徐家汇) 역 14번 출구에서 도보 5분 검색 xjhgy 입력 → 徐家汇公园 선택

지명의 유래가 된 학자를 만나 보는 시간
서광계 기념관
徐光启纪念馆 쉬광치지녠관

명나라 말기의 학자 서광계(徐光启, 1562~1633)를 기리는 기념관. 광치 공원(光啓公園) 내에 있다. 수학자이자 과학자, 군사가, 농학자였던 서광계는 상하이교구 최초의 천주교 신자로, 이탈리아 예수회 선교사인 마테오 리치(Matteo Ricci)에게 천문, 지리, 수학 등의 서양 과학을 배워 중국에 전파하는 데 크게 공헌한 인물이다. 1608년 상하이에 최초로 예배당을 짓기도 했으며(지금의 쉬자후이 천주교당) 그의 이름을 따 '쉬자후이'라는 지명을 만들기도 했다. 기념관은 그의 생애와 업적에 관한 전시가 주를 이룬다. 특히 그의 저서 중 고대 중국의 농업백과사전이라고도 할 수 있는 60권의 농정전서(農政全書), 중국에 최초로 들어온 세계지도 곤여만국전도(坤輿萬國全圖) 등과 관련된 자료를 볼 수 있다.

지도 P.259-A3 주소 上海市徐汇区南丹路17号(光启公园内) 전화 021-6438-1780 운영 09:00~16:30, 월요일 휴무 요금 무료 가는 방법 지하철 1·9·11호선 쉬자후이(徐家汇) 역 1번 출구에서 도보 4분 검색 xgqjng 입력 → 徐光启纪念馆 선택

🎞 중국에서 가장 큰 시립 식물원
상하이 식물원
上海植物园 상하이즈우위안

면적이 81만 8,600㎡에 이르는 거대한 식물원. 1974년에 설립되었다. 계화, 목련, 작약, 철쭉, 장미, 대나무, 소나무 등 수천 가지 식물이 각각의 구역에서 자태를 뽐낸다. 구역마다 다양한 인상을 주기 때문에 사진을 찍거나 산책, 피크닉 등 각자의 목적에 따라 시간을 보낼 수 있다. 때때로 실내 전시 구역에서 전시가 열리며, 식물원 내 호수에서는 오리 배를 타고 여유를 즐길 수도 있다. 식물원 자체는 입장료 없이 들어갈 수 있지만 난실, 온실, 분경원은 추가 입장료를 내거나 통합권이 있어야 관람 가능한데, 워낙 부지가 넓어 굳이 유료 입장 구역까지 들어가지 않아도 즐길 거리가 풍부하다.

지도 P.85-C3 **주소** 上海市徐汇区龙吴路1111号 **전화** 021-5436-3369 **운영** 11~4월 06:00~17:00, 5~10월 06:00~18:00(게이트별로 개방 시간 다름) **요금** 무료 **홈페이지** www.shbg.org **가는 방법** 지하철 3호선 스룽루(石龙路) 역 남쪽 출구에서 도보 10분 **검색** shzwy 입력 → 上海植物园 선택

🎞 한국 독립투사의 혼이 묻힌 곳
쑹칭링 능원
宋庆龄陵园 쑹칭링링위안

쑨원의 아내이자 중국의 명예 주석을 지낸 사상·정치가 쑹칭링이 1981년 베이징에서 사망한 후, 그녀의 유골은 생전 유언에 따라 이곳에 안장되었다. 그와 함께 원래 상해만국공묘(上海万国公墓)라 불리던 이름은 쑹칭링 능원으로 바뀌었다. 기념관에서는 쑹칭링의 일생을 담은 사진과 문헌 자료, 그녀가 사용했던 유품을 볼 수 있고 건물 밖에는 생전 그녀가 사랑했던 비둘기도 자라고 있다. 부지 한쪽에 위치한 국제공동묘지에는 한국인을 비롯해 외국인들의 묘가 다수 안치되어 있다. 특히 한국인 독립투사로 추정되는 묘가 여럿 있었는데, 박은식, 신규식, 오영선 선생 등의 묘는 한국으로 봉환되었고 조상섭, 임계호 등으로 추정되는 묘는 아직 이곳에 남아 있다.

지도 P.84-B2 **주소** 上海市长宁区宋园路21号 **전화** 021-6275-4034 **운영** 09:00~17:00 **요금** 무료 **홈페이지** www.shsoongching-ling.com **가는 방법** 지하철 3호선 스룽루(石龙路) 역 남쪽 출구에서 도보 10분 **검색** sqlly 입력 → 上海宋庆龄陵园(北门) 선택

강남에서 가장 오래된 선종 사원
용화사
龙华寺 룽화쓰

1,700년이 넘는 역사를 지닌, 상하이에서 가장 오래되고 큰 사찰이다. 삼국시대 오나라의 초대 왕인 손권(孫权)이 242년에 어머니를 위해 지었다고 전해진다. 대지 면적 2만㎡에 건축 면적만 5,000㎡로, 지금 남아 있는 건물은 청나라 말기에 복원된 것이다. 내부에는 미륵전(弥勒殿), 천왕전(天王殿), 대웅보전(大雄宝殿), 삼성전(三圣殿) 등의 주요 건물이 있다. 특히 절 앞에 서 있는 용화탑(龙华塔)이 유명한데, 높이 약 41m에 달하는 7층 8각의 목탑이다. 977년에 만들어졌고 여러 번 재건했지만 송나라 때의 건축 양식이 그대로 살아 있다. 현재 내부는 개방하지 않지만, 탑돌이를 하며 소원을 비는 불자들이 많다. 경내의 식당에서는 단돈 15위안에 담백한 사찰식 채식 국수도 맛볼 수 있다(제공 시간 11:00~14:00).

지도 P.85-C2 **주소** 上海市徐汇区龙华路2853号 **전화** 021-6456-6085 **운영** 07:00~16:30 **요금** 무료 **가는 방법** 지하철 11호·12호선 룽화(龙华) 역 3번 출구에서 바로 **검색** lhs 입력 → 龙华寺 선택

사회주의 중국을 위해 목숨을 바친 넋들
용화열사능원
龙华烈士陵园 룽화레스링위안

1928년부터 1937년까지 국민당이 교도소와 사형 집행 장소로 사용했던 곳으로, 수천 명의 공산당원이 이곳에 수감되고 그중 수백 명이 목숨을 잃었다. 제2차 세계대전 때에는 일본군이 민간인 수용소로 사용하기도 했으며, 현재는 1,700여 명의 유골이 안장된 묘지가 되었다. 복숭아나무, 소나무, 단풍나무 등이 울창하게 공간은 엄숙하고 조용한 분위기를 띤다. 중앙에 있는 피라미드 형태의 기념관에는 1,500여 장의 사진과 400여 점의 유물을 통해 희생자들의 이야기를 담았다. 공원 중앙의 기념비에 적힌 '인민을 위한 붉은 심장과 푸른 피(丹心碧血为人民)'라는 문구는 1990년에 장쩌민이 쓴 것이다.

지도 P.85-C2 **주소** 上海市徐汇区龙华西路180号 **전화** 021-6468-5995 **운영** 능원 06:30~17:30, 기념관 09:00~16:30, 기념관 월요일 휴무 **요금** 무료 **홈페이지** www.slmmm.com **가는 방법** 지하철 11호·12호선 룽화(龙华) 역 2번 출구에서 도보 4분 **검색** lhlsly 입력 → 上海市龙华烈士陵园 선택

훠궈계의 혁신
쑹훠궈창
怂火锅厂

'당신이 즐거우면 OK'라는 로고가 여기저기 붙어 있을 정도로 먹는 즐겁고 행복한 식사 경험을 추구하는 레스토랑. 시간에 맞춰 직원들의 율동 퍼레이드가 진행되고, 생일을 맞은 고객에게는 환호와 함께 축하 노래를 불러주는 등 다양한 퍼포먼스로 SNS에서 열띤 호응을 얻으며 MZ세대의 뜨거운 지지를 받고 있다. 단순히 분위기만 즐거운 곳이 아니라 음식 면에서도 호평을 받고 있는데, 충칭식 마라훠궈를 기반으로 구이저우(贵州)식 신맛 탕, 토마토탕, 맑은 탕과 코코넛 워터까지 훠궈계의 혁신이라고 할 만큼 새로운 탕을 만나볼 수 있다. 또 각 재료마다 10초, 15초 등 가장 알맞은 익힘 시간을 알려주기 때문에 더욱 맛있게 먹을 수 있다. 소스 바에는 김치, 치킨 라이스, 또 식후에 무료로 먹을 수 있는 소프트 아이스크림까지 준비되어 있어 훠궈의 매운맛을 달래주거나 입을 개운하게 하기 좋다. 그 밖에 대기 시간이 길어지면 받는 코인으로 이용 가능한 인형 뽑기 게임 등 즐길 거리가 풍부하고, 직원들의 율동에 열정적으로 호응해 주는 사람에게는 열쇠고리를 선물해 주기도 한다.

지도 P.259-B2 **주소** 上海市徐汇区肇嘉浜路1111号美罗城4楼 **전화** 199-7992-1665 **영업** 11:00~22:00 **가는 방법** 지하철 1·9·11호선 쉬자후이(徐家汇) 역 10번 출구에서 도보 3분(메트로시티 4층) **검색** songhuoguo 입력 → 怂火锅厂(美罗城店) 선택

오래도록 사랑받는 스페인 레스토랑
크레이지 원
Crazy Ones

인기에 민감한 만큼 브랜드 교체가 상당히 잦은 쇼핑센터 메트로 시티에서 10년가량 굳건히 인기를 지켜오고 있는 스페인 음식점. 주재료를 달리한 파에야 중 스테이크 페스토 파에야, 사프란 파에야가 간판 스타다. 전채 요리 중에서는 으깬 감자를 넣은 달걀 부침, 관자구이 그라탱이 인기 메뉴. 레드 와인과 화이트 와인, 로즈 와인으로 만든 상그리아를 더하면 스페인에 온 기분을 만끽할 수 있다.

지도 P.259–B2 **주소** 上海市徐汇区肇嘉浜路1111号美罗城4楼 **전화** 021–6426–0192 **영업** 11:00~21:30 **가는 방법** 지하철 1·9·11호선 쉬자후이(徐家汇) 역 10번 출구에서 도보 3분(메트로시티 4층) **검색** crazy ones 입력 → 西班牙餐厅(美罗城店) 선택

자부심이 가득한 윈난 요릿집
운해효
云海肴 윈하이야오

'윈난(云南)의 좋은 식재료'를 사용하는 윈난 요리 전문점. 지역의 정취가 느껴지는 인테리어와 매일 공수되는 신선한 식재료로 사랑받고 있다. 꼭 먹어야 할 것은 닭고기와 각종 채소를 비벼먹는 쌀국수 지쓰량미셴(鸡丝凉米线). 윈난 지역의 가정식으로, 1년에 10만 그릇이 넘게 팔리는 윈하이야오의 대표 메뉴다. 거부감 드는 향신료 냄새가 없고, 달콤한 간장 소스 맛이 한국인 입맛에도 잘 맞는다. 레몬글라스 향을 더한 틸라피아 생선구이와 달콤한 파인애플밥도 인기가 좋다. 메뉴판의 '자오파이비뎬(招牌必点)' 페이지에 추천 음식이 모여 있으니 참고해서 주문하자. 테이블 위에 놓인 모래시계의 모래가 다 떨어지기 전인 28분 내에 모든 요리를 내오는 것을 보장한다.

지도 P.259–B2 **주소** 上海市徐汇区肇嘉浜路1111号美罗城A区5楼 **전화** 021–6468–7776 **영업** 11:00~14:00, 17:00~21:00 **가는 방법** 지하철 1호선 황피난루(黄陂南路) 역 2번 출구에서 도보 6분 **검색** yunhaiyao 입력 → 云海肴云南菜(美罗城店) 선택

차분한 분위기의 쓰촨 요리 전문점
공작
孔雀 콩췌

'공작'이라는 이름에 걸맞게 티파니 블루를 메인 컬러로 한 우아한 분위기가 두드러진다. 현대적으로 표현한 깔끔한 맛이 인기의 비결로, 대표 메뉴는 좁쌀, 대구, 닭고기, 돼지고기 등을 사용한 완자 쉐위양성스쯔터우(鳕鱼养生狮子头), 얼얼한 맛의 쓰촨식 선지탕 충칭마오쉐왕(重庆毛血旺), 부드러운 소고기를 새콤하게 끓여낸 쏸탕페이뉴(酸汤肥牛)도 인기가 좋다. 토끼 머리 요리 같은 흔치 않은 요리도 있으니 원한다면 도전해 보자.

지도 P.259-A2 **주소** 上海市徐汇区虹桥路1号港汇恒隆广场5楼 **전화** 021-5757-5677 **영업** 11:00~14:30, 17:00~21:00 **가는 방법** 지하철 1·9·11호선 쉬자후이(徐家汇) 역 12번 출구에서 연결(그랜드 게이트웨이 5층) **검색** kqcc 입력 → 孔雀川菜(港汇恒隆店) 선택

타이완에서 온 샤오룽바오 전문점
딘타이펑
鼎泰丰 Ding Tai Feng

50년 넘는 역사를 지닌 샤오룽바오 체인점. 샤오룽바오의 고향 상하이에서 만나는 타이완 프랜차이즈라는 점에서 더욱 신선하다. 샤오룽바오는 1개당 21g의 정량을 지켜 만들며, 6개 단위로 주문 가능하다. 샤오룽바오는 물론 사오마이(烧麦), 훈툰(馄饨), 차오서우(抄手) 등의 만두도 소와 양념에 따라 종류가 매우 다양한 것이 특징. 그 밖에 특선 요리와 채소·국물·면 요리를 선보이며, 걸쭉하고 진한 땅콩소스를 넣은 국수 타이완 단단멘(台湾担担面) 역시 인기가 좋다. 입장을 기다리는 동안에는 유리창을 통해 만두 빚는 모습도 구경할 수 있다.

지도 P.259-A2 **주소** 上海市徐汇区虹桥路1号港汇恒隆广场6楼 **전화** 021-3469-1383 **영업** 11:00~21:00(평일 15:00~16:30 브레이크 타임) **가는 방법** 지하철 1·9·11호선 쉬자후이(徐家汇) 역 12번 출구에서 연결(그랜드 게이트웨이 6층) **검색** dtf 입력 → 鼎泰丰(上海港汇恒隆广场店) 선택

쉬자후이의 랜드마크
메트로 시티
Metro City 美罗城 메이뤄청

커다란 공 모양 조형물이 눈길을 끄는 쇼핑센터. 1997년에 오픈했지만 지속적인 리뉴얼과 브랜드 교체를 통해 30년 가까이 상하이 최대 상권 중 하나인 쉬자후이 지역에서 최고의 인기를 구가하고 있다. 상하이 내 다른 쇼핑몰이 넓은 연령층을 대상으로 한다면, 이곳은 젊은 분위기가 특징이다. 브랜드의 회전이 잦아 언제 찾아가도 신선한 느낌이며 특히 로프트, 라인 프렌즈, 점프 숍, 니코 앤드, 투투안나, 산리오 기프트게이트 등 일본에서 들어온 의류나 잡화, 화장품 브랜드, 음식점 등이 많이 입점해 있다.

지도 P.259-B2 **주소** 上海市徐汇区肇嘉浜路1111号 **전화** 021-6426-8888 **홈페이지** www.shmetrocity.com **영업** 10:00~22:00 **가는 방법** 지하철 1·9·11호선 쉬자후이(徐家汇) 역 9번 출구에서 연결 **검색** mlc 입력 → 美罗城 선택

쉬자후이의 최고급 쇼핑센터
그랜드 게이트웨이 66
港汇恒隆广场 Grand Gateway 66 강후이헝룽광창

쉬자후이 중심에 서 있는 쇼핑센터와 사무·거주 공간이 결합한 공간. 지하 1층부터 지상 6층까지 7개 층으로 이루어진 쇼핑몰은 건평 7만㎡로, 400개 이상의 브랜드가 입점해 있다. 대리석과 샹들리에로 치장한 화려한 분위기 속에 고급 패션 잡화부터 화장품, 어린이용품, 서점, 영화관, 음식점 등 쇼핑과 미식 전반에 걸친 고급 브랜드가 주류를 이룬다. 1층 외부에는 아케이드 식당가도 마련되어 있다.

지도 P.259-B2 **주소** 上海市徐汇区虹桥路1号 **전화** 021-6407-0111 **영업** 10:00~22:00 **가는 방법** 지하철 1·9·11호선 쉬자후이(徐家汇) 역 12번 출구에서 연결 **검색** ghhlgc 입력 → 上海港汇恒隆广场 선택

놀랍도록 저렴한 간식 쇼핑
핫 맥스
HotMaxx 好特卖

2020년 5월 설립되어 5년 만에 상하이 내에 50개 지점, 중국 전역에 800여 개 지점을 운영 중인 할인 상품점. 다른 슈퍼마켓이나 소매점과의 차별점은 놀라울 정도로 저렴한 가격으로, 공장에서 직접 매입한 상품이나 유통기한 임박 상품, 해외에서 직접 들여온 제품 등을 초저가에 판매하는 전략을 통해 크게 성장했다. 식품 외에도 화장품, 일상용품, 생활 잡화 등 상품군은 다양하지만, 슈퍼마켓에서는 쉽게 찾아볼 수 없는 소포장 간식, 우리돈 몇백 원 수준으로 살 수 있는 빵, 과자, 컵라면, 음료 등 식품 쇼핑을 특히 추천한다. 런민광창 역 9번 출구 부근(지하), 시나 마스 플라자, 센추리 링크 몰, 훙커우 룽즈몽 등에도 지점이 있다.

지도 P.259-B2 **주소** 上海市徐汇区肇嘉浜路1111号美罗城4楼 **전화** 152-2165-0178 **영업** 10:00~22:00 **가는 방법** 지하철 1·9·11호선 쉬자후이(徐家汇) 역 9번 출구에서 연결(메트로 시티 4층) **검색** hotmaxx 입력 → 好特卖HotMaxx(美罗城店) 선택

SPECIAL PAGE

400종 이상의 야생 동물이 한곳에!
상하이 동물원

쉬자후이에서 조금 벗어난 곳에 상하이 동물원(上海动物园)이 있다. 골프장이었던 부지를 개조해 만든 이 동물원은 중국에서 두 번째로 큰 도시 동물원으로 면적만 74만 3,000㎡에 달한다. 400종 5,000마리 이상의 야생동물을 만나볼 수 있으며, 골프장이었던 부지의 특색을 살린 넓은 잔디와 10만 그루의 수목이 도심 속에서 녹지 역할을 톡톡히 한다. 동물원은 크게 조류, 초식 동물, 육식 동물, 영장류, 양서·파충류의 5개 구역으로 나뉘어 있다. 들창코원숭이(金丝猴), 남중국호랑이(华南虎), 양쯔강 악어(扬子鳄) 등 중국 특유의 희귀종을 만나볼 수 있으며, 중국 내에서 고릴라가 가장 많이 있는 곳으로도 알려져 있다. 그러나 뭐니 뭐니 해도 동물원에서 가장 인기가 높은 동물은 중국의 보물이자 활화석이라 불리는 판다다. 판다는 24시간 중에서 10% 정도만 깨어 있고 나머지 시간엔 잠을 자는데, 주로 오전에 활동하니 판다를 만나려면 아침 일찍 찾아가는 것이 좋다. 부지가 워낙 넓어서 걷다가 지칠 수 있다. 그럴 땐 전동 카트를 이용하자.

지도 P.84-A2 **주소** 上海市长宁区虹桥路2381号 **전화** 021-6210-9210 **영업** 08:00~17:00(11~2월 ~16:30) **요금** 성인 40위안, 어린이·학생 20위안 **홈페이지** www.shanghaizoo.cn **가는 방법** 지하철 10호선 상하이동우위안(上海动物园) 역 1·4번 출구에서 바로 **검색** shdwy 입력 → 上海动物园 선택

수향 마을의 새로운 세계를 열다
반룡천지
蟠龙天地

SPECIAL PAGE

상하이시 서쪽 칭푸구에 위치한 반룡진(蟠龙镇)은 청나라 초기에 조성되어 천 년 넘은 역사를 지닌 수향 마을이다. 예부터 유명한 상업 중심지였으며, 일본 제국주의 시대 항일 전쟁 당시에는 수로를 끼고 상하이 시내로 이어지는 곡물을 공급하는 중요한 물자 조달로이기도 했다. 이 오래된 마을은 시간이 흘러 낡은 시설, 불법 건축물 건설과 개조 등으로 점차 병들고 있었는데, 상하이시에서 주도한 첫 도시 재개발 프로젝트를 통해 마을 전체가 하나의 상업 레저 지구로 다시 태어났다. 상하이 신천지를 개발한 홍콩의 슈이온(瑞安) 그룹에서 진행을 맡은 거대 프로젝트로, 약 5년간의 준비 기간을 거쳐 건물 형태와 강남 수향 마을의 아름다움은 살리면서도 깔끔한 신개념 수향 마을로 재구성했다. 특히 원나라 시절인 1340년에 지어진 아치형 다리 향화교(香花桥) 등 상징적인 건축물이 그대로 남아 있어 더욱 뜻깊다.

쉬자후이

전체 면적이 50만㎡가 넘고, 그중 상업시설은 5만㎡로 구성되어 있으며 나머지는 녹지와 레저 시설 등으로 구성되어 있다. 특히 거대 반려동물 공원, 야외 승마장, 농구장, 아이스링크 등 점차 확대 중인 레저 공간 덕에 단순한 상업 공간을 뛰어넘어 상하이 시민들의 휴식 공간으로 자리 잡고 있다. 주가각이나 칠보고진과 같은 전통 수향 마을엔 개개인의 독립적인 가게가 들어서 있다면 이곳은 하나의 통합된 거대한 상업 단지라는 것 역시 특징이다. 상점과 식음료점을 포함한 100여 개 점포가 들어서 쇼핑은 물론 먹고 마시며 하루 종일 즐길 수 있으며, 특히 강변을 따라 조성된 노천 테이블에 앉아 수향 마을의 아름다움을 만끽할 수도 있다. 10:00~16:30에는 수로를 따라 놀잇배 탑승도 가능하다. 4명이 되면 출발하며, 가격은 1인당 50위안.

주소 上海市青浦区蟠鼎路123弄8号 **전화** 021-6486-6486 운영 10:00~10:00(상점마다 다름) **가는 방법** 지하철 17호선 판롱루(蟠龙路) 하차 후 도보 10분 **검색** pltd 입력 →上海蟠龙天地 선택

반룡천지의 가게들

■ 티 스톤 tea's stone

'피에 차가 흐른다'는 말이 있을 정도로 차를 사랑하는 중국인들에게 찻집계의 스타벅스로 자리 잡아 가고 있는 차 전문점. 그 향이 너무나 기막히게 좋아 혼자만 마시려고 '오리똥향'이라는 이름을 붙였다는 압시향 우롱차 등 전국 각지의 유명 차를 만나볼 수 있고, 차에 곁들이는 다식 역시 차의 향과 맛을 해치지 않으면서도 적당히 입을 달콤하게 채워줄 것으로 구성되어 있다. 판매용 차와 다기 역시 예쁘고 고품질의 것들이 많아 구경하는 재미가 있다. 신천지에도 지점이 있다.

■ 찰리스 버거 CHARLIE'S BURGER

상하이에서 가장 인기 있는 수제 버거 가게로 손꼽히는 찰리스 버거가 반룡천지에도 새롭게 문을 열었다. 강렬한 핑크색이 시그니처인 이 가게는 버거도 버거지만 빨대를 꽂으면 그대로 서 있을 정도로 꾸덕한 질감의 밀크셰이크로 유명하다. 바닐라맛 외에 타로, 민트 초콜릿, 쿠키 앤 크림 등 독특한 맛도 많고, 특히 기본 감자튀김은 물론 치즈와 사워크림을 듬뿍 올린 양념 감자튀김과 조합이 좋아 호응을 얻고 있다. 햄버거 중에서는 클래식한 베이컨 치즈 버거와 더욱 스페셜한 맛의 푸아그라 버거 등이 인기 있다.

■ 보보리 boboLEE

동명의 파티시에가 설립한 브랜드로 케이크는 물론 브런치까지 즐길 수 있는 곳. 넓은 매장 내부에 더해 커다란 파라솔이 설치된 야외 좌석, 강변을 따라 마련된 여유로운 좌석은 애프터눈 티를 즐기기 안성맞춤이다. 호박과 파인애플로 만든 호박 케이크는 일본의 아티스트 쿠사마 야요이의 작품을 오마주한 시그니처 디저트다.

보천동칭 민예관
普天同秤民艺馆 푸텐통청민이관

저울과 추를 수집·전시하는 공간. 유수의 무형문화재로 선정된 장인들의 장인 정신이 담긴 다양한 재료와 크기, 디자인의 측량 도구를 만나볼 수 있다. 특히 유수의 무형문화재들이 직접 만든 작품과 함께 고대 추의 탁본, 관련 그림 등도 전시되어 있어 관심 있다면 들러볼 만하다. 나무나 구리, 철 등 시대별로 발전해온 재료별 저울에 담긴 용, 봉황, 꽃 등 중국을 상징하는 아름다운 문양이 눈에 띄며 이를 복제한 기념품도 구매 가능하다.

시소 커피 Seesaw Coffee

윈난(云南) 지역을 여행하다 얻은 아이디어로 탄생한 카페. 엄선한 원두를 직접 로스팅하는 것 외에, 커피 학교를 운영하며 바리스타 양성과 커피 문화 발전에 힘쓰는 열정 가득한 브랜드다. 한때 상하이 내에서 인스타그래머블 카페로 인기를 끌고 활발히 사업을 전개하다, 지금은 도심보다는 현지인들이 주로 찾는 곳 위주로 지점이 남아 있다. 6가지 원두를 사용한 에스프레소 베이스 음료 외에 핸드드립, 콜드브루, 직접 로스팅한 원두도 판매한다.

가가 gaga

호주의 올 데이 다이닝 문화에서 영감을 얻은 음식점으로 아침 메뉴부터 저녁 식사와 와인까지, 하루 종일 식사를 즐길 수 있도록 다양한 메뉴를 제공한다. 신선한 과일을 듬뿍 넣은 시그니처 프루트 티를 필두로 올 데이 브런치, 샐러드, 파스타, 스테이크 등을 제공한다.

상하이 북부에 위치한 훙커우는 중국 문학계의 거장 루쉰을 비롯한 문인들의 흔적이 깊이 서린 동네이자 현지인의 삶 속으로 들어가 보기 좋은 곳이다. 훙커우 공원이라 불리던 루쉰 공원은 1932년 윤봉길 의사의 폭탄 의거가 거행되었던 곳이라 우리에게 더욱 뜻깊다. 공원에서는 매일 사교댄스와 마작이 벌어지며, 관광객의 호기심 가득한 시선에도 개의치 않고 태극권과 색소폰, 서예를 갈고닦는 풍경을 만날 수 있다. 루쉰 공원을 둘러싸고 복잡하게 얽힌 골목에는 끼니에 맞춰 다른 음식을 내놓는 음식점들이 즐비하며, 현지인들 틈에서 로컬 푸드를 맛보고 거리를 누비는 즐거움 역시 느낄 수 있다.

훙커우
虹口

훙커우 추천 코스

— 총 소요 시간 6시간 30분 —

루쉰 공원은 천천히 걸으면 한 바퀴 도는 데만도 1시간은 걸리는 큰 공원이다. 공원 내에 매원과 루쉰 기념관 등의 볼거리도 있기 때문에 모두 둘러볼 계획이라면 더더욱 넉넉히 시간을 잡는 것이 좋다. 공원 주변에는 아침 식사가 가능한 식당이 많으니 좀 일찍 도착해서 현지식 아침을 즐긴 후 산책을 하면 더욱 좋다. 루쉰 공원과 윤봉길 의사 기념관만 둘러볼 생각이라면 반일 코스로 계획하고 상하이 역에서 가까운 M50이나 천안천수 쪽으로 가는 것도 추천한다.

≪ 도보 7분

④ 만수재 P.283
올드 상하이의 맛을 담은 샤오룽바오 전문점. 동네 주민들과 어깨를 맞대고 본연의 샤오룽바오 맛에 빠져 보자.

≪ 루쉰 공원 내 이동

③ 루쉰 기념관 P.280
중국좌익작가연맹을 결성한 진보 작가이자 중국 문학계의 최고 거장 루쉰의 기념관. 그의 삶과 주요 작품을 볼 수 있다.

도보 8분 ≫

⑤ 루쉰 고거 P.281
루쉰이 생을 마감하는 순간까지 살았던 집. 중국 문학에 큰 획은 그은 인물이 눈을 감은 침실을 직접 마주할 수 있다는 점에서 더욱 특별하다.

루쉰 공원 내 이동

루쉰 공원 P.279

인민광장 2배 규모의 초대형 공원. 중국의 공원 문화를 들여다볼 수 있으며, 내부에 매원(윤봉길 기념관), 루쉰 기념관, 루쉰 묘가 있다.

매원 P.280

윤봉길 의사 생애사적 기념관이 있는 곳이다. 조국 독립을 향한 염원이 느껴지는 공간으로 해마다 철이 되면 활짝 피는 매화가 정원을 물들인다.

택시 10분

둬룬루 문화명인가 P.281

훙커우에 거주하던 다수의 예술가, 사상가를 기리는 거리. 오래된 건물에서 골동품과 그림, 서예 작품 등을 둘러보고 살 수 있다.

1933노장방 P.282

도살장이었던 건물을 개조한 복합 문화 공간. 지금은 분위기 있는 카페와 독특한 소매점, 사무실 등이 들어서 있다.

윤봉길 의거가 일어났던 공원
루쉰 공원
鲁迅公园 루쉰궁위안

원래 이름은 훙커우 공원(虹口公園)이었다가, 중국의 저명한 소설가 루쉰이 말년에 상하이에 살며 이곳을 자주 찾았던 것을 계기로 1988년 이름을 바꾸었다. 면적이 28만㎡가 넘는데, 인민공원과 상하이 박물관 등을 품은 인민광장에 비해도 2배에 달하는 크기다. 뱃놀이가 가능한 커다란 호수를 품고 있으며 공원 내에 윤봉길 기념관, 루쉰 기념관, 놀이공원 등이 자리한다. 만국공동묘지(지금의 쑹칭링능원)에 있던 루쉰의 묘 역시 1956년 루쉰 서거 20주기를 맞아 이곳으로 이장되었다. 주로 훙커우 주민들이 여유를 즐기는 장소로, 아침 일찍 찾으면 곳곳에서 태극권과 사교댄스를 연마하는 진풍경이 펼쳐진다. 이 공원은 일제에 대항하는 윤봉길 의사의 의거가 거행되었던 곳으로 우리에게도 큰 의미를 지닌다. 윤봉길 의사의 삶과 의거에 대한 내용은 매 원에서 자세히 알아볼 수 있다.

지도 P.278-A1 **주소** 上海市虹口区四川北路2288号 **운영** 05:00~22:00 **요금** 무료 **가는 방법** 지하철 3·8호선 훙커우쭈추창(虹口足球场) 역 1번 출구(8호선 쪽)에서 바로 **검색** lxgy 입력 → 上海鲁迅公园 선택

매원
梅园 메이위안

1932년 4월 29일, 윤봉길 의사는 훙커우 공원에서 열린 히로히토 일왕 생일 기념행사에서 폭탄을 투척했다. 폭탄은 정확히 제단 한가운데 떨어져 일본군 수뇌부에 큰 타격을 입혔고, 그는 그 자리에서 체포된 지 1년도 채 되지 않아 가나자와에서 순국하게 된다. 윤봉길 의거 후 강화된 일본군의 감시와 탄압 속에서 임시정부는 항저우로 본거지를 옮겼지만, 중국의 지원과 우리 국민의 염원에 힘입어 독립운동에 활기를 띠게 된다. 윤봉길 생애사적 전시관은 2003년 개관했다가, 2015년 광복 70주년을 맞아 보수 후 재개관했다. 20평 남짓한 작은 공간이지만 독립을 향한 그의 뜨거운 열망과 애국정신이 느껴진다. 기념관 주변에는 그의 호인 '매헌(梅軒)'을 기리며 심은 매화나무가 해마다 꽃을 피운다.

운영 07:30~17:00 요금 15위안

루쉰 기념관
鲁迅纪念馆 루쉰지녠관

루쉰은 〈광인일기〉, 〈아큐정전〉 등의 작품으로 우리에게도 잘 알려진 중국의 작가다. 그는 1927년에 상하이에 정착했으며, 중국좌익작가연맹(中国左翼作家联盟)을 결성해 문예 대중화 운동을 벌이고 중국학에 영향을 끼친 주요 작가들을 배출해냈다. 루쉰 기념관은 1951년 개관한 중국 내 첫 인물 기념 박물관으로, 문학가·사상가로서의 루쉰의 삶을 들여다볼 수 있는 공간이다. 루쉰의 최대 명작이라 꼽히는 〈아큐정전〉의 디오라마, 실제 크기로 재현한 루쉰과 동료의 모습, 말년의 주요 활동 장소이자 피신 생활을 하기도 했던 우치야마서점(內山书店) 모형 등이 인기다. 전시 마지막에는 세계 각국의 언어로 출판된 루쉰의 작품이 모여 있다.

전화 021-6540-2288 운영 09:00~17:00(16:00 입장 마감) 요금 무료 홈페이지 www.luxunmuseum.cn

루쉰 선생이 생을 마감한 집
루쉰 고거
鲁迅故居 루쉰구쥐

중국 문학계의 거장 루쉰이 가장 마지막에 살았던 집. 그는 1933년부터 약 3년 반을 이곳에서 보낸 뒤 생을 마감했다. 이곳은 1950년 기념관으로 개장해 일반에게 공개되었으며, 그가 실제로 사용하던 가구와 소품을 이용해 거주 당시의 모습을 복원했다. 3층짜리 집 안에서는 식당과 응접실, 침실, 서재 등을 볼 수 있으며 침실의 달력과 시계는 루쉰이 세상을 떠난 10월 19일 5시 25분에 멈춰 있다.

지도 P.278-A2 주소 上海市虹口区山阴路132弄9号 전화 021-5666-2608 운영 09:00~16:00, 월요일 휴무 요금 8위안 가는 방법 지하철 3·8호선 훙커우쭈추창(虹口足球场) 역 1번 출구에서 도보 11분 검색 anyangmian 입력 → 安阳面馆 선택

문화의 향기가 감도는 옛 거리
뒤룬루 문화명인가
多伦路文化名人街 뒤룬루원화밍런제

옛 일본 조계지의 문화 거리로, 고서적과 그림, 골동품 상점 등을 취급하는 가게가 늘어선 차 없는 길이다. 1920~1930년대에 지어진 유서 깊은 건물이 주를 이루며, 중국 양식으로 지어진 기독교 훙더탕(基督教鸿德堂) 교회와 현대미술 전시가 열리는 뒤룬 현대미술관(多伦现代美术馆) 등을 만나볼 수 있다. 거리 곳곳에는 루쉰과 마오둔(茅盾), 당시에 활동하던 작가들의 동상이 서 있다. 대중적인 볼거리가 많지는 않으니 가볍게 지나치며 둘러보는 것이 좋다.

지도 P.278-A2 주소 上海市虹口区多伦路 가는 방법 지하철 3·8호선 훙커우쭈추창(虹口足球场) 역 1번 출구에서 도보 9분 검색 dllwhmrj 입력 → 多伦路文化名人街 선택

도살장을 개조한 복합 예술 단지
1933노장방
1933老场坊 1933라오창팡

상하이에 남아 있는 아르데코 형식의 대표적 건축물이다. 원래 1933년에 도살장용으로 지어진 건물로, 건축 당시에는 동아시아 최대 규모였다. 영국의 건축가 발포스(Balfours)가 설계했으며, 콘크리트 구조에 사용된 모든 자재는 영국에서 들여왔다고 한다. 조계지에 정착한 서양인들에게 육류를 공급하기 위해 지었는데, 1950년대까지 사용되다가 도살장을 도시 외곽으로 옮긴 후에는 오랜 기간 방치되었다. 그러다 2006년에 건물이 근대 역사 건축물로 지정되며 새 바람이 불었고, 예전 구조를 그대로 살려 복합 예술 단지를 구성했다. 현재는 레스토랑, 카페, 갤러리, 사무실, 웨딩 숍 등이 들어서 있으며 세계적인 브랜드의 쇼룸이나 행사장으로 쓰이기도 한다. 내부는 천장이 뚫린 독특한 구조로 4개의 베란다와 26개의 다리가 미로처럼 얽혀 있다. 동물의 효율적인 이동을 위해 설계되었던, 크기가 제각각인 다리와 완만한 경사의 통로, 가파른 나선형 계단, 우산형 기둥 등이 어두운 회색 벽과 어우러져 독특한 분위기를 내뿜는다. 이 특유의 분위기가 오히려 신비로움과 개성으로 인기를 끌게 되었으며, 특히 사진을 찍으러 찾는 사람이 많다.

지도 P.278-B3 **주소** 上海市虹口区溧阳路611号 **전화** 021-6888-1933 **운영** 09:00~20:00 **요금** 무료 **가는 방법** 지하철 4·10호선 하이룬루(海伦路) 역 2번 출구에서 도보 10분 **검색** 1933 입력 → 1933老场坊 선택

마장반멘

꾸준히 지역 주민의 사랑을 받아온 식당
만수재
万寿斋 완서우자이

싼셴훈툰

1947년부터 영업 중인 샤오룽바오 식당. 테이블은 6개뿐이고 서비스도 투박하기 그지없지만, 저렴한 가격과 변치 않는 맛으로 오랜 기간 지역 주민들의 사랑을 받아오고 있다. 대표 메뉴는 셴러우샤오룽(鲜肉小笼). 상하이 정통 스타일대로 고기와 설탕만 넣은 샤오룽바오로 상하이 중년층에게 향수를 불러일으키는 맛이다. 중국 전통 단위인 '량' 기준으로 판매하며 1량에 8개, 2량이 1판이다. 다른 집은 1량이 6개인 것에 비하면 이 집은 만두의 크기가 작고 개수가 많은데, 여기에는 '샤오룽바오는 작아야 맛있다'는 주인의 고집이 담겨 있다. 큼직하게 빚은 싼셴훈툰(三鲜馄饨) 역시 대표 인기 주자. 이 두 메뉴는 상하이 엑스포 공식 먹거리로도 인증받았을 만큼 보장받은 맛이다. 면 요리 중에서는 마장반몐(麻酱拌面), 라러우몐(辣肉面) 등이 인기가 좋다. 주문은 들어가자마자 계산대에서 하며, 모든 요리는 선불이다. 인기에 힘입어 최근 가까운 곳에 위치한 쇼핑몰 IST 애상천지(艾尚天地)에도 지점을 냈다.

지도 P.278-B2 **주소** 上海市虹口区山阴路123号 **전화** 138-1806-5119 **영업** 04:30~20:30 **가는 방법** 지하철 3·8호선 훙커우쭈추창(虹口足球场) 역 1번 출구에서 도보 11분 **검색** wsz 입력 → 万寿斋(山阴路店) 선택

내가 직접 고른 활어로 카오위를
위쿠 프로
鱼酷pro

손님이 원하는 물고기를 현장에서 잡아 손질해 요리해 주는 카오위 전문점. 당일 아침 매장에 도착한 활어를 사용하며, 손님이 직접 수조에 가서 원하는 물고기를 고를 수 있기 때문에 신선함이 보장되어 있다. 생선은 후베이성 칭장강(清江) 일대에서 나는 메깃과 생선 칭장위(清江鱼)와 가물치(黑鱼)가 있는데, 칭장위가 살이 많고 가시가 적어 발라먹기 좋아 인기 좋다. 이 집에서 꼭 먹어봐야 할 양념은 시그니처 '리치 매운맛(荔枝香辣)'. 향긋한 리치의 향뿐만 아니라 맛이 양념에 더해져 감칠맛을 끌어올리는, 매콤달콤 특색 있는 맛이다. 우선 생선 종류와 양념을 고르고 나면 직원과 함께 수조로 가서 먹을 생선을 직접 고른다. 단위는 근(500g)으로 계량하는데, 2명이라면 2.5~3근을, 3명이라면 3근 이상을 추천한다. 생선을 먹고 샤부샤부처럼 데쳐 먹을 수 있는 재료 중에서는 다양한 채소가 담긴 모둠도 좋지만, 3초만 담가 먹으면 바삭함에 쫄깃함이 더해지는 생선껍질튀김이 인기 높다.

지도 P.278-A1 **주소** 上海市虹口区西江湾路388号B2楼 **전화** 021-5666-0155 **영업** 10:00~22:00 **가는 방법** 지하철 3·8호선 훙커우쭈추장(虹口足球场) 역 1번 출구에서 바로 연결(훙커우 룽지몽 지하 2층) **검색** yukuoro 입력 → 鱼酷活鱼烤鱼(凯德虹口商业中心店) 선택

이른 아침부터 밤까지 즐길 수 있는 중국식 아침 메뉴
샤오타오위안
小桃园 소도원

아침 시장의 먹거리를 한 군데 모은 듯 수많은 메뉴에 밝은 분위기의 식당. 05:00부터 다음 날 02:00까지 영업 시간이 길고, 가격도 1인당 10~20위안이면 배불리 먹을 수 있는 수준이라 부담이 없다. 밀가루 반죽을 큼직하고 바삭하게 튀겨낸 유탸오(油条), 밀가루 반죽을 달걀과 구워낸 단빙(蛋饼)과 짭짤하게 양념한 순두부 셴더우화(咸豆花), 중국식 주먹밥 판퇀(饭团), 중국식 크로켓 셴사오빙(咸烧饼) 등 거의 모든 메뉴가 골고루 인기 있다. 짭짤하거나 달콤한 콩국 더우장(豆浆)에 곁들여 먹으면 더욱 입맛을 돋운다. 입구의 계산대에서 주문한 후 줄을 따라 이동하며 음식을 받으면 된다. 특히 주말에는 점심때까지 붐비니 참고해서 방문할 것.

지도 P.278-A2 **주소** 上海市虹口区四川北路2318号 **전화** 153-0613-9333 **영업** 05:00~02:00 **가는 방법** 지하철 3·8호선 훙커우쭈추장(虹口足球场) 역 1번 출구에서 도보 4분 **검색** xiaotaoyuan 입력 → 小桃园(鲁迅公园店) 선택

상하이 북부의 미식 특화 쇼핑몰
훙커우 룽지몽
凯德虹口龙之梦 카이더 훙커우 룽즈멍

훙커우 지역의 사랑방 역할을 하는 대형 쇼핑센터. 상하이 북부의 가장 큰 쇼핑몰 중 하나로, 총면적이 17만㎡에 달하고 300여 개의 상점이 입점해 있다. 도로를 끼고 두 개의 건물로 나뉘어 있는데, 가운데에 있는 버스 정류장에서는 공항으로 가는 버스를 타고 내릴 수 있다. 훙커우 축구장이 건물 3층으로 연결되고, 지하철 8호선은 지하 2층, 지하철 3호선은 건물 4층으로 이어져 지역의 허브 역할도 톡톡히 한다. 특히 식음료점이 140개에 달할 정도로 많고 다양한데, 지하 1층에는 페낭 스트리트, 사우스 가든, 카야 피어, 판단 마켓 등 구역별로 특색 있게 꾸며진 가게들이 들어서 있어 구경도 하고 골라 먹는 재미도 있다. 핫맥스, 알디 등의 슈퍼마켓이 있어 여행자들의 쇼핑까지 책임진다.

지도 P.278-A1 주소 上海市虹口区西江湾路388号 전화 021-6888-1933 영업 10:00~22:00 가는 방법 지하철 3·8호선 훙커우쭈추창(虹口足球场) 역 1번 출구에서 바로 연결 검색 lzm 입력 → 凯德龙之梦购物中心(虹口店) 선택

SPECIAL PAGE

천년의 역사가 고스란히 남아 있는
상하이 근교 수향 마을

상하이에서는 도시 여행도 충분히 즐겁지만, 하루쯤 전통과 역사가 살아 있는 근교 수향 마을로 발길을 옮겨 보는 것도 좋다. 중국 강남의 분위기를 만끽할 수 있는 보석 같은 여행지를 찾아 떠나 보자.

칠보고진
七宝古镇 치바오구전

상하이에서 가장 가까운 수향 마을로, 북송 때 세워져 명·청나라 때 번성한 역사 깊은 곳이다. 마을의 이름인 '칠보'는 7개의 보물이라는 뜻인데, 7개의 보물이 있다는 절 칠보교사(七宝教寺)에서 따온 것이다. 강을 경계로 북쪽과 남쪽 거리로 나뉘어 있다. 북쪽은 공예품과 골동품 상점이 주를 이루는 반면 남쪽은 먹거리가 주를 이룬다. 남북으로 360m, 동서로 200m 정도의 길을 따라 볼거리와 상점이 늘어선 비교적 작은 규모이기 때문에 반나절만 투자해도 충분히 돌아볼 수 있다. 마을 초입의 종루(钟楼)에서는 명나라 때 주조한 청동 종이자 일곱 보물 중 하나로 알려진 탄래종(氽来钟)을 만나볼 수 있고, 피영관(皮影馆)에서는 상하이의 민속 미술과 공예, 음악, 방언이 결합되어 지역색이 뚜렷한 그림자 연극도 알아볼 수 있다. 그 밖에 칠보의 옛 상업 활동 풍경을 생생하게 재현한 노행당(老行当), 청나라 시절 전당포 모습을 볼 수 있는 당포(当铺), 명·청 시절에 면 제조로 번영했던 칠보의 모습을 그린 면직방(棉织坊), 미세 조각품 전시를 둘러볼 수 있는 주씨미조관(周氏微雕馆) 등의 볼거리가 있다.

주소 上海市闵行区青年路与横沥路交叉口 **전화** 021-6461-5308 **요금** 무료(각 전시관 5~10원) **가는 방법** 지하철 9호선 치바오(七宝) 역 2번 출구에서 도보 8분 **검색** qibao 입력 → 七宝古镇 선택

방생교

주가각 인문 예술관

주가각
朱家角 주자자오

상하이 중심지에서 약 50km 떨어진 수향 마을. 5000년 전부터 사람이 살기 시작해 명·청대에 크게 번성했던 곳이다. 주가각의 상징이자 5개의 구멍이 아름다움을 더하는 상하이 최대의 아치형 돌다리 방생교(放生桥), 옛 아름다움을 담은 목조 다리 낭교(廊桥), 주가각에서 가장 큰 정원 건축물 과식원(课植园), 마을 수호신을 모신 성황묘(城隍庙), 주가각의 문화·민속 풍습·옛 생활상 등을 알아볼 수 있는 주가각 인문 예술관(朱家角人文艺术馆), 청나라 때의 유일한 우체국 유적 대청우국(大清邮局) 등의 볼거리가 있다. 중심 거리인 베이다제(北大街)에서는 취두부, 연잎밥, 탕후루 등의 간식거리와 각종 기념품을 만나볼 수 있다. 수향 마을의 분위기와 볼거리를 듬뿍 느끼고 뱃놀이까지 즐길 수 있는 곳으로, 너무 작은 칠보고진과 너무 먼 오진 사이에서 고민하는 사람에게 추천한다. 입구의 관광 안내 센터에서 지도를 받아 움직이자.

주소 上海市青浦区上海青浦区朱家角北大街 **전화** 021-5924-0077 **홈페이지** www.zhujiajiao.com **요금** 마을 입장료 무료, 통합 입장권 3곳 60위안, 5곳 80위안 **가는 방법** 지하철 17호선 주자자오(朱家角) 역 1번 출구에서 도보 10분 **검색** zjj 입력 → 朱家角古镇 선택

오진
乌镇 우전

강남 6대 수향 마을 중 가장 유명한 곳이자 중국 국가여유국에서 선정한 '골든 위크 집중 관광지' 20곳 중 하나. 쑤저우·항저우에서 각각 80km 떨어져 있다. 7,000년 전부터 사람이 살기 시작했다고 알려졌는데, 송대에 특히 발전했고 지금 남아 있는 건물들은 대부분 청대 이후의 것들이다. 오진은 빌 게이츠, 팀 쿡, 마윈 등 세계 IT 주요 인사들이 모이는 세계 인터넷 대회가 열리는 곳이자 알파고와 커제 9단이 대국을 펼친 곳으로도 알려져 있다.

수향 마을은 크게 서책과 동책으로 나뉘어 있는데, 서책이 규모가 크고 대부분의 볼거리가 집중되어 있다. 특히 12개의 작은 섬으로 이루어진 서책은 60개가 넘는 다리가 마을 곳곳을 잇고 있으며, 이는 전국의 수향 마을에서도 가장 많은 것이다. 서책의 볼거리로는 전통 혼례 체험이 가능한 희경당(囍庆堂), 옛 대장간 액창야방(亦昌冶坊), 넓은 정원과 연못이 반겨주는 소명서원(昭明书院), 중국 초기 공산당원이자 혁명가 왕후이위 기념관(王会悟纪念馆), 마오둔의 유품을 볼 수 있는 마오둔 기념관(茅盾纪念馆), 마오둔과 어머니가 묻힌 마오둔 능원(茅盾陵园), 높이 뻗은 탑이 멀리서도 눈에 띄는 백련탑사(白莲塔寺) 등이 있다. 특히 초본염색작방(草本染色作坊)에 색색의 천이 널린 모습이 유명한데, 염색 제품은 오진의 특산품이니 마음에 든다면 사볼 만하다.

동책에서는 마오둔 옛집(茅盾故居), 그림자 연극을 볼 수 있는 피영희관(皮影戏馆), 오진을 대표하는 황주를 만드는 주조장 삼백주방(三白酒坊), 1931년까지 남아 있던 전당포 회원당포(汇源当铺), 명·청대의 침대가 전시된 강남백상관(江南百床馆) 등을 볼 수 있다.

오진, 그중에서도 서책은 특히 야경이 아름답기로 알려져 있다. 불빛이 고즈넉하게 강물에 젖어드는 밤의 풍경을 보고 싶은 사람이라면 하룻밤 묵어가기를 추천한다. 강을 바라보며 음료를 즐길 수 있는 카페와 술집도 여럿 마련되어 있다. 만약 시간이 없다면 서책만 둘러보고, 둘 다 보려면 일찍 문을 닫는 동책을 먼저 본 후 서책으로 가는 것을 추천한다.

오진은 개인적으로 찾아가기에는 교통편이 조금 복잡한 곳이라 여행사의 투어 상품을 통해 많이 찾아간다. 예약은 한국에서 하는 것이 편리하며, 보통 점심때쯤 출발해 21:00쯤 상하이 시내로 돌아온다. 단, 해가 긴 여름에 투어 상품을 이용할 경우 그 유명한 야경은 보지 못할 수도 있으니 미리 문의해 보는 것이 좋다.

주소 嘉兴市桐乡市石佛南路18号 **전화** 0573-8873-1088 **홈페이지** www.wuzhen.com.cn **운영** 동책 07:00~18:00(동절기 ~17:30), 서책 09:00~22:30(동절기 ~22:00) **요금** 동책 110위안, 서책 150위안, 동·서책 통합 190위안 **가는 방법** 상하이훙차오(上海虹桥) 기차역에서 통상(桐乡) 역까지 기차로 이동, 통상 역에서 갈아타 푸란차오춘(浮澜桥村) 역까지 기차로 이동 후 도보 16분
검색 wzfjq 입력 → 乌镇风景区 선택

상하이 근교

상하이 근교 … **01**

쑤저우
苏州

쑤저우는 물의 도시이자 '동양의 베네치아'라고도 불린다. 운하를 통해 무역의 주요 수송지로 거듭나며 한때 '하늘에는 천당이 있고, 땅에는 쑤저우·항저우가 있다(天上天堂, 地下蘇杭)'라는 칭호를 들을 만큼 번성했던 곳이다. 올드 시티를 둘러싼 커다란 운하와 집집을 잇는 작은 골목이 반겨 주고, 곳곳에 위치한 강남식 전통 정원은 시대별·규모별로 서로 다른 매력을 뽐내기 때문에 여러 곳을 돌아도 질리지 않는다.

쑤저우 가는 방법

상하이에서 약 100km 떨어져 있는 쑤저우는 기차로 편하게 접근할 수 있다. 상하이(上海) 역, 상하이남(上海南) 역, 상하이서(上海西) 역, 상하이훙차오(上海虹桥) 역과 쑤저우(苏州) 역, 쑤저우북(苏州北) 역을 잇는 열차가 매일 수백 편 다니며, 시내에서 가까운 쑤저우 역 또는 시내에 위치한 쑤저우위안취(苏州园区) 역으로 가는 것을 추천한다. 설 연휴나 노동절(5월 초), 국경절(10월 초) 같은 연휴를 제외하고는 티켓을 꼭 예매할 필요는 없지만 미리 끊어두고 싶다면 예매는 트립닷컴(kr.trip.com)을 이용하면 된다. 기차역에서 티켓을 구매하거나 예약 승차권을 발권할 때는 외국인 전용 창구를 이용할 수 있어 편리하며, 신분증이 꼭 필요하다. 소요 시간은 이용하는 열차와 정차하는 역에 따라 다르지만, G·D 열차를 이용할 경우 30분 전후로 보면 된다. 이 경우 표 값은 2등석(3+2 배열) 30위안대, 1등석(2+2 배열) 50위안대, 비즈니스석(2+1 배열) 60위안대.

상하이 내 여러 버스 터미널에서 버스로 쑤저우까지 이동할 수도 있다. 다만 소요 시간이 1시간 반에서 2시간 반 정도로 기차에 비해 매우 길고 요금도 기차보다 비싸기 때문에 추천하지 않는다. 푸둥 공항에서 쑤저우 역, 쑤저우위안취 역으로 바로 가는 버스도 09:10~19:50 사이에 40분~1시간 20분 간격으로 1일 12회 운행한다. 약 2시간 반 걸리며 요금은 99위안이다.

쑤저우 시내교통

쑤저우 지하철은 1~8·11호선 총 9개 노선이 운행 중이며, 웬만한 곳은 대부분 지하철을 타고 다닐 수 있다. 특히 11호선은 상하이 지하철 11호선과 연결되기 때문에 상하이에서부터 지하철로도 이동이 가능하다. 다만 시간이 매우 오래 걸리고 기차 역시 요금이 저렴한 편이기 때문에 크게 추천하지는 않는다. 지하철 요금은 6km까지 기본 2위안에 거리 가산식이다. 상하이와 마찬가지로 알리페이 애플리케이션에서 교통카드를 발급받아 이용할 수 있으며, 상하이시 교통카드는 사용할 수 없기 때문에 지역을 쑤저우로 변경한 후 교통카드를 따로 발급받아야 한다.

쑤저우 지하철 홈페이지 www.sz-mtr.com

TRAVEL TIP
중국 기차의 종류

- **가오테(高铁, G)** : 시속 300~350km로 달리는 고속 철도. 한국의 KTX 와 비슷하며 정차 횟수가 적고 장거리 여행에 적합(상하이훙차오 역~쑤저우 역 30분 내외)
- **둥처(动车, D)** : 시속 200~250km로 달리는 기차. 단거리 또는 중거리 여행에 적합(상하이훙차오 역~쑤저우 역 30분 내외)
- **청지둥처(城际动车, C)** : 시속 160~350km. 인접 도시 통근 열차. 출발 빈도가 높음(상하이훙차오 역~쑤저우남 역 30분 이하)
- **터콰이(特快, T)** : 시속 140km, 주요 역에 정차하는 급행 열차(상하이 역~쑤저우 역 약 50분)
- **콰이쑤(快速, K)** : 시속 120km, 일반 고속 열차(상하이 역~쑤저우 역 1시간 이상)

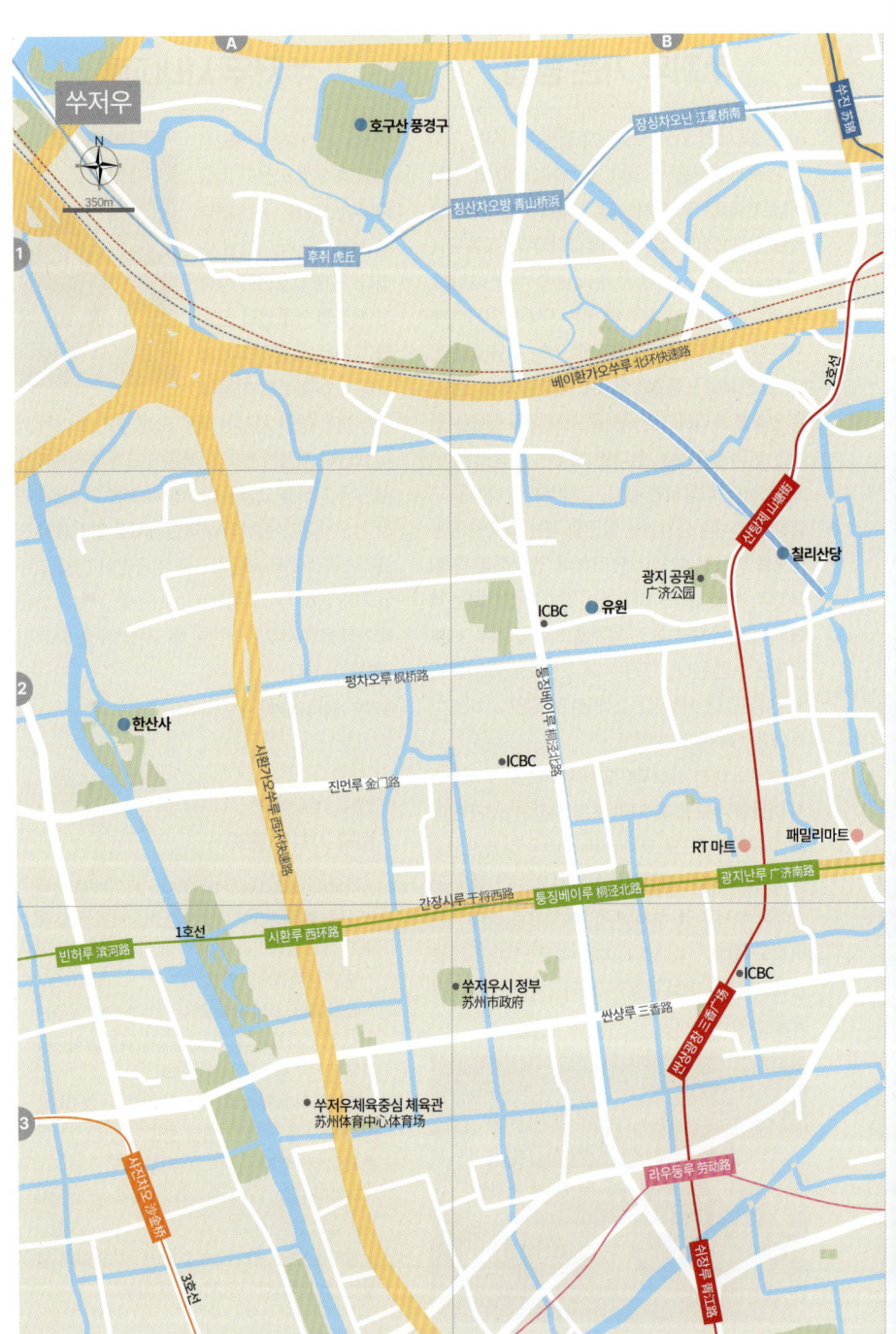

쑤저우를 대표하는 정원
졸정원
拙政园 주오정위안

명나라 초기에 왕헌신(王献臣)이 조성한 강남 정원의 대표작. 유원(留园), 청더 피서산장(承德避暑山庄), 베이징 이화원(北京颐和园)과 함께 중국 4대 명원에 꼽히며, 북송시대의 창랑정(沧浪亭), 원나라 때의 사자림(狮子林), 청나라 때의 유원과 함께 쑤저우 4대 정원으로 불린다. 총 면적이 약 5만 2,000㎡로 쑤저우의 4대 정원 중에서는 가장 크다. 연못의 면적이 전체 정원의 약 1/3을 차지하며, 그만큼 '물'의 아름다움을 잘 살렸다. 연못을 중심으로 정자와 누각이 이를 바라보며 향하는 형태로, 각각의 누각을 잇는 회랑과 화창(花窗)이 특히 빼어나다고 알려졌다. 정원 내부는 동원(东园)과 중원(中园), 서원(西园), 이전 주인들의 거주지 이렇게 네 구역으로 나뉘며, 거주 구역은 현재 공원 남쪽에 위치한 정원 박물관의 전시관으로 이용되고 있다. 정원 박물관(화~일요일 09:00~17:00)은 정원을 테마로 한 중국 최초의 박물관으로, 쑤저우 정원들과 정원 문화, 역사에 대해 소개하고 있다. 중원의 중심 건물로 연못의 연꽃의 아름다움과 향기가 퍼지는 원향당(远香堂), 정취 있는 빗소리를 들을 수 있다는 청우헌(听雨轩), 수면에 비치는 다리가 마치 무지개가 날아가는 것 같다는 소비홍(小飞虹) 등이 특히 유명하다.

지도 P.297-D1 **주소** 苏州市姑苏区东北街178号 **전화** 0512-6754-6631 **홈페이지** 쑤저우 원림 web.lotsmall.cn **운영** 07:30~17:00 **요금** 비수기 70위안, 성수기 80위안 **가는 방법** 지하철 4호선 베이쓰타(北寺塔) 역 4번 출구에서 도보 13분 **검색** zhuozy 입력 → 拙政园 선택

📷 가산왕국(假山王国)이라 불리는 정원
사자림
獅子林 스쯔린

1342년 고승 천여선사(天如禅师) 유칙(惟则)을 위해 제자들이 세운 정원이다. 쑤저우 4대 정원 중 하나로, 원나라 시대의 대표 정원이기도 하다. 우시(无锡)의 태호(太湖)에서 가져온 석회암을 기묘하게 쌓아 만든 가산의 모양이 사자와 비슷하다 해 '사자림'이라 이름 붙었다. 가산은 구조가 복잡하며 교묘하게 구불구불한 것으로 유명하며, 수많은 길과 동굴, 바위가 뒤섞여 한 번 들어가면 길을 잃을 정도다. 이 때문에 가산왕국(假山王国)이라는 별명으로 불리기도 한다. 진취정(真趣亭)에서는 1756년 청나라의 건륭제가 방문해서 직접 썼다는 친필 편액을 볼 수 있다.

지도 P.297-C1 주소 苏州市姑苏区园林路23号 전화 0512-6727-2428 운영 07:30~17:30(11~2월 ~17:00) 요금 비수기 30위안, 성수기 40위안 가는 방법 지하철 4호선 베이쓰타(北寺塔) 역 4번 출구에서 도보 17분 검색 szl 입력 → 狮子林 선택

📷 쑤저우 최고의 랜드마크
북사탑
北寺塔 베이쓰타

오나라 왕이었던 손권(孙权)이 어머니를 위해 지은 사찰, 보은사(报恩寺) 내에 있는 탑. 정식 명칭은 보은사탑(报恩寺塔)이지만 '북쪽에 있는 절 탑'이라는 뜻의 베이쓰타로 더 친숙하다. 76m 높이의 9층 8각탑은 남조량(南朝梁) 때 11층으로 중건되었다가 북송 시대에 9층 높이로 재건되었다. 쑤저우 시내 어디서든 잘 보이는 랜드마크로, 탑에 오르면 쑤저우의 고성과 거리의 모습을 내려다볼 수 있다.

지도 P.297-C1 주소 苏州市姑苏区人民路1918号 운영 07:45~17:30 요금 무료 가는 방법 지하철 4호선 베이쓰타(北寺塔) 역 4번 출구에서 도보 1분 검색 baoensita 입력 → 报恩寺塔 선택

쑤저우의 인사동 길
핑장루
平江路 평강로

쑤저우 고성 내에 위치한 역사 깊은 골목으로, 쑤저우에서 가장 잘 보존된 옛길이다. 남송시대에 제작된 쑤저우 지도에서도 찾아볼 수 있듯, 당시 쑤저우의 주요 도로였으며 800년이 넘는 시간 동안 원형의 모습을 거의 그대로 간직하고 있다. 핑장강(平江河)을 따라 남북으로 이어지는 약 1.6km의 거리에는 갖가지 상점과 카페, 찻집, 고풍스러운 숙소가 이어진다. 강물에 가지를 드리우는 버드나무의 모습이 특히 정취 있으며, 이 풍경을 즐기며 걷거나 차 한 잔하기 좋다. 중국 전역에서 10곳씩 5회 선정한 중국역사문화거리(中国历史文化名街)에 1차로 지정된 곳이기도 하다.

지도 P.297-D2 주소 江苏省苏州市姑苏区 가는 방법 지하철 1호선 린둔루(临顿路) 역 3번 출구에서 도보 1분 검색 pjl 입력 → 平江路 선택

 ### 쑤저우 No.1 쇼핑 거리
관첸제
观前街 관전가

현묘관(玄妙观)이라는 도교 사원 앞에 동서로 뻗은 약 760m 길이의 보행 거리. 사원은 거리 한가운데에 있으며, 말 그대로 '현묘관 앞길'이라는 뜻이다. 메인 거리를 둘러싸고 뻗은 길마다 백화점과 쇼핑몰, 상점과 음식점이 줄줄이 늘어선 쑤저우 최대 번화가로 쇼핑이나 식사를 즐기기 좋다.

지도 P.297-C2 주소 苏州市姑苏区观前街(人民路临顿路间) 가는 방법 지하철 4호선 차위안창(察院场) 역 2번 출구에서 바로 검색 gqj 입력 → 观前街 선택

수향 마을의 멋
칠리산당
七里山塘 치리산탕

산탕강(山塘河)을 따라 이어진 3.6km의 길. 이름 '칠리산당'은 길이가 일곱 화리(华里, 500m)라는 뜻이다. 이 길은 쑤저우 관료였던 백거이(白居易)가 부임 당시 제방을 파서 만든 것으로, 쑤저우성의 창문(阊门)에서 호구산까지 이어진 명·청대에 이르러서는 무역과 물자 운반의 중심지가 되었다. 한때 '하늘에는 천당이 있고, 땅에는 항저우와 쑤저우가 있다. 항저우에는 서호가 있고, 쑤저우에는 산당이 있다(上有天堂, 下有苏杭。杭州有西湖, 苏州有山塘。两处好地方, 无限好风光。)'고 할 정도로 쑤저우를 대표하는 거리였다. 지금은 각종 먹거리와 기념품이 늘어선 전형적인 관광지 분위기로, 핑장루나 관첸제에 비해서도 크게 상업화된 분위기다. 물길을 따라 나룻배를 타고 뱃놀이를 즐길 수 있다(뱃놀이 요금 50위안).

지도 P.296-B2 주소 苏州市姑苏区广济路218号 홈페이지 www.shantangjie.com.cn 가는 방법 지하철 2호선 산탕제(山塘街) 역 3번 출구에서 도보 3분 검색 qlst 입력 → 七里山塘景区 선택

쑤저우에서 가장 오래된 정원
창랑정
沧浪亭 창랑팅

북송 때 지어진 전통 정원이다. 비교적 작고 소박한 모습으로, 자연적이고 개방적인 전망이 특징이다. 운하를 따라 이어지는 회랑에서는 바깥 풍경이 내다보이고, 격자무늬 창문을 통해 보는 모습은 더욱 정취 있다. 언덕 위 정자에서는 정원을 내려다보며 한숨 돌릴 수 있다.

지도 P.297-C3 주소 苏州市姑苏区人民路沧浪亭街3号 전화 0512-6299-2190 운영 07:30~17:30(10/21~4/20 ~17:00) 요금 성수기 20위안, 비수기 15위안 가는 방법 지하철 4호선 난먼(南门) 역 3번 출구에서 도보 9분 검색 clt 입력 → 沧浪亭 선택

중국 최초의 실크 박물관
쑤저우 실크 박물관
苏州丝绸博物馆 쑤저우쓰처우보우관

쑤저우는 당나라와 송나라 때 중국 실크 생산의 중심지였고, 명나라와 청나라에 들어서는 왕실에 납품하는 고급 실크 대부분이 생산되던 곳이다. 쑤저우 실크 박물관은 바로 이 실크에 대해 알아볼 수 있는 곳이다. 실크로드를 테마로 한 메인 거리를 중심으로 6개 구역으로 나뉘며, 중국 실크의 역사, 양잠과 제직, 염색 공정 등에 대해 전시한다.

지도 P.297-C1 **주소** 苏州市姑苏区人民路2001号 **전화** 0512-6753-5943 **홈페이지** www.szsilkmuseum.com **운영** 09:00～17:00, 월요일 휴관 **요금** 무료 **가는 방법** 지하철 4호선 베이쓰타(北寺塔)역 5번 출구에서 도보 4분 **검색** scbwg 입력 → 苏州丝绸博物馆 선택

쑤저우의 역사를 알아보는 시간
쑤저우 박물관
苏州博物馆 쑤저우보우관

태평천국 충왕부(忠王府, 충왕 이수성의 저택) 자리에 1960년 설립했다가, 2006년에 3억 4,000만 위안을 들여 재개관했다. 강남 정원의 독특한 아름다움과 현대식 건축미가 어우러진 건물 자체만으로도 세계적인 볼거리로, 유명한 중국계 미국인 건축가 야오밍페이(Ieoh Ming Pei)가 설계한 것이다. 전시는 구석기 시대부터 당대에 이르는 도자기, 수공예품, 조각품, 회화와 서예 작품 등으로 이루어진다. 시기별로 기획전도 열리며, 오디오 가이드(영어)는 35위안에 이용 가능하다.

지도 P.297-C1 **주소** 苏州市姑苏区东北街204号 **전화** 0512-6757-5666 **홈페이지** www.szmuseum.com **운영** 09:00～17:00, 월요일 휴관 **요금** 무료 **가는 방법** 지하철 4호선 베이쓰타(北寺塔)역 4번 출구에서 도보 11분 **검색** szbwg 입력 → 苏州博物馆(本館) 선택

하늘 아래 최고 불종을 찾아
한산사
寒山寺 한산쓰

남조 시대 천감년(天監年, 502~519년)에 세워진 절. 예부터 중국 10대 사찰로 꼽혀온 곳이다. 당나라 시인 장계(張繼)가 그의 시 <풍교야박(楓橋夜泊)>에서 한산사의 종소리를 읊어서 특히 유명한데, 청나라의 강희제(康熙帝) 역시 이 시에 매료되어 풍교(楓橋)와 한산사를 찾았다고 한다. 화재가 여러 번 일어나 그때마다 재건하다 청나라 광서제(光緒帝) 때 마지막으로 재건했다. 종루(钟楼)에서는 별도의 티켓(5위안)을 사면 종을 직접 쳐볼 수도 있다. 한 번 칠 때마다 10년 젊어진다고 하며, 세 번까지 칠 수 있다.

지도 P.296-A2 **주소** 苏州市姑苏区枫桥路 **전화** 0512-6723-6213 **홈페이지** www.hanshansi.org **운영** 07:00~18:00 **요금** 20위안 **가는 방법** 버스 10·30·40·45·406·622번 라이펑차오(来凤桥)에서 하차 후 도보 5분 **검색** hss 입력 → 寒山寺 선택

청대를 대표하는 정원
유원
留园 류위안

졸정원과 함께 중국 4대 정원이자 쑤저우 4대 정원 중 하나로 꼽힌다. 명대 1525년 서태시(徐泰时)가 개인 정원으로 지었다. 당시는 동원(東園)이라 불렸는데, 청대 1794년 유서(刘恕)가 사들여 리모델링한 뒤 한벽산장(寒碧山庄)이라 이름을 바꾸었다. 그 후 유서의 성을 따라 유원(刘园)이라 불리다가, 지금은 유원(留园)이 되었다. 정원은 동원(東園)·서원(西園)·북원(北園)·중원(中園) 네 구역으로 나뉜다. 모든 구역이 회랑으로 연결되어 있으며 회랑에는 유명 서예가들의 적은 글귀가 걸려 있는 것으로 유명하다. 특히 6.5m 높이의 태호석 관운봉(冠云峰)은 유원의 명물로, 쑤저우에서 가장 크다.

지도 P.296-B2 **주소** 江苏省苏州市姑苏区留园路338号 **전화** 0512-6533-7903 **운영** 성수기 07:30~17:30, 비수기 17:30~17:00 **요금** 성수기 55위안, 비수기 45위안 **가는 방법** 지하철 2호선 스루(石路) 역 1번 출구에서 도보 16분 / 버스 317·816·933번 류위안(留园)에서 하차 후 바로 **검색** liuyuan 입력 → 留园 선택

쑤저우에서 가장 오래된 고성문 유적
반문 풍경구
盘门景区 판먼징취

옛 쑤저우성의 남서쪽 모퉁이에 있는 문으로, 원래 있던 8개 성문 중 유일하게 남은 것이다. 춘추전국시대 오나라 때(기원전 770~476년) 처음 세워졌으며, 성벽과 수륙양문을 볼 수 있다. 이 수륙양문은 중국 전국에서도 유일한 것으로, 반문은 이 문을 통해 요새와 물길 두 가지의 역할을 수행했다. 반문을 둘러싼 성벽은 1351년에 재건한 것이며 옹성은 명·청대에 이르기까지 수리를 계속했다. 반문 풍경구 입구에 있는 서광탑(瑞光塔)은 본디 오나라 왕 손권이 어머니를 위해 세운 것인데, 1004년부터 1030년까지 20여 년에 걸쳐 재건한, 쑤저우에서 가장 오래된 탑이다. 강남 수향의 전형적인 다리이자 대형 아치교인 오문교(吳门桥) 역시 쑤저우에서 가장 높은 옛 다리로 1084년에 지어졌다. 이렇게 반문과 서광탑, 오문교를 일컬어 반문 3경이라 한다.

지도 P.297-C3 **주소** 苏州市姑苏区东大街49号 **전화** 0512-6526-0004 **홈페이지** www.panmen.com.cn **운영** 07:00~17:00 **요금** 40위안 **가는 방법** 지하철 4·5호선 난먼(南门) 역 7번 출구에서 도보 12분 / 버스 305·935·9005번 판먼징취베이(盘门景区北) 하차 후 바로 **검색** pmjq 입력 → 盘门景区 선택

수륙양문

오문교

중국판 피사의 사탑
호구산 풍경구
虎丘山风景区 후추산펑징취

춘추전국시대부터 이어져 온 유구한 역사의 산이자, 해발 34.3m의 낮은 언덕. 송나라의 시인 소동파(蘇東坡)가 '소주에 와서 호구에 가지 않으면 유감스러운 일이다(到苏州不游虎丘乃憾事也)'라고 했을 만큼 예부터 명승으로 널리 알려진 곳이다. 원래 이름은 해용산(海涌山)이었으나, 오나라 왕이었던 합려(闔閭)가 여기 묻힌 지 3일 후 백호 한 마리가 머물렀다 해 '호랑이 언덕'이라는 뜻의 이름이 붙었다. 산 정상에 우뚝 솟은 호구탑(虎丘塔)은 호구산의 명물이자 쑤저우의 명물. 서기 959~961년에 걸쳐 지어 1,000년 이상의 역사를 지닌 탑으로 47.7m 높이의 7층 8각 탑이다. '동양의 피사의 사탑'이라 불릴 정도로 기울어진 모습이 인상적인데, 북동쪽으로 3.59도 기울어 탑의 꼭대기는 중심에서 2.34m나 떨어져 있다고 한다. 그 밖에 합려의 무덤이 있다는 검지(劍池), 부친의 묘가 도굴당할까 걱정한 합려의 아들이 1,000명이 넘는 일꾼을 죽여 피로 빨갛게 물들었다는 천인석(千人石), 합려가 검을 시험하고자 내려치니 쪼개졌다는 시검석(試劍石), 고승이 눈을 씻은 후 백내장이 나았다는 감감천(憨憨泉) 등을 볼 수 있다. 호구산 풍경구는 면적이 100ha나 되기 때문에 다 돌아보려면 꽤 시간이 걸린다. 걷기 힘들다면 공원 남문에서 전동차를 타고 편하게 이동할 수 있다.

지도 P.296-A1 **주소** 苏州市姑苏区虎丘山门内8号 **전화** 0512-6723-3466 **운영** 07:30~18:00(11~4월 ~17:30) **요금** 성수기 70위안, 비수기 60위안 **가는 방법** 지하철 6호선 후추(虎丘) 역 하차 후 도보 7분 **검색** hqsfjq 입력 → 虎丘山风景区 선택

기울어진 호구탑의 모습

상하이 근교 … 02

항저우
杭州

항저우는 예부터 중국에서 지상낙원으로 손꼽혀온 도시로, 오죽하면 '쑤저우에서 태어나, 항저우에서 살고, 광저우에서 먹고, 류저우에서 죽어라(生在苏州, 住在杭州, 吃在广州, 死在柳州)'라는 말까지 있을 정도다. 중국 최고의 미녀 서시(西施)에 버금가게 아름답다는 서호를 중심으로 수려한 자연 풍광이 펼쳐지고, 동파육의 본고장인 만큼 갖가지 미식이 반겨주며, 중국 녹차의 대명사인 용정차의 고향에도 찾아가 볼 수 있다.

항저우 가는 방법

항저우는 상하이에서 약 175~180km 떨어져 있다. 상하이(上海) 역, 상하이훙차오(上海虹桥) 역과 상하이남(上海南) 역, 상하이서(上海西) 역에서 항저우(杭州) 역, 항저우동(杭州東) 역, 항저우남(杭州南) 역, 항저우서(杭州西) 역으로 가는 열차가 다닌다. 열차 운행 편수가 가장 많은 구간은 상하이훙차오 역~항저우동 역이다. 항저우 역이 시내와 조금 더 가깝지만, 운행 편수가 적기 때문에 시간을 맞추기 애매하다면 항저우동 역에서 시내까지 지하철로 이동하는 것이 낫다. 가장 빠른 가오톄(G) 고속 열차를 타면 50분 전후, D 등급은 1시간 전후, K 등급의 느린 열차로는 2시간 가까이 걸리니 출발과 도착 시간을 잘 확인할 것. 가격도 상하이훙차오 역~항저우동 역 구간이 시간대와 좌석 등급에 따라 저렴하게는 50위안대부터 260위안대까지 다양하다(침대칸 제외). 항저우는 쑤저우에 비해 운행 횟수가 많지 않으므로 기차표는 미리 예매하는 것을 추천한다. 트립닷컴에서 탑승일 14일 전부터 예매할 수 있다. 상하이 역과 상하이남 역 근처 터미널에서 버스로 가는 방법도 있으나 인터넷에서 예매할 수 없고 외국인이 이용하는 데는 어려움이 있으므로 기차를 추천한다. 푸둥 공항에서 항저우동 역으로 바로 가는 버스는 08:50~19:30 사이에 하루 6회 운행한다(3시간 소요, 130위안). 배차 간격이 긴 편이니 이용을 원하면 푸둥 공항 홈페이지에서 시간표를 미리 확인하는 것이 좋다.

기차 예약 트립닷컴(kr.trip.com)

항저우 시내교통

기차역에서 시내로 가는 데는 지하철이 빠르고 편리하지만, 항저우를 관광하려면 버스가 필수다. 특히 항저우 관광의 꽃, 서호는 동쪽과 북쪽 일부 구역만 지하철로 접근할 수 있기 때문에 서·남쪽을 관광하려면 버스나 택시, 배, 자전거 등을 이용해야 한다. 길이 좁고 정체가 심하기 때문에 택시는 별로 추천하지 않는다. 만약 교통편을 따로 이용하지 않는다면, 걸어서 둘러보는 데는 한계가 있기 때문에 자전거를 빌리는 것도 추천한다. 서호 주변 곳곳에서 자전거 대여 업체를 찾아볼 수 있으며 알리페이 애플리케이션의 미니 프로그램을 이용해 공유 자전거를 이용하는 것도 좋다. 쑤저우와 마찬가지로 상하이시 교통카드는 사용할 수 없기 때문에 항저우 교통카드를 새로 발급받아야 한다. 지하철 요금은 기본 4km까지 2위안이며 거리별로 가산된다.

항저우를 상징하는 호수
서호
西湖 시후

서호는 둘레가 15km, 면적이 약 6.4㎢나 되는 거대한 호수로 3면이 산으로 둘러싸여 있다. 항저우의 대표 관광지이자 중국 10대 명승지 중 하나다. 원래 2,000여 년 전에는 첸탕강(钱塘江)의 일부였는데, 진흙과 모래가 쌓여 지금과 같은 호수의 형태가 되었다. 백제(白堤), 소제(苏堤), 양공제(杨公堤) 3개의 제방이 서호를 5개의 작은 호수로 나누고, 소영주(小瀛洲), 호심정(湖心亭), 완공돈(阮公墩)이라는 3개의 섬이 떠 있다.

시인 소동파가 중국 4대 미녀 중 하나인 서시(西施)에 그 아름다움을 견줄 만하다고 표현한 데서 '서자호(西子湖)'라는 이름으로도 불린다. 계절에 따라 흐드러지게 핀 버드나무 이파리와 연꽃이 호숫가를 메우고, 새벽녘 안개 낀 모습과 해 뜰 무렵, 달빛이 비추는 밤에 더욱 아름답다고 한다. 특히 서호십경(西湖十景)이라 부르는 열 가지 풍경은 송대 무렵부터 많은 문인들의 시와 작품 속에 익히 드러나 있다. 다만 계절과 시간대에 따라 달라지는 아름다움이라 단기 여행자가 한 시기에 모든 풍경을 볼 수 없어 아쉬운 점도 있다. 호숫가 곳곳에 마련된 벤치나 정자에 앉아 한갓진 시간을 보내는 것으로 옛날 문인들의 감흥을 느껴보자.

지도 P.309 **주소** 杭州市西湖区龙井路1号 **전화** 0571-8717-9617 **가는 방법** 지하철 1호선 룽샹차오(龙翔桥) 역 C1번 출구에서 도보 4분 **검색** xihu 입력 → 杭州西湖风景名胜区 선택

● 서호십경

이름	지도 위치	뜻
곡원풍하(曲院风荷)	P.309-C2	꽃과 술 향기가 함께 퍼졌다는 연꽃 감상의 명소
평호추월(平湖秋月)	P.309-C2	가을 밤, 평온한 호수 위로 비추는 달빛의 아름다움
단교잔설(断桥残雪)	P.309-C1	겨울에 눈이 내려 쌓였다가 가운데부터 녹기 시작하면, 마치 다리가 끊어진 것처럼 보이는 풍경
쌍봉삽운(双峰插云)	P.308-B2	서호에서 바라보는 남고봉(南高峰)과 북고봉(北高峰)의 모습
소제춘효(苏堤春晓)	P.309-C2	봄날의 안개 낀 새벽 소제 다리의 풍경
삼담인월(三潭印月)	P.309-C2	서호 남쪽에 떠 있는 세 개의 석등을 바라보는 명소
유랑문앵(柳浪闻莺)	P.309-D2	바람에 흔들리는 버드나무 이파리와 지저귀는 꾀꼬리
화항관어(花港观鱼)	P.309-C3	물고기와 꽃을 감상할 수 있는 넓은 공원
뇌봉석조(雷峰夕照)	P.309-C3	뇌봉탑에서 바라보는 서호의 해 질 녘 풍경
남병만종(南屏晚钟)	P.309-C3	정자선사의 종소리가 서호에 울려 퍼지는 풍경

한족의 국민 영웅이 잠든 곳
악묘
岳庙 웨먀오

남송 시대 장군 악비(岳飞)의 묘. 악비는 구국의 영웅이자 민족주의의 상징과 같은 인물로, 사후에 악왕(鄂王)으로 추존되어 여전히 악왕(岳王)이라는 칭호로 더 익숙하게 불리고 있다. 그런 그도 정치적 모함을 이기지 못하고 진회(秦桧), 장준(张俊) 등에 의해 억울한 죽음을 당했는데, 21년 후에 효종(孝宗)이 진실을 밝히고 누명을 벗겨 이 자리에 유해를 모셨다고 한다. 사당은 악왕묘를 지은 지 약 40년 후인 1221년 건립되었다. 사당 안에서는 악비의 좌상을 볼 수 있으며 사당 밖에는 악비와 그의 아들 악운(岳云)의 묘와 그 앞에 꿇어앉은 진회와 일당들의 동상이 있다. 악비의 업적을 둘러볼 수 있는 기념관도 마련되어 있다.

지도 P.308-B1 **주소** 杭州市西湖区苏堤北面北山路80号 **전화** 0571-8677-6376 **운영** 07:30~17:30 **요금** 25위안 **가는 방법** 버스 7·27·51·52·118번 웨먀오(岳庙)에서 하차 후 바로 **검색** yuemiao 입력 → 岳王庙-岳墓栖霞 선택

저장성 최고의 인문 박물관
저장성 박물관
浙江省博物馆 저장성보우관

1929년 설립된, 저장성에서 가장 큰 박물관이자 중국에서 가장 오래된 박물관 중 하나. 10만 점 이상의 소장품을 보유하고 있다. 고산관(孤山馆)과 지강관(之江馆)으로 나뉘어 있는데, 지강관은 서호 남쪽에서 조금 떨어진 구역에, 고산관(孤山馆)은 백제(白堤)를 따라 이어지는 서호 내 작은 섬에 위치한다. 특히 고산관은 정원 속 박물관이자 박물관 속 정원이라 불릴 만한 곳으로, 강남 지방 특유의 정원을 연상시키는 우아한 건축물과 구불구불한 회랑만으로도 볼거리다. 박물관 내 5개 구역에서 도자기, 칠기, 목공예품, 회화 등을 만나볼 수 있으며 특히 박물관 중심에 있는 곤산편옥(昆山片玉) 전시관의 청자가 유명하다. 최근 새롭게 개관한 지강관은 5개 층에서 저장성의 역사, 민속 문화, 명인 문화, 해양 문화, 청자 문화 관련 전시와 현악기, 서화 등의 유물을 만나볼 수 있다.

지도 P.309-C2 **주소** 杭州市西湖区孤山路25号 **전화** 0571-8601-3085 **홈페이지** www.zhejiangmuseum.com **운영** 09:00~17:00, 월요일 휴관 **요금** 무료 **가는 방법** 버스 7·27·510번 신신판뎬(新新饭店)에서 하차 후 도보 15분 **검색** zjsbwg 입력 → 浙江省博物馆(孤山馆区) 선택

항저우에서 펼쳐진 독립 운동의 역사
대한민국 임시정부 항저우 유적지
大韩民国临时政府杭州旧址 다한민궈린스정푸항저우주즈

상하이에서 약 13년간 활동하던 대한민국 임시정부는 윤봉길 의사의 훙커우 공원 의거 후 항저우로 본거지를 옮기게 된다. 이후 거점을 계속 옮기며 창사(长沙), 광저우(广州) 등지에서 독립 투쟁을 이어가다가 1940년 충칭(重庆)에 정착하고 난 후 독립을 맞았다. 상하이 체류 시기 직후인 1932년 5월부터 약 3년 6개월간 항저우에서 머물렀는데, 처음 사용했던 청사이자 지금은 호텔과 고급 레스토랑으로 쓰이는 건물의 일부 구역이 기념관으로 조성되어 있다. 전시관은 총 3개로, 임시정부와 독립 운동의 역사, 특히 항저우 체류 시기에 대해 자세히 알아볼 수 있다.

지도 P.309-D1 **주소** 杭州市上城区杭州西湖边长生路55号 **전화** 0571-8706-4301 **운영** 09:00~16:30 **요금** 무료 **가는 방법** 지하철 1호선 룽샹차오(龙翔桥) 역 A번 출구에서 도보 8분 **검색** dhmglszfhzjz 입력 → 大韩民国临时政府杭州旧址纪念馆 선택

서호십경의 풍경을 한눈에
뇌봉탑
雷峰塔景区 레이펑타

서호의 남쪽에 위치한 5층 8각 탑. 기단·탑신·탑찰을 합친 높이가 71.7m에 이른다. 975년에 지어졌다가 1924년에 붕괴되었고, 현존하는 탑은 2002년 새로 지은 것으로 중국 최초의 청동 탑이다. 이곳에서 보이는 서호에 석양이 지는 모습은 특히나 아름다워 서호십경 중 하나인 뇌봉석조(雷峰夕照)로 꼽힌다. 탑 꼭대기까지는 엘리베이터를 타고 편하게 오르내릴 수 있다.

지도 P.309-C3 **주소** 杭州市西湖区南山路15号 **전화** 0571-8798-2111 **홈페이지** en.leifengta.com **운영** 08:00~20:00(11/1~3/15 ~17:30, 3/16~4/30 ~19:00) **요금** 40위안 **가는 방법** 버스 4·139·1314번·서호 내환선(西湖内环线) 징쓰(净寺)에서 하차 후 도보 2분 **검색** lft 입력 → 雷峰塔景区 선택

옛 수도의 역사 깊은 거리
허팡제
河坊街 하방가

일찍이 항저우가 수도였던 남송 시대부터 식당, 상점, 찻집들이 늘어서며 가장 번영했던 거리로, 정치·경제·문화의 중심지였던 곳이다. 2000년대 들어 재개발하며 보행자 거리로 바뀌고 관광객을 위한 상업 시설이 모여들었지만, 여전히 짧게는 100년부터 길게는 300~400년의 역사를 지닌 약국, 음식점, 찻집, 부채 가게 등을 만나볼 수 있다. 길 동쪽으로는 남송 시대에 황제가 거닐었다는 난쑹위제(南宋御街)와 만난다.

지도 P.309-D2 주소 杭州市上城区 가는 방법 지하철 1호선 딩안루(定安路) 역 C번 출구에서 도보 9분 / 지하철 7호선 우산광창(吳山广场) 역 D번 출구에서 도보 8분 검색 hfj 입력 → 河坊街 선택

첸탕강을 한눈에 조망할 수 있는 탑
육화탑
六和塔 류허타

첸탕강(钱塘江)변, 웨룬산(月轮山) 위에 세워진 탑. 중추절 무렵이면 바닷물이 역류해 강이 범람하는 일이 잦자, 이를 막기 위해 970년에 건립되었다. 지금의 탑은 1163년 재건된 것으로, 높이는 약 60m에 이른다. 중국에서 나무와 벽돌로 만든 탑 중 가장 잘 보존된 것이기도 하다. 밖에서 보면 13층뿐이지만 내부는 7층뿐인 독특한 구조인데, 나선형 계단을 따라 꼭대기까지 올라가 볼 수 있다. 눈앞에 시원하게 펼쳐지는 첸탕강의 전경이 아름다우며 지금도 음력 8월 18일 전후로 바닷물이 역류하는 모습을 보기 위해 많은 사람이 찾는다.

지도 P.308-B3 주소 杭州市西湖区之江路16号 전화 0571-8659-1401 운영 07:00~17:30 요금 입장권 20위안, 탑 10위안 가는 방법 버스 4·139·318번 류허타(六和塔)에서 하차 후 도보 4분 검색 lht 입력 → 六和塔文化公园 선택

소동파가 가장 좋아했던 풍경
영은비래봉
灵隐飞来峰 링인페이라이펑

석회암으로 이루어진 해발 고도 168m의 야트막한 산. 일찍이 시인 소동파가 '아름다운 풍경이 도처에 있으나, 영은비래봉이 그중 최고라(溪山处处皆可庐, 最爱灵隐飞来峰)'고 한 곳이다. 전설에 따르면, 원래 쓰촨성의 어메이산(峨眉山)에 붙어 있던 봉우리인데, 이곳의 마을로 떨어질 것을 예견한 스님이 사람들을 대피시킬 방법으로 혼례를 치르던 신부를 훔쳐 달아났다는 전설이 전해진다. 지하수에 의한 침식 작용으로 한때 72개의 동굴이 있었지만 현재 대부분 무너지고 그나마 남은 것은 산 동남쪽에 몰려 있다. 최대의 볼거리는 암벽과 동굴 곳곳에 새겨진 조각. 이 조각들은 오대십국부터 송·원대에 걸쳐 새겨진 것으로, 총 470기 중 335기가 비교적 원형 그대로 보존되어 있다. 그중 가장 유명한 것은 초입에 있는 웃는 부처상이다. 풍경구 내에는 중국 10대 선종 사찰 중 하나인 영은사(灵隐寺)가 있으며, 사찰 내에서는 명대에 지어져 현존하는 유일한 6층 석탑 이공탑(理公塔)을 볼 수 있다.

지도 P.308-A2 **주소** 杭州市西湖区灵隐路法云弄1号 **전화** 0571-8796-9691 **운영** 06:30~17:30 **요금** 45위안(영은사 별도 30위안) **가는 방법** 버스 7·278·319·324·505번 링인(灵隐)에서 하차 후 도보 4분 **검색** fff 입력 → 飞来峰 선택

중국 차 문화에 대해 알아보는 시간
중국 다엽 박물관
中国茶叶博物馆 중궈차예보우관

1990년 설립된 국립 박물관으로, 중국에서 유일한 찻잎 관련 박물관이다. 중국 녹차의 대명사이자 항저우 최고의 특산품으로도 알려진 용정차(龙井茶)의 생산지인 룽징춘(龙井村) 근처에 있다. 차의 역사와 풍습, 다기, 명차 등 다섯 가지 테마로 나뉘어 전시되어 있으며, 차의 생산과 제조, 발전, 문화에 대해 자세히 들여다볼 수 있다. 전시관 앞에는 차밭이 넓게 펼쳐지며, 조용한 부지를 산책하는 것도 기분 좋다.

지도 P.308-B3 **주소** 杭州市西湖区龙井路88号 **전화** 0571-8796-4221 **홈페이지** www.teamuseum.cn **운영** 09:00~16:30, 화요일 휴관 **요금** 무료 **가는 방법** 버스 27·87번 솽펑(双峰)에서 하차 후 도보 6분 / 버스 180번 리지룽산(里鸡笼山)에서 하차 후 도보 7분 **검색** cybwg 입력 → 中国茶叶博物馆(双峰馆区) 선택

세계 최대 규모의 실크 박물관
중국 실크 박물관
中国丝绸博物馆 중궈쓰처우보우관

1992년 개관한 국립 박물관. 점유 면적이 4만 2,000㎡, 건축 면적이 약 2만 3,000㎡에 달하는 초대형 박물관이다. 양잠부터 실 뽑는 과정, 제직, 염색 등의 기술은 물론 실크가 발전해 온 5,000년 역사와 유물, 현대 실크와 패션에 이르는 방대한 전시품을 볼 수 있다. 사진과 글만이 아닌 모형과 실연, 비디오 등을 통한 전시도 풍부하기 때문에 어린이를 동반한 가족이라면 더욱 흥미롭게 감상할 수 있다.

지도 P.309-C3 **주소** 杭州市西湖区玉皇山路73-1号 **전화** 0571-8703-5223 **운영** 09:00~17:00, 월요일 휴관 **요금** 무료 **홈페이지** www.chinasilkmuseum.com **가는 방법** 버스 12·42번 쓰처우보우관(丝绸博物馆)에서 하차 후 도보 1분 **검색** scbwg 입력 → 中国纺织品博物馆(暂停开放) 선택

상하이 숙소
Accommodation

숙소 등급과 가격대
위치
예약

1. 숙소 등급과 가격대

상하이의 숙소는 저렴한 숙소부터 최고급 호텔까지 선택의 폭이 넓다. 호텔은 2~3성급부터 4~5성급까지 가격대에 비해 천차만별이다. 비수기 기준 1박 3~5만 원 선에서 구할 수 있는 저렴한 방부터 1박에 50만 원을 호가하는 고급 호텔 등이 있으니 취향에 맞게 선택할 수 있다. 대개는 지역과 접근성, 시설, 브랜드, 서비스에 따라 가격차가 난다. 중국의 일반적인 체인 호텔로는 3~5만 원대에 숙박할 수 있는 홈인 플러스, 6~8만 원대에 숙박할 수 있는 한팅 호텔과 7~10만 원대에 숙박할 수 있는 진장 인 등의 브랜드가 있으며 위치와 설립년도 등에 따라 시설과 가격 차이가 있는 편이니 후기를 꼼꼼히 살펴보고 예약하는 것이 좋다.

유스호스텔은 다인실이 1박에 1~2만 원 내외이고, 개인실은 호텔에 비해 가격은 저렴한 반면 독립성이 보장되어 좋다. 넓은 공용 공간이 마련되어 있어 식사나 휴식을 즐길 수 있고, 세계 각국의 여행자와 어울릴 기회가 있는 것 역시 장점이다. 최근에는 뛰어난 위치에 시설도 깔끔한 곳이 많아져 1인 여행자라면 추천할 만하며, 최근에는 난징동루 역 근처에 전실 2인 도미토리 유스호스텔과 같은 곳도 생겨 호평을 받고 있다.

2. 위치

상하이는 시내 전역에 가격대별 숙소가 다양하게 분포한다. 지하철 노선이 워낙 잘 구축되어 있기 때문에 어느 곳이든 지하철역만 가까우면 다니기 어렵지 않지만, 이왕이면 많이 이용할 노선의 역과 가까운 편이 좋다. 여행 기간 동안 상하이에서만 머물지, 근교 도시에서도 머물지도 정하자. 상하이는 특히 택시 이용률이 높기 때문에 대중교통을 많이 이용하지 않을 생각이라면 룸 컨디션과 가격에 중점을 두고 정하면 되며, 여행 일정이 짧다면 주요 관광지와 가까운 편이 좋다. 여행자에게 추천하는 숙소 위치와 지역별 특징은 다음과 같다.

① 난징동루(南京东路) 역 근처
명실상부 상하이 최대의 번화가. 난징동루 관광을 즐긴 후, 와이탄에서 분위기 있는 밤을 보내고 마사지 받고 귀가하기 딱 좋다. 2호선과 10호선을 이용할 수 있다.

② 런민광창(人民广场) 역 근처
런민광창 역 근처에 머물 경우 1호선, 2호선, 8호선을 모두 이용할 수 있어 교통이 편리하다. 난징동루와 이어지고 신세계성, 제일백화점 등 유수의 백화점과 쇼핑몰이 근처에 있기 때문에 쇼핑, 식사까지 모두 즐길 수 있다.

③ 위위안(豫园) 역 근처
예원 관광과 더불어 근처의 올드 시티를 구경하는 재미가 있다. 10호선으로 한 정거장만 가면 난징동루 역이고, 와이탄 남부에도 가깝기 때문에 다채로운 풍경을 즐길 수 있다. 다스제(大世界) 역 방향에 있는 윈난난루(云南南路)는 아침부터 전통 먹거리를 즐길 수 있는 서민들의 먹자 골목이다.

④ 징안쓰(静安寺) 역 근처
지하철 2호선, 7호선, 14호선이 교차하는 교통의 요지인 데다 구광백화점, 징안 케리 센터 등의 쇼핑센터가 들어서 있는 곳. 대형 공원이 있어 아침에 산책을 즐기기 좋고, 상하이 최대 카페 거리 위위안루에서도 멀지 않다.

⑤ 훙커우쭈추창(虹口足球场) 역 근처
적당히 여행자의 기분도 느끼면서, 상하이 사람들의 삶의 풍경으로 들어가 보기 좋은 곳이다. 상하이 외국어대학이 근처에 있어 유학생들도 많이 거주하는 곳이며, 공항으로 바로 가는 버스도 탈 수 있다. 루쉰 공원에서 아침마다 태극권하는 사람들과 부대끼며 산책하고, 룽지몽 도시생활중심에서 쇼핑과 미식까지 한 번에 잡는 곳.

⑥ 창수루(常熟路) 역 근처
지하철 1호선과 7호선이 교차하는 프랑스 조계지의 중심 역으로, 우캉루, 안푸루, 헝산루, 융캉루 등 웬만큼 핫한 거리에는 모두 가깝다. 복잡한 관광지보다는 고즈넉한 프랑스 조계지 산책이 목표라면 추천.

⑦ 중산궁위안(中山公园) 역 근처
중심가에서는 떨어져 있지만 2호선을 이용할 수 있으면서 훙차오 국제공항과도 가까운 곳. 여행자들의 이용 빈도는 낮은 편이지만 3호선, 4호선도 연결되고, 주변에 초대형 쇼핑 룽지몽 도시생활중심을 비롯한 쇼핑센터가 있어 편하다. 징안쓰 역과는 반대 방향에서 위위안루에 가까운데, 이쪽에 좀 더 핫한 카페들이 몰려 있다.

⑧ 쉬자후이(徐家汇) 역 근처
각종 오피스는 물론 상하이 교통대학이 근처에 위치해 대학생, 직장인 모두 많은 현지인들의 번화가. 연령대와 소비 수준에 따른 다양한 쇼핑몰이 들어서 있다. 1호선, 9호선, 11호선을 모두 이용할 수 있으며 메트로 시티 근처에 있는 톈인차오루(天钥桥路)는 훙회갑 1호점이 생겨난 먹자 골목이다.

3. 예약

조금이라도 저렴하게 예약하고 싶다면 가격 비교는 필수다. 같은 숙소라도 예약 플랫폼마다 판매 가격이 다르며, 숙소의 공식 홈페이지는 할인 외에 추가 혜택을 받을 수 있는 경우도 있으니 함께 체크하는 것이 좋다. 아고다, 부킹닷컴, 호텔스닷컴, 트리바고 등의 호텔 예약 중개 사이트를 둘러보고, 호텔스컴바인이나 네이버호텔 등 가격 비교 사이트에서 비교해 보는 것도 좋다. 카드사나 여행사, 면세점 등과 제휴 이벤트도 많기 때문에 경유 접속 시 추가 할인 혹은 적립 혜택이 있는지도 체크해 볼 것.

> **TRAVEL TIP**
> **대표적인 숙소 예약 사이트**
> 아고다 www.agoda.com
> 부킹닷컴 www.booking.com
> 호텔스닷컴 www.hotels.com
> 호텔스컴바인 www.hotelscombined.com
> 트리바고 trivago.co.kr
> 네이버호텔 hotels.naver.com

주의할 점

중국에서 투숙 시 주숙 등기는 필수!
중국에 체류할 경우 일종의 전입 신고인 '주숙 등기'라는 절차를 밟아야 한다. 정식으로 허가 받은 호텔이나 유스호스텔에 머문다면 숙소에서 진행해 주지만, 에어비앤비를 이용한다면 입국 후 24시간 내에 직접 관할 파출소로 가서 등록해야 한다. 만약 불이행 시 벌금 등의 불이익을 당할 수 있으니 웬만하면 정식 등록 숙박업소에서 머물 것. 또한 일부 숙박업소는 외국인이 투숙할 수 없는 곳도 있으므로 예약 시 관련 문구가 있는지 잘 확인해야 한다.

여행 준비
Plan your Trip

여권과 비자
항공권 예약
여행자 보험 가입 & 각종 티켓 구매
휴대 전화로 인터넷하기
환전과 결제
트러블 대처하기

여권과 비자

여권 신청
여권 발급 신청은 자신의 본적이나 거주지와 상관없이 가까운 발행 관청에서 신청할 수 있다. 서울시 각 구청과 전국 지방자치단체 청사, 인천공항 내 민원 센터에서 접수를 받는다. 본인이 신분증을 소지하고 직접 방문해야 하며, 접수는 평일 09:00부터 18:00까지 가능하다. 발급에는 보통 일주일 정도 걸리지만, 성수기에는 10일까지 걸릴 수 있으니 여행을 가기로 마음먹었다면 바로 신청한다. 아래 사이트에서 여권 발급에 대한 정보 열람과 관련 서식을 다운로드할 수 있다.

외교부 여권 안내 www.passport.go.kr
발급 비용 10년 복수 52면 5만 원, 26면 4만 7,000원
5년 복수 52면 4만 2,000원, 26면 3만 9,000원

비자 발급
중국에 입국하려면 비자가 반드시 필요했으나, 대한민국을 포함한 9개국 국민에 한해 2025년 말까지 무비자 입국을 허용한다. 관광, 비즈니스, 친지 방문 등의 목적일 경우 30일까지 무비자로 체류할 수 있다. 단 왕복 항공권 또는 제3국행 항공권을 소지하고 있어야 하며 중국 내 체류지, 연락처 등을 제시해야 한다. 만약 취업, 학업 등 다른 목적으로 입국하거나 30일 이상 체류 시에는 규정에 맞는 비자를 발급받아야 하며, 서울, 부산, 제주의 비자 발급 센터에서 신청 가능하다. 비자 비용은 발급 기간이 짧을 수록 비싸지니 최대한 여유를 두고 신청하는 것이 좋다. 평일 09:00부터 15:00까지 신청 가능하며 중국 공휴일에는 쉰다.

[남산 스퀘어 중국 비자 센터]
주소 서울시 중구 퇴계로 173 남산 스퀘어 3층(충무로역 5번 출구에서 도보 3분)
전화 02-750-9600
홈페이지 visaforchina.cn
이메일 namsansquarecenter@visaforchina.org
운영 월~금요일 09:00~15:00

항공권 예약

상하이는 중국 경제의 중심 도시이자 중국에서 손에 꼽는 여행지다. 비즈니스 출장도 많고, 관광을 위해 오가는 한국인, 중국인 모두 증가하고 있기 때문에 그만큼 항공 편수도 많다. 인천 국제공항 출발 편수만 해도 하루에 십 수회가 될 만큼 많아 좌석은 웬만하면 구할 수 있지만, 성수기와 비수기에 따라 가격이 천차만별이다. 특히 한국의 연휴나 설날·추석과 같은 명절, 5월 첫 번째 주의 노동절 연휴, 10월 첫 번째 주 중국 국경일 연휴 등에는 가격이 천정부지로 오른다.

항공권 예약은 여행 일정을 계획하는 동시에 서둘러 하는 것이 좋으며, 앞서 언급한 성수기에 방문할 계획이라면 최대한 미리 잡아두는 것이 좋다. 인천과 지방 공항에서 푸둥 공항으로 가는 항공편, 김포에서 훙차오 공항으로 가는 항공편 중 이용이 편한 공항과 스케줄을 검색해 예약한다. 출발지가 서울이고 짧은 일정에 꽉 찬 스케줄을 원한다면, 아침 일찍 인천 공항~푸둥 공항 노선을 이용해 중국으로 간 뒤 귀국편은 저녁 시간대의 훙차오 공항~김포 공항 노선을 이용해도 좋다. 다만 김포 공항 출·도착 노선은 대한항공과 아시아나항공에서만 운항한다. 스카이스캐너, 카약닷컴, 네이버항공권 등의 가격 비교 사이트를 이용하면 전 항공사의 노선, 스케줄, 가격 등을 한눈에 볼 수 있어 편하다. 항공권을 구매할 때는 마일리지 적립 여부, 무료 위탁 수하물 포함 여부, 취소 및 변경 페널티 등을 꼼꼼히 확인하고 예약할 것. 특히 외국 예약 플랫폼은 고객센터와 연결이 잘 되지 않고 수수료가 매우 높은 곳이 많으니 주의해야 한다. 취항 항공사와 항공편에 대한 자세한 내용은 P.64 상하이로 가는 법 참고.

[항공권 가격 비교]
스카이스캐너 www.skyscanner.co.kr
카약닷컴 www.kayak.co.kr/flights
네이버항공권 flight.naver.com

여행자 보험 가입 & 각종 티켓 구매

여행자 보험

여행자 보험은 여행 중 발생할 수 있는 항공기 사고, 납치, 천재지변 등의 큰 사건은 물론 도난, 교통사고 등 개인적인 일까지 여행 중 일어날 수 있는 갖가지 사건, 사고에 대한 손해를 보상한다. 가입한 보험 상품에 따라 보장 내용과 한도액이 달라지며 국내 실비보험과 중복 보장되지 않으니 중복되는 부분은 선택해 뺄 수 있다.

보상을 받기 위해서는 현지 병원이 발급한 진단서와 치료비 영수증, 약제품 영수증, 처방전 등을 챙긴다. 도난 사고가 발생했다면 현지 경찰이 발급한 도난 증명서가 필요하다. 각 보험 회사의 웹페이지, 공항 내 창구 등에서 가입할 수 있다.

[주요 보험사]
삼성화재 direct.samsungfire.com
롯데손해보험 www.lottehowmuch.com
KB손해보험 direct.kbinsure.co.kr
한화손해보험 www.hanwhadirect.com
마이뱅크 mibankins.com/travel

입장권 구매

상하이 디즈니랜드에 갈 계획이라면 입장권은 무조건 미리 구매해 두길 추천한다. 공식 애플리케이션은 물론 클룩이나 마이리얼트립 같은 여행 상품 중개 업체에서 구매할 수 있다. 또 상하이 타워나 동방명주 입장권, 시티 투어 버스 승차권 역시 미리 구매해 두면 매진될 확률이 작고 가격 또한 현장에서 구매하는 것보다 대부분 저렴하기 때문에 미리 구매해 두면 좋다. 상하이는 다른 나라에 비해 현지 투어 상품이 활성화되어 있지는 않지만, 비교적 대중교통으로 가기 힘든 오진이나 황산 등의 근교 여행지를 편하게 다녀오고 싶다면 당일치기 여행 상품을 이용하는 것도 좋다.

마이리얼트립 www.myrealtrip.com
클룩 www.klook.com
케이케이데이 www.kkday.com

휴대폰으로 인터넷하기

내 위치와 목적지 위치 검색, 경로 탐색과 주문과 결제, 교통카드 등 여행 전반에 영향을 주는 모바일 결제 시스템을 이용하기 위해서라도 휴대 전화는 항시 인터넷에 연결되어 있어야 한다.

중국에서 인터넷을 사용하려면 사용 중인 통신사의 해외 로밍, 포켓 와이파이, 이심(유심) 구입 세 가지 방법이 있다. 가장 편리한 것은 통신사의 해외 로밍이지만 가장 비싸다. 하지만 한국의 휴대 전화 번호 그대로 수·발신이 모두 가능하고 별도의 설정 없이 그대로 사용할 수 있다는 장점이 있다. 포켓 와이파이를 이용하면 1일당 요금은 유심 구매에 비해 비싸지만 5명까지 동시 접속할 수 있어 좋다. 다만 항상 휴대하고 다녀야 하며 분실의 우려가 있는 점, 전원이 꺼지지 않게 보조 배터리를 챙겨야 하는 점은 불편하다.

최근 가장 인기 있는 방법은 이심을 구입해 사용하는 것으로, 이심은 물리적인 심 카드 없이 정보를 다운로드해 사용하는 것이다. 이심을 사용하면 한국 번호 그대로 수·발신은 가능하며 가격이 저렴하고, 한국 심카드의 분실 걱정도 없다. 간편하게 설치해 사용하고 귀국 후 삭제하면 되기 때문에 매우 편리하다. 다만 이용할 수 있는 휴대 전화 기종에 제한이 있는 점, 설정 과정을 거쳐야 하는 점은 단점이다. 이심을 사용할 수 없는 기종은 유심을 사서 기존의 한국 유심을 빼고 구매한 심 카드를 삽입해 사용하면 된다. 이 경우 한국 전화번호로 수·발은 불가하다.

참고로 중국 현지에서 구매하는 심 카드는 추천하지 않는다. 중국에서 구글, 페이스북, 인스타그램, 유튜브, 네이버 카페, 카카오톡 등의 소셜 네트워크 서비스에 접속하려면 무조건 VPN 등을 통해 서버를 우회해야 하기 때문. 한국에서 판매하는 심 카드는 대부분 홍콩·중국 대륙 공용 상품이므로 문제없이 접속 가능하다.

환전과 결제

위안화는 시중 은행에서 대부분 갖추고 있어 즉시 환전이 가능하다. 스마트폰 애플리케이션을 통해 환전을 신청하고 영업점이나 공항에서 수령하면 환전 수수료도 저렴하고 시간도 절약되어 좋다. 다만 현재 중국에서는 알리페이나 위챗페이와 같은 전자 결제 시스템이 보편화되어 있으며 현금 사용률이 크게 줄었다. 또한 중국은 한국처럼 신용카드가 통용되지 않으며 대형 호텔과 상점 등을 제외하면 사용 가능한 곳이 매우 적기 때문에 신용카드를 주 결제 수단으로 사용하기는 어렵다.

알리페이나 위챗페이 애플리케이션은 신용카드를 결제수단으로 연결해야 하는데, 최근에는 트래블로그나 트래블월렛 등 환전 수수료가 없거나 저렴한 트래블 카드가 인기다. 특히 알리페이와 위챗페이는 결제 금액이 200위안이 넘을 경우 3% 취급 수수료를 부과하는데, 국제 브랜드사가 유니온페이(은련)인 경우 이 수수료가 면제된다. 유니온페이는 신용카드 선택의 폭이 제한적이니 하나은행에서 출시한 트래블로그 유니온페이 카드를 발급받아 사용하면 좋다. 만약 발급할 여건이 되지 않을 경우에는 200위안 초과 금액은 가능한 끊어서 결제해도 좋다.

만약 트래블로그 카드로 중국 현지에서 현금을 인출한다면 중국은행, 중국공상은행(ICBC), 중국건설은행(CCB), 홍콩상하이은행(HSBC), 우정저축은행(PSBC) ATM에서 인출 수수료 없이 이용할 수 있다(유니온페이, 마스터카드 동일).

또한 한국의 네이버페이, 카카오페이, 토스뱅크 등 알리페이와 제휴된 업체들의 간편 결제 시스템을 이용하면 별도의 앱 설치와 가입 없이 결제 서비스를 이용할 수 있다. 국가 설정만 '해외-알리페이 플러스'로 변경하면 되며 제공사에 따라 환율 적용, 수수료 등은 다르다. 이 경우 교통카드 기능, 미니프로그램, 주문 등의 부가 기능은 이용할 수 없다.

트러블 대처하기

여행 중의 사고나 병은 피하고 싶지만, 만에 하나의 사태에 대비하려면 사전 준비를 철저히 해야 한다. 또한 여행 사고를 피하기 위해서는 무엇보다 신중하게 행동하는 것이 중요하다. 범죄자의 표적이 되지 않는 것도 중요하지만 교통 사고나 추락 사고 등의 안전 사고에도 유의해야 즐거운 여행이 된다는 점을 잊지 말자.

몸이 아플 때
여행 전 바쁜 일정에 쫓겨서 무리를 하거나 여행 중 체력을 소모하면 병에 걸리기 쉬우므로 체력 안배에 힘쓰는 등 충분한 주의가 필요하다. 상비약을 반드시 챙겨 넣고, 심장병이나 당뇨병 등의 지병이 있는 사람이라면 만일의 사태에 대비해 영문으로 된 진단서를 준비해 가는 것도 좋은 방법이다.

다치거나 병이 났을 때
호텔에서 병이 나면 프런트에 연락해 의사를 불러 달라고 요청하거나, 가입한 여행자 보험사의 긴급 지원 센터로 연락해 한국어가 통하는 병원을 소개 받는다. 현지 의사와 의사소통을 할 수 있도록 도움을 주고, 진료 예약 등을 대행해 준다. 만일 보험에 가입하지 않았다면 근처에 있는 사람에게 도움을 청해 일단 병원으로 가는 것이 좋다.

TRAVEL TIP
건강과 관련된 중국어

한국어	중국어	발음
병원	医院	이-위안
약국	药房	야오팡
의사	医生	이-성
감기	感冒	간마오
설사	拉肚子	라뚜즈

긴급하게 입원할 때

구급차를 부를 때는 120을 누른다. 상하이에서는 상하이 의료구급센터(上海市医疗急救中心)라는 기관에서 구급차를 운영하며, 요청하면 약 20분 뒤에 도착한다. 우리나라와 달리 이용료가 있는데, 시내 기준 기본 요금은 350위안(12km까지), 그 이후 주행 거리에 따라 1km당 5~8위안(야간에는 7~10위안)이다. 중환자의 경우 기본 요금이 8km까지 600위안이며 인공호흡기, 심전도 모니터링 등을 이용할 경우 추가 요금이 부과된다. 먼저 요금을 납부하고 여행자 보험사에 청구해야 하니, 구급차를 기다리는 동안에는 여권과 여행자 보험 증서 등을 미리 챙겨두는 것이 좋다.

도난이나 분실 사고를 당한 경우

즉시 경찰에 연락한다. 연락해 도난 또는 분실 증명서를 발급받는다. 가입한 여행자 보험에서 도난·분실 보상을 받을 때도 이 분실 증명서가 반드시 필요하다. 만약 여권을 분실했을 경우 주상하이 대한민국 총영사관으로 가서 귀국용 여행 증명서를 발급받아야 한다. 이때 필요한 서류는 경찰서에서 받은 분실 신고 접수증, 여권용 사진 1장, 신분증이며 대사관에 제출하는 신청서에는 여권 번호와 발행일도 기입해야 하니 메모해 두자. 여행 증명서가 나올 때까지는 보통 4일이 걸리기 때문에 귀국일이 임박했을 때 분실하면 일정에 차질이 생길 수밖에 없다. 여권 분실이나 도난에 각별히 유의하자.

외교부 해외안전여행

국가별 안전 소식, 여행 경보 및 금지국 안내 등 안전한 해외여행을 위한 각종 정보를 얻을 수 있다. 또한 해외에서의 긴급한 상황, 사건·사고 시 영사콜센터의 도움을 받을 수 있는데, 중국어를 비롯한 7개 국어 통역 서비스를 제공하고, 지갑을 분실한 경우 신속 해외 송금 지원 서비스도 이용할 수 있다. 연중무휴 24시간 운영(통화 요금 유료).

홈페이지 www.0404.go.kr 전화 02-3210-0404

'해외안전여행' 모바일 애플리케이션

외교부에서 제공하는 '해외안전여행' 모바일 애플리케이션을 이용하면 실시간 안전정보 푸시 알림, 재외공관 연락처 목록, 여행경보 현황, 위기상황별 대처 매뉴얼 등 안전한 해외여행을 위 한 각종 정보를 제공받을 수 있다. 모바일 동행 서비스에 등록해 두면 국가별 최신 안전 정보를 알아볼 수 있고, 재난 등 위급 상황 발생 시 가족이나 지인에게 위치 정보가 즉각 전송되는 기능도 있다. 특히 앱 내 영사콜센터 무료 전화 서비스를 이용하면 와이파이 등 인터넷 환경에서는 별도의 요금 없이 통화할 수 있다.

채팅 상담 서비스

카카오톡에서 '영사콜센터'를 검색하면 채팅 상담을 받을 수 있다. 중국에서 널리 이용되는 위챗 앱 상담도 지원하니 카카오톡 이용이 어려울 경우 이용할 수 있다. [검색] - [미니 프로그램]에서 'koreamofa1'을 검색하면 된다.

TRAVEL TIP
주상하이 대한민국 총영사관

주소 上海市长宁区万山路60号
전화 021-6295-5000, 근무 시간 외 138-1650-9503(주)
홈페이지 shanghai.mofa.go.kr/cn-shanghai-ko/index.do
이메일 shanghai@mofa.go.kr
운영 월~금요일 09:00~17:30, 사증 신청 09:00~11:30
가는 방법 지하철 2호선 러우산관루(娄山关路)역 2번 출구에서 도보 12분 / 10호선 이리루(伊犁路)역 4번 출구에서 도보 12분
검색 dhmgzshzlsg 입력 → 大韩民国驻上海总领事馆 선택

여행 준비

부록 여행 중국어 회화

중국어의 발음에는 우리말에는 없는 모음과 자음이 있고, 성조라 하는 글자 자체의 억양이 있어 따라하기 꽤 어렵다. 4개의 성조에 따라 같은 발음이라도 다른 의미가 되어 잘 통하지 않을 수 있지만, 아래와 같은 간단한 문장 정도는 익혀두면 좋다. 특히 손가락으로 숫자를 표현하는 방법은 매우 유용하니 꼭 기억해 두자.

숫자

1 一 이
2 二 얼
3 三 싼
4 四 쓰
5 五 우
6 六 류
7 七 치
8 八 빠
9 九 지우
10 十 스
100 百 바이
1000 千 치앤
10000 万 완

기본 단어

한국어	중국어	발음
나	我	워
너	你	니
그 / 그녀	他/她	타
이것	这个	쩌거
저것 / 그것	那个	나거
오늘	今天	찐티앤
어제	昨天	주어티앤
내일	明天	밍티앤

인사·기본 문장

한국어	중국어	발음
안녕하세요.	你好。	니하오.
안녕하세요(아침).	早上好。	자오샹하오.
안녕하세요(저녁).	晚上好。	완샹하오.
안녕히 계(가)세요.	再见。	짜이찌앤.
네.	是。	스.
맞아요.	对。	뚜이.
아니오.	不是。	부스.
틀려요.	不对。	부뚜이.
감사합니다.	谢谢。	씨에셰.
천만에요.	不客气。	부크어치.

교통

한국어	중국어	발음
버스	公共汽车 / 巴士	꽁꽁치처 / 빠스
택시	出租车	추주처
지하철	地铁	띠티에
기차	火车	훠처
역	站	짠
티켓	票	피아오
지하철역은 어디에 있습니까?	地铁站在哪儿?	띠티에짠짜이날?
OOO에 갑니까?	到OOO吗?	따오OOO마?
OOO으로 가주세요.	到OOO吧。	따오OOO바.
OOO에 도착하면 알려 주세요.	到OOO，请告诉我。	따오OOO, 칭까오쑤워.
얼마나 걸리나요?	要多长时间?	야오뚜어창스지앤?
여기 세워 주세요.	停这儿吧。	팅쩔바.
OOO는 어디에 있습니까?	OOO在哪儿?	OOO짜이날?

음식점

한국어	중국어	발음
음식점	餐厅	찬팅
메뉴	菜单	차이딴
여기요! / 종업원!	你好! / 服务员!	니하오! / 푸우위앤!
주문할게요.	点菜。	디앤차이.
가장 맛있는 음식은 무엇입니까?	这家最好吃的是什么?	쩌지아쮀이하오츠더스션머?
창가 자리로 주세요.	请给靠窗的位子。	칭게이카오촹더웨이즈.
고수는 빼주세요.	不要香菜。	부야오샹차이.
주문한 음식이 안 나왔어요.	我点的菜还没上。	워디앤더차이하이메이샹.
차가운 음료로 주세요.	饮料要冰的。	인랴오야오삥더.
계산하겠습니다.	买单。	마이딴.
포장해 주세요.	请打包一下。	칭다빠오이시아.

쇼핑

한국어	중국어	발음
저것을 보여 주세요.	我想看那个。	워샹칸나거.
얼마예요?	多少钱?	뚜어샤오치앤?
너무 비쌉니다.	太贵了。	타이꿰일러.
싸게 해 주세요.	便宜一点吧。	피애니이디앤바.
신용카드 됩니까?	能刷卡吗?	넝슈아카마?
다른 걸로 바꿔 주세요.	请换个别的。	칭환거비에더.
먹어 봐도 되나요?	可以尝一尝吗?	커이창이창마?
하나 주세요.	要一个。	야오이거.

관광

한국어	중국어	발음
화장실이 어디입니까?	洗手间在哪儿?	시쇼우지앤짜이날?
사진을 찍어도 됩니까?	可以拍照吗?	커이파오짜오마?
입장료는 얼마입니까?	门票多少钱?	먼피아오뚜어샤오치앤?
학생 할인이 되나요?	学生有优惠吗?	쉐성요우요우훼이마?
몇 시까지입니까?	几点关门?	지디앤꽌먼?
사진 좀 찍어 주세요.	请帮我拍一张相。	칭빵워파이이짱샹.
얼마나 기다려야 하나요?	要等多久?	야오덩뚜어지우?

긴급 상황

한국어	중국어	발음
살려 주세요!	救命啊!	지우밍아!
지갑을 도둑맞았어요!	钱包被偷了。	치앤바오베이토우러.
병원에 데려다 주세요.	请带我去医院。	칭따이워취이위앤.
경찰을 불러 주세요.	请帮我报警。	칭빵워바오징.
구급차를 불러 주세요.	请叫救护车。	칭지아오지우후처.
한국어를 하는 사람을 불러 주세요.	请叫会说韩语的人。	칭지아오훼이슈어한위더런.

Index

인덱스
(관광명소 기준)

ㄱ

고희대	168
관첸제	300
구곡교(예원)	165
구사헌(예원)	167
금무대하	95

ㄴ

난징둥루 보행가	120
난징시루	189
뇌봉탑	313

ㄷ

대가산(예원)	166
대한민국 임시정부 유적	210
대한민국 임시정부 항저우 유적지	313
동방명주	92
둬룬루 문화명인가	281

ㄹ

록 번드 아트 뮤지엄	124
루쉰 고거	281
루쉰 공원	279
루쉰 기념관	280
루자쭈이 공중보행가	97

ㅁ

만화루(예원)	166
매원	280
문묘	173

ㅂ

반룡천지	270
반문 풍경구	304
베이와이탄	152
북사탑	299
빈강대도	97

ㅅ

사남공관	213
사자림	299
삼수당(예원)	165
상하이 공예 미술 박물관	233
상하이 노가	172

상하이 도시계획 전시관	188
상하이 도시역사 박물관	93
상하이 동물원	269
상하이 디즈니랜드	100
상하이 박물관(인민광장관)	187
상하이 세계금융센터	96
상하이 식물원	262
상하이 우편 박물관	124
상하이 자연 박물관	192
상하이 타워	94
상하이 해양 수족관	99
상하이 현대예술관	188
서광계 기념관	261
서호	310
성황묘	172
쉬자후이 공원	261
쉬자후이 천주교당	260
신러루	235
신천지	211
쑤저우 박물관	302
쑤저우 실크 박물관	302
쑨원 고거	212
쑹칭링 고거	233
쑹칭링 능원	262

ㅇ

악묘	312
앙산당(예원)	165
영은비래봉	315
예원	162
예원상성	169
오진	289
옥령롱	168
옥불선사	192
옥화당	168
와이탄	121
와이탄 관광 터널	123
외백도교	122
용화사	263
용화열사능원	263
우장루	189
우캉 맨션	237
우캉루 & 안푸루	235
원대철사자(예원)	165
위위안루	242
유리 예술 박물관	216
유원	303
육화탑	314
융캉루	246
인민공원	186
인민광장	186

ㅈ

장원	190
저장성 박물관	312
적옥수랑	168
전자방	214
점입가경(예원)	166
점춘당(예원)	167
정안사	232
졸정원	298
주가각	288
중공일대회지	212
중국 다엽 박물관	316

중국 실크 박물관	316
중국 증권 박물관	125
중화예술궁	99
쥐루루	234
진링둥루 페리 터미널	123
징안 공원	232

ㅊ

창랑정	301
천운용장(예원)	166
칠리산당	301
칠보고진	287
침향각	173

ㅌ

타창대(예원)	167

ㅍ

파운드158	213
푸둥 미술관	98
푸저우루 문화가	125
핑장루	300

ㅎ

한산사	303
허팡제	314
헝산루	234
호구산 풍경구	305
홍수방	191
화후당(예원)	167
황푸 공원	122
회경루(예원)	167

숫자 및 알파벳

1933노장방	282
M50 창의원	191

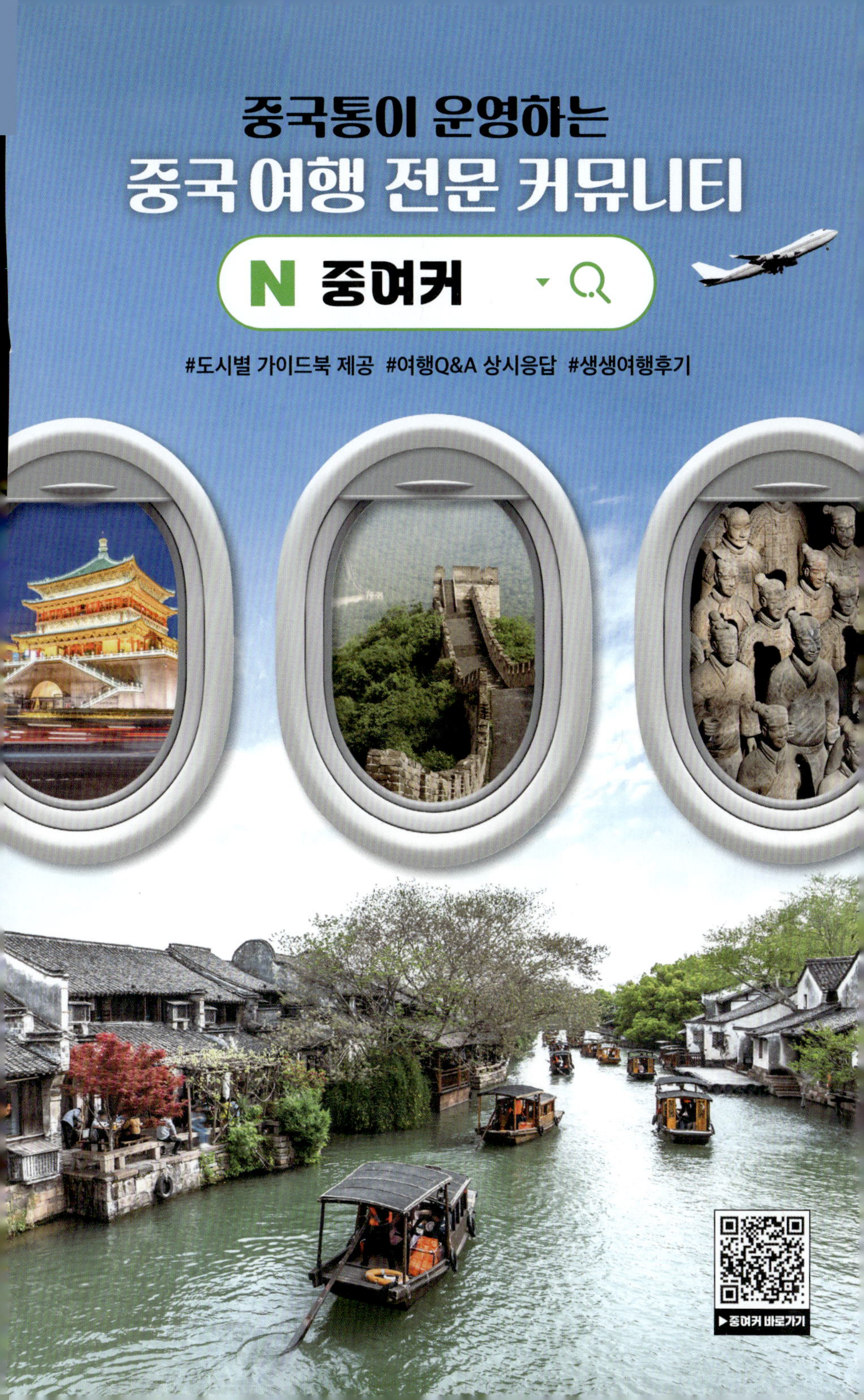

중국통이 운영하는
중국 여행 전문 커뮤니티
N 중여커
#도시별 가이드북 제공 #여행Q&A 상시응답 #생생여행후기
▶중여커 바로가기

프렌즈 시리즈 40
프렌즈 상하이

발행일 | 초판 1쇄 2025년 7월 7일
　　　　초판 3쇄 2025년 10월 23일

지은이 | 서진연

발행인 | 박장희
대표이사·제작총괄 | 신용호
본부장 | 이정아
편집장 | 문주미
기획위원 | 박정호
마케팅 | 김주희, 한류아, 이현지
디자인 | 변바희, 양재연, 김성은, 김미연
지도 디자인 | 양재연

발행처 | 중앙일보에스(주)
주소 | (03909) 서울시 마포구 상암산로 48-6
등록 | 2008년 1월 25일 제2014-000178호
문의 | jbooks@joongang.co.kr
홈페이지 | jbooks.joins.com
인스타그램 | @friends_travelmate

ⓒ 서진연, 2025

ISBN 978-89-278-8094-3 14980
ISBN 978-89-278-8063-9(세트)

- 이 책은 저작권법에 따라 보호받는 저작물이므로 무단 전재와 무단 복제를 금하며 책 내용의 전부 또는 일부를 이용하려면 반드시 저작권자와 중앙일보에스(주)의 서면 동의를 받아야 합니다.
- 책값은 뒤표지에 있습니다.
- 잘못된 책은 구입처에서 바꿔 드립니다.

중앙books는 중앙일보에스(주)의 단행본 출판 브랜드입니다.